Weikersheimer Dokumentation

Neue Folge
Band 3

Wirtschaftsstandort Deutschland

Philosophische, rechtliche, ökonomische und politische Perspektiven

Herausgegeben von
Jost Bauch und Harald Seubert

VTR

Bibliographische Information der Deutschen Bibliothek
Die Deutsche Bibliothek verzeichnet diese Publikation in der Deutschen Nationalbibliographie; detaillierte bibliographische Daten sind im Internet über http://dnb.d-nb.de abrufbar.

ISBN 978-3-95776-043-2

Verlag für Theologie und Religionswissenschaft (VTR)
Gogolstr. 33, 90475 Nürnberg, Germany
http://www.vtr-online.com

Druck: HCB Verlagsservice, Friedensallee 76, 22765 Hamburg
Printed in Germany

Inhalt

Vorbemerkung

Im vorliegenden Band werden die Beiträge der Jahrestagung des Studienzentrums Weikersheim vom September 2014 vorgelegt.

Als Herausgeber haben wir auf Vereinheitlichungen verzichtet und geben die Texte so wieder, wie sie von den Autoren freigegeben worden sind: Dies ist auch den unterschiedlichen wissenschaftlichen Traditionen geschuldet, die in diesem Band zusammengeführt werden.

Wir sind überzeugt, dass die verschiedenen Perspektiven einen sinnvoll sich ergänzenden Blick auf den Wirtschaftsstandort Deutschland ermöglichen.

August 2015
Jost Bauch und Harald Seubert

37. Jahreskongress auf Schloß Weikersheim „Wirtschaftsstandort Deutschland" 12.-14. September 2014

Harald Seubert

Meine Damen und Herren,

Das Thema dieses Jahreskongresses ist handfest und zugleich hoch aktuell. Wir sprechen über den Wirtschaftsstandort Deutschland, im Zeichen der Wirtschafts- und Eurokrise, der Rettungsschirme, der gesellschaftlichen und demographischen Verwerfungen der Gegenwart. Thematisiert wird dies von namhaften Sozialwissenschaftlern, von einer wichtigen und couragierten österreichischen Politikerin, von dem Staatsrechtslehrer Karl Albrecht Schachtschneider, unserem Vizepräsidenten aus der Sicht der Rechtslehre, sodann von zwei namhaften Ökonomen und schließlich von mir aus philosophischer Sicht.[1]

Eine unabhängige ordoliberale Position in Nähe zum Mittelstand und im Sinn einer eigenverantworteten Ökonomie war immer leitend für den Kurs des SZW. Dem folgt auch dieser Jahreskongress. Es geht nicht darum, utopischen Träumen nachzuhängen. Vielmehr wissen wir uns einem freien Unternehmertum und den Regularien des Marktes verpflichtet. Dies bedeutet aber keineswegs, dass konservativ mit einer kritiklosen Nähe zu jener Blasen- oder Bastardökonomie verwechselt werden dürfte wie sie die Krisen hervorgebracht hat. Politik und wirtschaftliche Verhältnisse stehen in Interaktion. Unser Thema ist, ohne dass man sich dies wünschen sollte, bedrängend. Muss man doch ein neues Akutwerden der Krise befürchten, die nie bewältigt worden ist. Doch auch die politischen und militärischen Verwerfungen der Gegenwart werden in unseren Debatten eine Rolle spielen. Lassen Sie mich auch dazu einige Überlegungen äußern:

Wenn man in der Spur von Karl Jaspers' legendärer gleichnamiger Schrift von 1931 heute nach der ‚geistigen Situation der Zeit' fragt, wird man sich im Blick auf die Gegenwart in erster Linie eines Ungeistes innewerden – und zugleich ungeheurer Widersprüche der westlichen Welt. Sie tendiert seit Jahren und Jahrzehnten aber mit immer größerer Beschleunigung zu einer Emanzipation von Tradition und Bindung. Dabei meint man, es herrlich weit gebracht zu haben – zur größten möglichen Pluralität und Freiheit. Man meint die macht-

---

[1] Vgl. dazu mein Interview mit Philipp Plickert, in: FAZ 8.9.2014, Beilage: Der Volkswirt.

staatlichen Geister und Gespenster der Vergangenheit überwunden zu haben. Und dann findet man sich in diesem Sommer 2014 in einem buchstäblichen allgegenwärtigen Hexenkessel wieder, auf den es keine Antworten gibt. Jürgen Habermas und der einstige Außenminister Joschka Fischer riefen vor anderthalb Jahrzehnten das ‚postnationale Paradigma' aus. Wir sehen, wie stark nationale Prägungen die gegenwärtigen Krisenherde bestimmen. Wir sehen vor allem, dass der phrasenhafte Verweis auf Demokratie westlichen Zuschnitts, vor allem amerikanischen, keineswegs zum universellen Heilmittel taugt.

Deshalb wurde die sogenannte „Arabellion" völlig fehlinterpretiert. Peter Scholl-Latour, der in dieser Situation erkennbar fehlt, hat seinerzeit gegen den Mainstream der Gesinnungsjournalisten klar gemacht, dass die Regime, die im Namen des Frühlings aufkommen würden, vermutlich sehr viel schrecklicher sein würden, als das was gewesen ist. Islam und Islamismus sind massiv unterschätzt worden. Deshalb kommt nun das Erbe des Irakkonfliktes auf den Westen zurück. Sein letztes, nachgelassenes Buch zeigt die Problematik sehr deutlich.[2]

Gerade auch das Positivum von Nationen wird man, wenn man klar sehen möchte, heute erkennen müssen: als souveräne, Frieden stiftende Mächte sind sie nicht ohne Weiteres zu ersetzen oder wegzudenken. In keiner anderen Formation der jüngeren Geschichte ist eine gewaltenteilige rechtsstaatliche Struktur so realisiert worden wie eben im Staat. Und damit begründete sich auch eine sittliche Institution, die die Rechte des Einzelnen gegenüber gesellschaftlichen Kräften wahrt. Schachtschneider hat in seinem großen Souveränitätsbuch überzeugend gezeigt, wie eng Souveränität und garantierte Freiheit zusammenhängen. Auf EU-Europa wird man in diesem Zusammenhang nicht setzen können.

Der Zeitgeist wähnt sich pazifistisch, universell, geläutert. Die Menschheit auf dem Weg zur Einheit der ONE-WORLD sei umfassend vernetzt. Damit erhebt er sich über das Zeitalter von 1914. Doch die Drohung eines Weltkriegs ist heute wieder sehr real. Einer Selbstzerstörung der Menschheit, die in eine Destruktion zu treiben droht. Ein abstrakt traditionsloser Universalismus wird davor nicht schützen.

Dies sind die außen- und europapolitischen Parameter, die wir mit zu bedenken haben, wenn wir uns im Folgenden dem gefährdeten und doch noch immer lebendigen und unverzichtbaren Wirtschaftsstandort Deutschland zuwenden.

---

[2] Dazu: P. Scholl-Latour, Der Fluch der bösen Tat. Berlin 2014.

Wirtschaftsstandort Deutschland und der Einfluss der Demographie

Barbara Rosenkranz

Ich bedanke mich, sehr geehrter Herr Präsident, meine sehr geehrten Damen und Herren für die Einladung, diese Tagung mit einem Beitrag zu eröffnen, der den Schwerpunkt auf die Demographie legt. Es ist schlüssig, die Beschäftigung mit den demographischen Verhältnissen an den Beginn der Diskussionen zu stellen, die uns an diesem Wochenende beschäftigen werden. Tatsächlich ist ja die Demographie die Voraussetzung für die sozialen und die wirtschaftlichen Verhältnisse und bestimmt auch die Möglichkeiten der politischen Gestaltung, aus denen wir auswählen können.

„Es gibt weder Wohlstand noch Macht außer durch Menschen", wie Jean Bodin (1530-1596) den Standortfaktor Demographie am Beginn des frühmodernen Staates beobachtet hat. Oder, um es neutral zu formulieren: Die Demographie zieht den Rahmen, in dem sich Wirtschaft und Politik bewegen müssen. Um Ihnen ein Bild des Deutschland, in dem wir leben und des Wandels, in dem wir uns befinden, zu zeichnen, werde ich mich auf eine Metapher beziehen, in der uns der Doyen der Bevölkerungswissenschaften in Deutschland Herwig Birg präzise, anschaulich und schonungslos auf das hinweist, was ist und was auf uns zukommen wird.

„Unsere Gesellschaft gleicht einem Ruderboot. Die Zahl der Ruderer schrumpft, die der älteren Passagiere nimmt noch jahrzehntelang zu. Die Vorausberechnungen der demographischen Fachinstitute und des statistischen Bundesamts stimmen weitgehend überein, sie sind ziemlich zuverlässig: Für zehn Jahre im Voraus beträgt der Prognosefehler wenige Promille. In der ersten Hälfte des Jahrhunderts steigt die Zahl der 60jährigen und Älteren um 10 Millionen, der Gesundheitssektor baut seine Stellung als größter Wirtschaftszweig weiter aus. Gleichzeitig schrumpft die Altersgruppe der 20 bis 60jährigen auch bei hohen Einwanderungen Jüngerer um 16 Millionen (etwa die gleiche Einwohnerzahl hat Nordrhein-Westfalen) und die der unter 20jährigen um 8 Millionen. Um die Ruderer zu unterstützen, muss das Boot ständig durch technische Neuerungen und Hilfsmotoren ertüchtigt werden. Das kann nicht in einer Werft geschehen, sondern muss in voller Fahrt auf offener See geleistet werden.

In der ersten Hälfte des Jahrhunderts schließen wir Schulen und eröffnen Altenheime, in der zweiten Hälfte werden auch Altenheime geschlossen, dann hat die Bevölkerungsschrumpfung auch die noch wachsende Gruppe der über 60jährigen erreicht. Nur der für die zunehmenden Verteilungskonflikte und für die sozialen Sicherungssystem ursächliche Altenquotient (= über 60jährige in Prozent der 20-60jährigen) hält sich in der zweiten Jahrhunderthälfte bis zum Ende des Jahrhunderts auf einem doppelt so hohen Niveau wie am Jahrhundertanfang.

Das Boot wird langsamer, seine Wettbewerbsfähigkeit, Steuerbarkeit und Navigationsfähigkeit verringern sich. Anzeichen dafür sind das erlahmende Wirtschaftswachstum und die Funktionseinbußen des sozialen Sicherungssystems. Unter den wichtigsten Industrie- und Schwellenländern in der Gruppe der G 20 hatte Deutschland in den vergangenen vier Jahrzehnten von 1970 bis 2010 die niedrigste Wachstumsrate bei der Altersgruppe der 15-64jährigen und gleichzeitig die niedrigste Wachstumsrate des realen Bruttoinlandsprodukts. So erzeugt die demographische Krise nicht nur Probleme, sondern verringert auch die zu ihrer Lösung notwendigen Mittel."

Das Bild, das uns beschrieben wird, ist deswegen so beklemmend, weil es nicht einen „irgendwann" oder „vielleicht" eintretenden Zustand zeigt. Es ist vielmehr die Vorschau auf die Struktur unserer Gesellschaft, wie sie sich aus den aktuellen Verhältnissen heraus in den nächsten Jahren ergeben muss. Demographische Prognosen sind Modelle, die mit mathematisch fundierten Methoden gegenwärtige Daten in die Zukunft rechnen. Gestützt auf eine solide wissenschaftliche Grundlage zeigt Herwig Birg also Prozesse, die auf der Basis von heute bereits Festgelegtem in den vor uns liegenden Jahrzehnten ablaufen werden: Wie sich die Ursprungsbevölkerung in naher und mittlerer Zukunft entwickeln wird, ist eben durch die Geburtenrate der Vergangenheit weitgehend fixiert. Die Variable in der Rechnung ist die Stärke der Migrationsströme, die das Ergebnis politischer Willensbildung ist. Wer fähig und willens ist, der Wahrheit ins Auge zu blicken, kann sich daher keiner Täuschung hingeben. Ein leichtfertiges „Wer weiß schon, ob es wirklich so kommt, und wenn überhaupt, wann" wäre eine grobe Verantwortungslosigkeit gegenüber den nachfolgenden Generationen.

Auch mit einem weiteren Versuch, die Lage zu verharmlosen, muss aufgeräumt werden. Wir haben es nämlich nicht mit einem Wandel zu tun, „der uns vor große Herausforderungen stellt", wie eine der vielen standardisierten Formeln der Politik vermitteln will. Was vor uns liegt, ist vielmehr die Aufgabe, die dramatischen Folgen der demographischen Fehlentwicklung von Jahrzehnten zu bewältigen und den Trend umzukehren, um eine gesellschaftliche Katastrophe zu vermeiden. Um es noch einmal herauszustreichen: Es gibt keinen demographischen Wandel, den wir auch als Chance begreifen könnten. Das ist das Geschwätz einer politischen Klasse, die vorrangig in Wahlperioden denkt, und der die Sicherung der eigenen Karriere das zentrale Anliegen ist. Und tatsächlich muss man ja auf einiges gefasst sein, wenn man die Tabus unserer angeblich tabufreien Gesellschaft verletzt. Ich kann Ihnen aus meiner eigenen politischen Erfahrung bestätigen, dass man sich schon keine Freunde macht, wenn man die Themen auch nur anschneidet, die der von den Meinungsmachern erzeugte Mainstream nicht auf der Tagesordnung sehen will. Umso notwendiger ist es, gerade das zu tun.

Nun zu den Zahlen und Fakten: Das Jahr 1972 markiert eine demographische Zeitenwende. Seit damals übersteigt in Deutschland die Zahl der Sterbefälle regelmäßig die der Geburten, die autochthone Bevölkerung beginnt zu schrumpfen. Dieses Faktum wird von Medien und Politik teils ignoriert, teils aggressiv tabuisiert, worauf ich gleich zurückkommen werde. Eine auf enorme Einwanderung ausgerichtete Politik, die die Wohnbevölkerung vorerst noch anwachsen lässt, verschleiert zudem die Lage. Der Überhang der Sterbezahlen erklärt sich aus der dauerhaft bei etwa 1,4 Kindern pro Frau liegenden Geburtenrate, die besagt, dass jede Generation nur mehr zu zwei Drittel erneuert wird. Eine stabile Generationenabfolge setzt eine Geburtenrate von 2,1 Kindern pro Frau voraus. Daraus ergibt sich, dass der Schrumpfungsprozess der Ursprungsbevölkerung auch bei gleichbleibender Geburtenrate weitergehen wird. Denn weniger Kinder bedeuten weniger zukünftige Eltern – eine dynamische Entwicklung nach unten. In naher Zukunft werden auch hohe Einwanderungsraten das nicht mehr kompensieren können, die gesamte ansässige Bevölkerung wird sich verringern.

Es gibt einen klar negativen Zusammenhang zwischen der Fertilität und dem Entwicklungsstand eines Landes. Die Bevölkerungswissenschaftler haben als „demographisch-ökonomisches Paradoxon“ bezeichnet, was sich so beschreiben lässt: Je mehr Kinder man sich leisten könnte, desto weniger hat man. Es wird also notwendig sein, diesem scheinbaren Widerspruch auf den Grund zu gehen, wenn man die Mittel zur Gegensteuerung bestimmen will.

Politik kann demographisch nicht neutral sein

Eine weitere Klarstellung muss getroffen werden: So unbestritten die Entscheidung für oder gegen Kinder eine private ist, so unbestritten wirkt sie auf gesamtgesellschaftliche Entwicklungen ein, und ebenso unbestritten sind es gesellschaftliche und politische Rahmenbedingungen, die die Verwirklichung des Kinderwunsches befördern oder ihm entgegenstehen. Politik kann demographisch nicht neutral sein. Das zeigen die unterschiedlichen Strategien, mit denen Frankreich und Deutschland jeweils auf den um 1970 zuerst in Deutschland beobachteten „Pillenknick“ reagiert haben.

Als die Geburtenrate in der Bundesrepublik von 2,4 Kindern pro Frau 1968 auf 1,5 im Jahr 1973 abfiel, führte das weltweit angesehene Institut National d´ Etudes Demographiques in Paris im Auftrag der französischen Regierung Modellrechnungen zur französischen Bevölkerungsentwicklung bis zum Jahr 2100 durch. Im März 1975 formulierte die französische Regierung ihr bevölkerungspolitisches Ziel, „eine stabile Geburtenrate (zu erzielen), die nahe der Rate oder leicht über der Rate liegt, die die Ersetzung der einzelnen Altersgruppen sicherstellt". Frankreich intensivierte seine bereits seit Kriegsende betriebenen familienpolitischen Maßnahmen mit Einfallsreichtum und Flexibilität und konnte so seine heute im europäischen Vergleich günstige Geburtenrate von 1,9 Kindern pro Frau aufrechterhalten.

Zur selben Zeit, 1974, nahm sich in Deutschland die bayrische Staatsregierung des Themas an. Die Initiative mündete in ein Paket von Anträgen, das die damalige bürgerliche Bonner Opposition im Bundestag zur Verbesserung der Lage der Familien einbrachte. Im Gegensatz zur französischen Situation, die vom gemeinsamen Vorgehen aller politischen Parteien bestimmt war, traf der Vorstoß von CDU/CSU auf die unerwartet geharnischte Reaktion der sozialliberalen Regierung. Albrecht Müller, damals Leiter der Planungsabteilung des Bundeskanzleramts, warf im Mai 1978 den Befürwortern der Maßnahmen vor, sie pflegten „völkisch-kollektivistische" Vorstellungen. Man denke in Kategorien der Gruppe, der Horde, des Volks. Bestandserhaltung sei ein Begriff aus der Viehhaltungsstatistik. Wahre Totschlagargumente. Müller bereiste im Weiteren wichtige Tagungen, auf denen über die Bevölkerungsentwicklung gehandelt wurde und attackierte jedermann, der den Geburtenrückgang als bedrohlich darstellte. Das Gesellschaftsbild der sozialliberalen Regierung ist im 2. Familienbericht, der sich der Dekonstruktion der „Normalfamilie" widmet, festgehalten und fand in den einschlägigen Reformen zu Scheidungsrecht, Abtreibungsrecht und zur Namensgesetzgebung seinen Niederschlag. Die Tabuisierung des demographischen Themas war nachhaltig gelungen, das Absinken der Geburtenrate ist in Deutschland – bis heute – keiner ernsthaften politische Debatte wert.

Die Verbesserung der Geburtenrate war und ist für das politische Establishment und seinen medialen Umkreis keine Option. Ohne die demokratische Öffentlichkeit damit zu befassen, wurde ein anderer Weg eingeschlagen, der der kompensatorischen Zuwanderung. Die Deutschen haben, sei es durch Desinformation, sei es aus Desinteresse, die Fakten ignoriert und ungeachtet der enormen Einwanderung der letzten Jahrzehnte ein völlig falsches Selbstbild entwickelt. Dass im Deutschland der jüngeren Vergangenheit ein gewaltiger Bevölkerungsaustausch von statten ging, wagen sich die wenigsten bewusst zu machen. Erstaunlich, denn die Zahl der jährlichen Zuwanderungen betrug von den 80iger Jahren an im langjährigen Mittel rund 800.000 und ist seit den 90iger Jahren höher als die der Geburten. Damit hat Deutschland mehr als viermal so viele Einwanderer pro Kopf zu verzeichnen als das klassische Einwanderungsland USA. Im Gegensatz zu Deutschland nehmen die Vereinigten Staaten aber sowohl was die Auswahl der neuen Mitbürger, als auch die Erwartungen an sie betrifft, die Interessen ihres Landes zum Maßstab. Klassische Einwanderungsländer betreiben Einwanderungspolitik nach Maßgabe des eigenen Vorteils.

Schrumpfung heißt Alterung

Nach diesem Exkurs in die politischen Hintergründe nun zurück zu den Prognosen, aus denen ich eine mittlere Variante, die 200.000 Immigranten pro Jahr zu Grunde legt, ausgewählt habe. Sollten die Migrationsströme allerdings – politisch indiziert – auf dem enormen Niveau der letzten Jahrzehnte fortgesetzt werden, wäre der Titel meines Vortrags ad absurdum geführt. Denn das hieße rund 30 Millionen mehr an Neubürgern bis zur Jahrhundertmitte, und es versteht sich, dass für diesen Fall vom „Wirtschaftsstandort Deutschland" nicht mehr die Rede sein könnte. Wir hätten uns vielmehr mit den Bedingungen einer „Multiminoritätengesellschaft" zu beschäftigen, in der die Deutschen zu einer Minderheit unter anderen Minderheiten geworden sind, wie das schon heute in einigen Städten Realität ist.

Noch eine Hoffnung aber muss jetzt zerstört werden. Wenn manche meinen, dass eine Verringerung der Bevölkerung in unseren dicht besiedelten Regionen auch Vorteile bringen kann, so ist das falsch gedacht. Tatsächlich wird sich bis 2050 – gleichbleibende Geburtenrate vorausgesetzt – die Zahl der autochthonen Deutschen um 20 Millionen Menschen verringern. Nur mehr ein Teil dieses Bevölkerungsverlusts wird in unserem Szenario durch Einwanderung – 200.000 Migranten jährlich, wie gesagt – kompensiert, so dass die gesamte ansässige Bevölkerung bereits um 12,5 Millionen abnimmt. Das ist aber nur die halbe Wahrheit und erzeugt für sich allein genommen ein völlig falsches Bild. Aus diesen Daten ergibt sich zwar die Abnahme der Ursprungsbevölkerung und ein beträchtlicher weiterer Umbau der Gesamtbevölkerung zu ihren Ungunsten, über die Zahl der Rentner aber geben sie keine Auskunft. Sowie die noch starken Jahrgänge ins Rentenalter vorrücken, wird diese bis 2050 weiter ansteigen und dann um 10 Millionen höher liegen als zu Beginn des Jahrhunderts. Was vielen nicht klar ist, ist, dass der Bevölkerungsschwund sich nicht gleichmäßig durch die Generationen zieht: Wer fehlt, sind die Jungen. Damit sind wir bei einer entscheidenden Kennzahl angelangt. Der Altenquotient, der das Verhältnis zwischen Jung und Alt, zwischen Beitragszahlern und Leistungsempfängern widergibt, verdoppelt sich bis zur Jahrhundertmitte. Das heißt, dass die Belastung der Erwerbstätigen bei gleichbleibend hohem Niveau der sozialen Sicherungssysteme um 100% anwachsen würde. Man kann es nicht deutlich genug herausstreichen: Schrumpfung heißt vor allem zuerst Alterung. Und das ist deswegen so verhängnisvoll, weil es die Altersstruktur ist, die den Sozialstaat ins Wanken bringt. Auf diesen Befund gestützt können wir nun die Zweckmäßigkeit von Strategien, die zur Rettung der sozialen Sicherheit eingesetzt werden, glasklar beurteilen.

Wie bereits ausgeführt, wird hierzulande seit Jahrzehnten das Instrument der kompensatorischen Einwanderung versucht und seit einigen Jahren auch offen angepriesen. Kritik an den sozialen und kulturellen Spannungen, an den offenkundigen Verwerfungen in den Schulen, am Arbeitsmarkt, in ganzen Stadtvierteln prallt in der Regel auf das Argument, dass der Zuzug zur Sicherung der Renten unerlässlich sei. Aber stimmt das auch? Ein klares Nein. Dass die Alterung durch Einwanderung maßgeblich aufgehalten werden könnte, ist eine Illusion, die – obwohl vielfach widerlegt – dennoch nicht aus dem Repertoire der politischen Gemeinplätze zu vertreiben ist. Einwanderer kommen meist als bereits Erwachsene ins Land und altern – natürlich – ebenso wie die ansässige Bevölkerung. Wollte man den Anstieg des Altersquotienten durch Einwanderung verhindern, müssten rechnerisch bis 2050 188(!) Millionen Menschen zuwandern.[3] Absurd! Mit dem seit Jahrzehnten praktizierten demographischen Kolonialismus, um noch einmal Herwig Birg zu zitieren, werden wir uns also nicht über die selbst verantwortete Krise schwindeln können. Auch das stellen nüchterne Modellrechnungen fest, abgesehen davon, dass nicht die bloße Aufnahme von Einwanderern, sondern ihr Beitrag zur Wirtschaftsleistung in Rechnung gestellt werden muss. Mehrmals, und auch zu diesem Jahreswechsel wieder, hat der renommierte Ökonom Hans Werner Sinn vorgerechnet, dass die ungeregelte Einwanderung bildungsferner Schichten aus gänzlich anderen Kulturräumen, so wie Deutschland sie seit Jahrzehnten praktiziert, eine negative volkswirtschaftliche Rendite aufweist. Man muss den Japanern, die trotz ihres Geburtenmangels auf Einwanderung verzichten, recht geben. Einwanderung verschärft die Probleme, die sie vorgeblich beseitigen soll.

Ich erlaube mir, an dieser Stelle ein erstes Fazit zu ziehen: Der Geburtenrückgang der letzten vier Jahrzehnte hat bereits zu einer deutlichen Alterung der Bevölkerung geführt, die in den nächsten Jahrzehnten dramatisch weitergehen wird. Durch Einwanderung kann dieser Alterungsprozess grundsätzlich nicht entscheidend aufgehalten werden. Dass dagegen die Nebenwirkungen des Migrationsprojekts, die ungelöste Frage der Integration verstärkt die Politik und jeden einzelnen beschäftigen wird, und die Identität des Landes im Kern auf dem Spiel steht, sei hinzugefügt. Und auch das ist sicher: Wir, oder besser die Jungen, werden uns in Zukunft auf deutlich größere Anstrengungen zur Aufrechterhaltung der sozialen Sicherungssysteme einstellen müssen.

[3] Birg, Herwig: „188 Millionen Einwanderer zum Ausgleich? Demographische Alterung und Bevölkerungsschrumpfung bei uns – Konsequenzen für das soziale Sicherungssystem", Frankfurter Allgemeine Zeitung, Nr. 87, 12.4.2000, S.15.

Wirtschaftsstandort Seniorenheim?

Die Sozialquote steigt also weiter und bindet Ressourcen und Arbeitskraft. Erwähnenswert in diesem Zusammenhang ist, dass die Banken bei Beginn der Eurokrise die Kreditvergabe an Griechenland mit der Begründung verweigerten, dass das griechische Rentensystem wegen der niedrigen Geburtenrate nicht sanierbar sei. Ein Beleg für die vielfältigen Auswirkungen, die der demographische Niedergang zeitigt. Welche Effekte aber sind für das Wirtschaftsgeschehen unmittelbar zu erwarten?

Bekanntlich speist sich das Wachstum einer Volkswirtschaft aus drei Faktoren: Arbeit, Kapital und technischer Fortschritt. Die erste Quelle droht zu versiegen. Die Anzahl der jungen Menschen, die ins Erwerbsleben treten, hat sich – zeitverzögert – mit dem Einbruch der Geburtenzahlen massiv verringert. Die Jungen fehlen aber nicht nur als Arbeitskräfte, sondern fallen auch als Konsumenten und als Steuerzahler aus. In engem Zusammenhang damit steht die Verringerung von Kapital und Investitionsvolumen. Denn mit der Anzahl der Erwerbstätigen sinkt auch die Anzahl der möglichen Investoren. Zudem verringert die hohe Sozialquote die Einkommensanteile, die für Investitionen überhaupt zur Verfügung stehen.

Wäre da also noch der technische Fortschritt und die Hoffnung darauf, dass geistige Dynamik in wirtschaftliche Dynamik umgesetzt und die beiden anderen wankenden Pfeiler gestützt werden können. Doch auch an diesem Punkt bleibt die Demographie im Spiel. Jedes Lebensalter hat seine Schwerpunkte, seinen Rhythmus, seine Vorzüge. Der Wunsch, Neues zu wagen, die Bereitschaft, Risiko einzugehen, ist ein Kennzeichen der jungen Jahre. Nicht umsonst sind die meisten Unternehmensgründer in Deutschland zwischen 25 und 35 Jahre alt. Der Alterungsprozess verringert gerade die dynamischen Elemente einer Volkswirtschaft in besonderem Ausmaß und bewirkt, dass die Anzahl der Arbeitgeber schneller sinkt als die der Arbeitnehmer. Auch das ist neben dem Zuzug von Arbeitskräften ein Grund für die scheinbar paradoxe Tatsache, dass die Arbeitslosigkeit steigt, obwohl immer weniger Schulabgänger auf dem Arbeitsmarkt erscheinen.

Es ist also kein Zufall, dass, wie eingangs erwähnt, Deutschland bezogen auf die Gruppe der G20 in den vergangenen vier Jahrzehnten die niedrigste Wachstumsrate bei der Altersgruppe der 15-64jährigen und gleichzeitig die niedrigste Wachstumsrate des realen Bruttoinlandsprodukts aufzuweisen hatte: Den Wirtschaftsstandort Seniorenheim gibt es nicht. „So erzeugt die demographische Krise nicht nur Probleme, sondern verringert auch die zu ihrer Lösung notwendigen Mittel“, um noch einmal auf die Eingangsmetapher Birgs Bezug zu nehmen.

Wir müssen uns also nicht nur auf die Bewältigung der unmittelbaren und unvermeidbaren Folgen einer jahrzehntelangen Fehlentwicklung einstellen. Eine gewaltige Aufgabe! Der Verteilungsstress zwischen den Generationen, zwischen den Regionen, zwischen Eltern und Kinderlosen, zwischen Autochthonen und den Neubürgern und zwischen den einzelnen Einwanderergruppen selbst, wird die Fähigkeiten zum Zusammenhalt der Gesellschaft bis zum Äußersten ausreizen. Damit ist es aber nicht getan. Wenn wir uns nicht damit abfinden wollen, dass der demographische Niedergang zwangsläufig und endgültig auch ein ökonomischer sein wird, gilt es, den Trend umzukehren und zu einer stabilen Generationenabfolge zurückzufinden.

Was ist also zu tun? Dieser Abschnitt, in dem über Ursachen und Lösungsvorschläge gehandelt werden soll, ist vernünftigerweise in zwei Teile zu gliedern: Einerseits gilt es, die materiellen, ökonomischen, strukturellen Ursachen auszumachen, die die Krise ausgelöst oder zumindest begünstigt haben. Andererseits wird nach den nichtmateriellen Bedingungen zu fragen sein, die auf der Ebene des Frauen-, des Familien-, des Gesellschaftsbilds überhaupt und in einem grundsätzlichen Wandel der Lebensformen vermutet werden können.

Das demographisch-ökonomische Paradoxon oder der Geburtsfehler der Allgemeinen Sozialversicherung

In weiten Teilen der Welt gilt bis heute, was auch in unserem Raum bis vor kurzem über die Jahrtausende hinweg die Regel war: Alterssicherung erfolgt durch den Generationenvertrag innerhalb der Familie. Wer Kinder großgezogen hat, kann beanspruchen, von diesen am Lebensabend unterstützt zu werden. Wer keine Kinder hat, kann diesen Anspruch an niemanden stellen und bekommt nichts. Das ist keine „Bestrafung“ der ungewollten Kinderlosigkeit, um einen perfiden Einwand zu entkräften, sondern liegt in der Struktur des Generationenvertrags. In vormodernen Gesellschaften war und ist es also ökonomisch sinnvoll, Kinder zu bekommen. Wer dazu nicht willens oder in der Lage ist, sorgt durch Ansparung von Kapital, das er nicht für Nachkommen einsetzen muss, selbst für sein Alter vor.

Die Einführung der kollektiven Sozialversicherung hat das Prinzip des Generationenvertrags nun nicht etwa ersetzt, sondern einfach auf die staatliche Ebene übertragen. Mit einer folgenschweren Ausweitung: Alle Jungen sichern nun die Altersrente aller Alten, ungeachtet der Tatsache, ob diese durch Elternschaft Ansprüche erworben haben oder nicht. Unser Rentensystem billigt also auch dort Rentenansprüche zu, wo keine Vorleistung erbracht wurde. Das kann man, um es pointiert zu formulieren, auch als Ansprüche zu Lasten anderer Leute Kinder bezeichnen. Jedenfalls aber war es damit nun nicht mehr notwendig, durch eigene Kinder für den Lebensabend vorzusorgen. Im Gegenteil: Wer den Aufwand, den das Aufziehen von Kindern mit sich bringt, vermeidet, steigt nicht nur in seiner aktiven Zeit materiell besser aus. Er kann auch durch ununterbrochene Berufstätigkeit seine Ansprüche aus der Rentenversicherung leichter optimieren, als das etwa für Eltern möglich ist. Es ist übrigens ein unerhörter sozialpolitischer Skandal, dass ausgerechnet jene Frauen, die als Erzieherinnen ihrer Kinder einen entscheidenden Beitrag zur Alterssicherung der anderen leisten, nicht selten selbst über keine ausreichende Rente verfügen können. Um das Entscheidende noch einmal herauszuheben: Die kollektive Sozialversicherung, wie sie in allen entwickelten Staaten besteht, hat den ökonomischen Nutzen von Kindern in sein Gegenteil verkehrt. Rein materialistisch betrachtet ist es für den einzelnen jetzt besser, auf Nachkommen zu verzichten. Womit das Rätsel des demographisch-ökonomischen Paradoxons gelöst wäre. Für moderne Gesellschaften gilt nicht nur: Je mehr Kinder man sich leisten könnte, desto weniger hat man. Sondern auch: Je weniger Kinder man hat, desto mehr kann man sich leisten. Angesichts der Tatsache aber, dass Kinder notwendigerweise der Garant der Alterssicherung im Gesamten bleiben, müssen wir den klassischen Fall eines Systems konstatieren, das dazu neigt, sich selbst zu zerstörten.

Dass mit Trittbrettfahrern gerechnet werden muss, ein Phänomen, das die Sozialwissenschaftler als „social hazard" bezeichnen, war den Fachleuten klar und wurde auch berücksichtigt. So hatte das Konzept zur Rentenreform, das der Ökonom Wilfried Schreiber im Auftrag des Bundes katholischer Unternehmer erstellte und dem wahlkämpfenden Kanzler Konrad Adenauer vorlegte, als Gegenstück zur Altersrente auch eine Kinder- und Jugendrente eingeplant. Der Politiker griff auf den ersten Teil des Schreiberplans, der die Beseitigung der Altersarmut durch eine allgemeine Rentenversicherung vorsah, zurück. Tatsächlich konnte die CDU mit diesem überzeugenden Argument die Bundestageswahlen für sich entscheiden. Den zweiten Teil des Vorschlags, die Kinder- und Jugendrente dagegen, die ihm zu teuer und vor allem auch nicht notwendig erschien, wischte Adenauer mit dem legendären Satz vom Tisch: „Kinder kriegen die Leute immer." Selten hat sich einer mehr getäuscht.

Die Rentenreform von 1957 hat nicht nur die ungerechte Benachteiligung von Eltern und Familien etabliert. Von Kindern profitiert seither am meisten, wer selber keine hat. Im Laufe der Zeit ist auch der untrennbare Zusammenhang zwischen Kindern und Alterssicherheit immer mehr aus dem Bewusstsein der Leute geschwunden, wovon man sich in vielen familienpolitischen Debatten überzeugen kann. Wer das Fundament wieder gerade rücken will, muss da ansetzen: Ein echter Familienlastenausgleich, der den Familien wieder eine solide ökonomische Basis bietet, ist nicht nur ein Gebot der Vernunft sondern auch eine Forderung der Gerechtigkeit. Die unterschiedlichen Reaktionen in Frankreich und in Deutschland auf den Einbruch der Geburtenrate – familienpolitische Offensive kontra kompensatorische Einwanderung – beweisen: Es ist eine Frage des politischen Willens.

Die kinderlose Gesellschaft als Krise der Eliten

Der Einbruch der Geburtenrate um 1970 hat sich nicht gleichmäßig durch die Gesellschaft gezogen. Schlüsselt man die Gesamtheit der Frauen auf, dann stechen Gruppen ins Auge, die besonders wenige Kinder zu verzeichnen haben. Nehmen wir die Jahrgänge, die zwischen 1962 und 1966 geboren sind. Diese Generation ist einerseits bereits vom Modernisierungsschub der 1960iger Jahre geprägt und hat andererseits ihre Familienplanung definitiv abgeschlossen. 28% aller dieser Frauen haben keine Kinder bekommen. Betrachtet man die Statistik genauer, ist zu sehen, dass der Anteil der kinderlosen Akademikerinnen weit über dem Durchschnitt liegt. Von ihnen bleiben 42% kinderlos. Die geringste Geburtenrate aber weisen weibliche Journalisten auf: 67% der Journalistinnen entscheiden sich für ein Leben ohne Nachwuchs. Je höher die soziale Stellung, je angesehener die Frau in der Gesellschaft, je mehr „auf der Höhe der Zeit" ihr Beruf, desto weniger Kinder hat sie. Die Krise hat zu allererst die Eliten erfasst.

Wenn auch die Opportunitätskosten von Kindern bei gut ausgebildeten Frauen stärker zu Buche schlagen, so gilt doch andererseits, dass privilegierte Klassen die Vereinbarkeit von Karriere und Kindern leichter bewerkstelligen können als andere Gruppen. Es muss Gründe für die Verweigerung geben, die nicht auf der ökonomischen Ebene zu finden sind. Fragen wir nach den Werten, die die herrschende Klasse miteinander teilt und ihrem Lebensstil zu Grunde liegt. Was verbindet die an der Spitze von Gesellschaft und Politik und prägt ihr Handeln? Von der Linken bis in die bürgerliche Klientel der C-Parteien hinein sehen wir ein Establishment, dessen Denken um die Pole Unabhängigkeit und Selbstverwirklichung kreist. Langfristige Bindungen, gemeinschaftsbezogenes Denken, Disziplin und Pflichtgefühl sind dagegen Voraussetzungen einer stabilen Partnerschaft, eines auf Dauer angelegten Zusammenlebens mit Kindern, sind die Basis einer Familie. Im radikal-individualistisch geprägten Menschen- und Gesellschaftsbild der Postmoderne haben diese Werte weder Ansehen noch Geltung. Mit der klassischen Familie, diagnostiziert als Hort reaktionärer Gesinnung, wurde in besonderem Maß abgerechnet und aufgeräumt. Vom 2. Familienbericht weg, über den in die Mitte der Gesellschaft rückenden Feminismus, bis hin zur Wurst-Travestie als quasi offiziellem Ausweis von Toleranz und Menschenrechten wurde die Familie, die Ehe, wurden zuletzt die Geschlechter selbst nach Kräften „dekonstruiert", wie es der einschlägige Jargon benennen will. Die Verleihung des Bundesverdienstkreuzes an die Feministin Alice Schwarzer durch Bundeskanzlerin Angela Merkel zeigt das, was hierzulande Norm sein soll, dankenswerterweise besser als jede politische Analyse. „Unerbittlich im Gegensatz zum

Bestehenden". Mit dieser Maxime, so formuliert durch den Vertreter der Frankfurter Schule Leo Löwenthal, hat man den Marsch durch die Institutionen angetreten und ist tatsächlich auch ganz oben angekommen.

Die einfachen Leute dagegen, vor allem auch die Jungen halten trotz dieser Leitbilder an den tradierten Vorstellungen – noch – fest. Alle Umfragen unter Jugendlichen zeigen, dass eine stabile Partnerschaft und eigene Kinder die am meisten angestrebte Zukunftsvorstellung ist. Vor kurzem hat ein Jugendmonitor in Österreich ergeben, dass mehr als die Hälfte aller Mädchen „ länger bei den Kindern bleiben würde", wenn das Einkommen ihres Partners ausreichend ist. Das Establishment war geschockt und empört. Das linksliberale Wochenmagazin „Profil", ein Abklatsch des „Spiegel" widmete der Abwehr dieser als rückwärtsgewandt verurteilten Gesinnung eine ganze Ausgabe unter dem brutalen Titel „Die Retroweibchen". Die demokratische Selbstverständlichkeit, dass die Politik den Bürgern und in diesem Fall vor allem den Bürgerinnen entsprechen muss und nicht umgekehrt, ignorieren unsere fortschrittlich Aufgeklärten mittlerweile locker. Als selbsternannte Vormünder haben sie sich ermächtigt, ihr gesellschaftliches Modell, wenn es sein muss, auch zu oktroyieren. Ein weit gefächertes familienpolitisches Programm, das sowohl den familienorientierten wie auch den berufsorientierten Frauen eine Auswahl bietet, steht dagegen nicht auf ihrer Agenda.

Damit zurück zu den Lebenswirklichkeiten der einzelnen Gesellschaftsklassen. 67% der Journalistinnen, die von Beruf wegen Meinungen bilden, bewerten und verbreiten, ziehen eine Biographie ohne Kinder vor. Damit unterscheiden sie sich zwar noch eklatant von der Lebenswirklichkeit durchschnittlicher Frauen, entsprechen aber der in den Medien, in Film und Fernsehserien dargestellten Norm. Aus einer Studie des Adolf-Grimme-Instituts, die die im Fernsehen gezeigten Familienbilder unter die Lupe nimmt, wissen wir, dass die aktuelle Fernsehrealität nicht annähernd mit der tatsächlichen Lebenswirklichkeit übereinstimmt, sondern dieser an sogenannter Modernität weit vorauseilt. Die täglich in Feuilletons und Drehbüchern vorgeführte „Realität" zeigt weitgehend eine Welt ohne Ehen, ohne Familien, ohne Kinder. Wer schreibt schon gern gegen seine eigene Entscheidung, seine Interessen, seinen Lebensentwurf? Auf den Punkt gebracht: Was gezeigt wird, ist die klassische Familie in Auflösung. Man muss Niklas Luhmanns Satz von den Medien als Organe gesellschaftlicher Selbstbetrachtung modifizieren: Medien dienen heute der Selbstbespiegelung der Funktionseliten. Man kann die gesellschaftliche Auswirkung nicht hoch genug veranschlagen: Indem sie die Leitbilder in den Massenmedien schaffen, in denen sie sich selbst wiederfinden, setzen sie als negative Avantgarde auch die Trends.

Kinder oder nicht: Gerade zu der existentiellen Frage schlechthin gibt es – noch – eine veritable Kluft in unserer Gesellschaft zwischen oben und unten, zwischen der herrschenden Klasse und dem Volk. Im entschiedenen Widerspruch zu jenen, die den demographischen Niedergang im Spenglerschen Sinn für gleichsam natürlich und unvermeidlich halten wollen, stelle ich fest: Die demographische Krise ist eine Krise des Establishments. Das ist schlimm genug, doch es lässt Raum für Umkehr. Entscheidend ist, dass verantwortungsvolle Menschen, Eliten im tatsächlichen Sinn, sich der Gefahr und ihrer Vorbildrolle bewusst und zum Handeln entschlossen sind. Eigentlich ist es einfach in der Demokratie. Wenn das Volk, der schlafende Riese sich seiner Kraft gewahr wird, ist alles möglich. An diesem Aufbruch zu arbeiten ist auch der Gegenstand dieser Tagung. Es kann, es muss gelingen. Lassen Sie es mich auf gut österreichisch ein wenig diminuieren: Denn es wär schad drum.

Die Wirtschaftsverfassung Deutschlands in der Europäischen Union

Karl Albrecht Schachtschneider

Erster Teil: Marktliche Sozialwirtschaft nach dem Grundgesetz

I. Wirtschaftspolitische Neutralität oder Soziale Marktwirtschaft

Im Grundgesetz steht kein Satz, der Deutschland ausdrücklich auf eine bestimmte Wirtschaftsordnung festlegt. Schon im Investitionshilfe-Urteil von 1954 (BVerfGE 4, 7 (17 f.) hat das Bundesverfassungsgericht von der wirtschaftspolitischen Neutralität des Grundgesetzes gesprochen, aber klargestellt, daß die Wirtschaftspolitik dem Grundgesetz, insbesondere dessen Grundrechten, genügen müsse. Diese Doktrin hat das Gericht im Apotheken-Urteil von 1958 (BVerfGE 7, 377 (400)) und im Mitbestimmungs-Urteil von 1979 (BVerfGE 50, 290 (338)) wiederholt und ist davon in seiner weiteren Rechtsprechung nicht abgewichen (vgl. BVerfGE 25, 1 (19 f.); 30, 292 (317 ff.); 95, 267 (308 f.)). In der Präambel des Vertrages über die Schaffung einer Währungs-, Wirtschafts- und Sozialunion zwischen der Bundesrepublik Deutschland und der Deutschen Demokratischen Republik vom 18. Mai 1990 jedoch wird von „dem gemeinsamen Willen, die Soziale Marktwirtschaft als Grundlage für die weitere wirtschaftliche und gesellschaftliche Entwicklung ... auch in der Deutschen Demokratischen Republik einzuführen ...", gesprochen, als wäre die Soziale Marktwirtschaft die Wirtschaftsordnung der Bundesrepublik Deutschland. Art. 1 Abs. 3 des Vertrages bestimmt: „Grundlage der Wirtschaftsunion ist die Soziale Marktwirtschaft als gemeinsame Wirtschaftsordnung beider Vertragsparteien". Diese eindeutige Aussage hat freilich das Grundgesetz nicht geändert.

Die Doktrin des Bundesverfassungsgerichts von der wirtschaftspolitischen Neutralität des Grundgesetzes hat über lange Zeit eine rechtswissenschaftliche Diskussion der Wirtschaftsverfassung nicht aufkommen lassen. Hans-Carl Nipperdey allerdings hat bereits 1961 in einer vielzitierten Schrift dargelegt, daß die Wirtschaftsverfassung des Grundgesetzes die der sozialen Marktwirtschaft sei. Hans Friedrich Zacher hat sich stets für diese Position ausgesprochen. Immer mehr Autoren haben sich diese Position zu Eigen gemacht. Hingewiesen sei auf den Beitrag von Hans Heinrich Rupp in dem von Josef Isensee und Paul Kirchhof herausgegebenen Handbuch des Staatsrechts der Bundesrepublik Deutschland.

II. Verfassung der Freiheit, Gleichheit, Brüderlichkeit als Wirtschaftsverfassung

Die Verfassungsordnung schafft auch eine Wirtschafts- und Sozialverfassung; denn die Wirtschaft und das Soziale dürfen sich nur im Rahmen der Verfassungsordnung und im Übrigen nur im Rahmen der gesamten Rechtsordnung entfalten. Die Rechtsordnung ist essentieller Teil der Wirtschafts- und Sozialordnung und damit der Wirtschaft und des Sozialen. In diesem Sinne gehört die Rechtslehre, insbesondere die Verfassungslehre, zur Wirtschafts- und Sozialwissenschaft. Die Verfassungsordnung beschränkt sich in der europäisch und global integrierten Wirtschaft nicht auf das Verfassungsgesetz des jeweiligen Staates, in Deutschland auf das Grundgesetz, sondern umfaßt zumindest das primäre Gemeinschaftsrecht, den Vertrag über die Europäische Union und den Vertrag über die Arbeitsweise der Europäischen Union, aber auch das Weltwirtschaftsrecht, jedenfalls soweit dieses wirksam wird.

Grundlage des Verfassungsrechts ist die Verfassung, welche mit dem Menschen geboren ist, nämlich die Verfassung der Freiheit, Gleichheit und Brüderlichkeit, deren Geltung keines Gesetzes und keines Vertrages bedarf, weil sie die Würde des Menschen ausmacht. Dieses Weltrechtsprinzip deklariert Artikel 1 der Allgemeinen Erklärung der Menschenrechte von 1948 für alle Menschen und für alle Völker. Er lautet:

„Alle Menschen sind frei und gleich an Würde und Rechten geboren. Sie sind mit Vernunft und Gewissen begabt und sollen einander im Geiste der Brüderlichkeit begegnen."

Eine Verfassung der Freiheit, Gleichheit und Brüderlichkeit läßt nicht jede beliebige Wirtschaftsordnung zu. Vielmehr muß die Wirtschaftsordnung freiheitlich und gleichheitlich, vor allem aber brüderlich sein. Frei ist der Mensch nur, wenn er unter den eigenen Gesetzen lebt, unter den Gesetzen, die er sich gemeinsam mit all denen gegeben hat, mit denen er zusammenlebt. Freiheit ist die Autonomie des Willens oder eben die politische Freiheit. Als äußere Freiheit ist sie die „Unabhängigkeit von eines anderen nötigender Willkür"; als innere Freiheit, ohne welche die äußere Freiheit nicht allgemein sein kann, ist sie die Sittlichkeit, deren Gesetz der kategorische Imperativ, das Sittengesetz, ist. Ganz so definiert Art. 2 Abs. 1 GG die Freiheit, nämlich:

„Jeder hat das Recht auf die freie Entfaltung seiner Persönlichkeit, soweit er nicht die Rechte anderer verletzt und nicht gegen die verfassungsmäßige Ordnung oder das Sittengesetz verstößt."

Freiheit verwirklicht sich in den allgemeinen Gesetzen als den Gesetzen aller, die zur Allgemeinheit nur zu finden vermögen, wenn alle in ihrer politischen Willensbildung dem Sittengesetz, also dem Rechtsprinzip, folgen, d.h. als Gesetzgeber moralisch handeln. Die Gleichheit ist nicht nur die Gleichheit aller Menschen in der Freiheit, sondern auch die Rechtsanwendungsgleichheit. Diese ist die Logik der Gesetzlichkeit, welche die allgemeine Freiheit verwirklicht. Die Gesetze binden alle Menschen, schon weil sie selbst die Gesetzgeber sind. Sie binden aber auch alle Menschen in gleicher Weise, weil sonst die Freiheit verletzt wäre. Der moralische Mensch achtet die Gesetze aus Pflicht; denn das Prinzip der Moralität ist: „Handle pflichtmäßig, aus Pflicht". Die Gesetzlichkeit kann aber auch erzwungen werden, weil die Ungesetzlichkeit, das Unrecht, die allgemeine Freiheit verletzt. Das Gleichheitsprinzip gebietet als solches keine materiale Gleichheit im Sinne eines Egalitarismus, sondern ein Willkürverbot, das richtiger auf das Freiheitsprinzip zu stützen ist. Die Verteilungsgerechtigkeit als ein Postulat materialer Gleichheit verwirklicht sich durch die allgemeine Gesetzgeberschaft und die Verträge, zumal durch die Tarifverträge, einschließlich der Flächentarifverträge. Die freiheitsgemäße Teilung der Güter findet ihr Prinzip in dem dritten Ideal, dem der Brüderlichkeit. Der christliche Grundsatz des gemeinsamen Lebens ist das Liebesprinzip. Vers 18, 3. Mose, 19 lautet:

„Liebe Deinen Nächsten wie dich selbst; denn ich bin der Herr".

Das ist das Prinzip der Brüderlichkeit, das jede Herrschaft von Menschen über Menschen verbietet. Die Brüderlichkeit verlangt aber auch und wesentlich nach der Selbständigkeit jedes Menschen. Nur wer selbständig ist, ist selbstverantwortlich und damit der Freiheit als der Autonomie des Willens fähig. Diese Selbständigkeit setzt voraus, daß jeder ein hinreichendes Eigentum hat. Darum ist Eigentum ein Menschenrecht (Art. 17 AEMR). Die Verteilung der Güter eines Gemeinwesens, einer Volkswirtschaft, muß die Selbständigkeit aller Menschen verwirklichen. Nur die allgemeine Selbständigkeit entspricht den Idealen des modernen Staates, der Freiheit, Gleichheit und Brüderlichkeit. Diese Selbständigkeit ist zugleich die Substanz der Bürgerlichkeit, welche die Republikanität des Gemeinwesens ermöglicht. Die Brüderlichkeit wird heute meist Solidarität genannt. Verfassungsgesetzlich hat sie ihr Prinzip in der sozialen Zielsetzung gefunden. Aus der Brüderlichkeit erwächst wie aus der Eigentumsgewährleistung selbst ein Recht auf Eigentum. Aus diesem folgt in der arbeitsteiligen Volkswirtschaft ein Recht auf Arbeit.

Die Wirtschaftsverfassung, welche der Verfassung des Menschen und damit dem Weltrechtsprinzip genügt, ist somit eine Verfassung, welche der Gleichheit in der Freiheit aller Menschen wie der Selbständigkeit jedes Menschen gerecht wird. Freiheit und Eigentum sind Grundlagen der Wirtschaftsverfassung, die Freiheit aber als politische Freiheit und das Eigentum als soziales Eigentum verstanden. Diese Konzeption der Wirtschaftsverfassung ist liberal und sozial, nicht liberalistisch und/oder sozialistisch, liberalistisch im Sinne von Freiheitsrechten als Rechten zur Willkür, welche den Freiheitsbegriff nicht mit der „Einbeziehung des Anderen“, also mit der Sittlichkeit, verbindet. Es ist die Wirtschaftsverfassung einer Republik, deren fundamentales Gesetz das Sittengesetz oder eben das Liebesprinzip ist. Nur eine solche Republik verwirklicht das Rechtsprinzip. Solche Republiken gewährleisten den allgemeinen Frieden durch eine völkerrechtliche Zusammenarbeit, auch und vor allem in der Wirtschaft, eine Zusammenarbeit, welche der Freiheit, Gleichheit und Brüderlichkeit Verwirklichungschancen läßt und nicht zur globalen Despotie entartet, sei es eine kapitalistische, sei es eine sozialistische Despotie, welche sich entwickelt, wenn die politische Form von Freiheit, Gleichheit und Brüderlichkeit verlassen ist, die demokratische Republik, die nur in kleinen Einheiten Wirklichkeit zu finden vermag.

III Sozialprinzip

1. Höchster Rang des Sozialprinzips

Im Gegensatz zum Unionsrecht sind Markt oder Marktwirtschaft und Wettbewerb keine Begriffe und damit keine Institutionen des Grundgesetzes. Dagegen verpflichtet das Grundgesetz Deutschland unabänderlich, sozial zu sein. Nach Art. 20 Abs. 1 GG ist „die Bundesrepublik Deutschland ein demokratischer und sozialer Bundesstaat“. Diese politische Grundentscheidung steht ausweislich Art. 79 Abs. 3 GG, der sogenannten Ewigkeitsklausel, nicht zur Disposition der Politik, auch nicht der Integrationspolitik. Weder ein verfassungsänderndes Gesetz, noch ein neues Verfassungsgesetz dürfen diese Entscheidung ändern, letzteres nicht, weil sie untrennbar mit der Freiheit der Menschen als deren Würde verbunden ist. Demgemäß muß nach Art. 28 Abs. 1 S. 1 GG die verfassungsmäßige Ordnung in den Ländern Deutschlands (u.a.) dem Grundsatz des „sozialen Rechtsstaates im Sinne dieses Grundgesetzes“ entsprechen und darf Deutschland nach Art. 23 Abs. 1 S. 1 GG nur bei der Entwicklung einer Europäischen Union mitwirken, die (u.a.) „sozialen“ Grundsätzen verpflichtet ist. Das Sozialprinzip hat somit in Deutschland höchsten Rang und ist darum auch das Leitprinzip der deutschen Wirtschaftsverfassung. Die Wirtschaft *muß* sozial sein, im übrigen auch aus ökonomischen Gründen. Deutschland verfaßt somit ausweislich des Grundgesetzes eine Sozialwirtschaft. Nur eine Sozialwirtschaft kann dem Prinzip der Brüderlichkeit genügen und nur eine Sozialwirtschaft entspricht dem Sittengesetz, welches die Freiheit definiert. Auch die Eigentumsgewährleistung des Art. 14 GG verpflichtet den Gebrauch des Eigentums, das Grundlage der Selbständigkeit der Menschen und zugleich Grundlage unternehmerischer Tätigkeit ist, nach Absatz 2 Satz 2 dem Wohl der Allgemeinheit. „Eigentum verpflichtet“ (Art. 14 Abs. 2 S. 1 GG). Das Eigentum ist nicht nur durch Privatnützigkeit (BVerfGE 24, 367 (390); 50, 290 (339); 102, 1 (15); st. Rspr.), sondern auch durch Sozialpflichtigkeit (BVerfGE 8, 71 (80); 102, 1 (17); st. Rspr.) gekennzeichnet.

2. Wirtschafts- und Sozialordnung gemäß dem Sozialprinzip

Das Sozialprinzip verwirklicht sich in der Wirtschaftsordnung und in der Sozialordnung, die untrennbar verbunden sind. Die Sozialverfassung, die dem Sozialprinzip verpflichtet ist, hat ihr Leitprinzip in der Solidarität, einem anderen Wort für die Brüderlichkeit. Die Sozialversicherungen finden ihre Regelungen im Sozialgesetzbuch, das zwölf Bücher umfaßt. Das Recht des Sozialgesetzbuchs soll die Sozialleistungen „zur Verwirklichung sozialer Gerechtigkeit und sozialer Sicherheit" gestalten. „Es soll dazu beitragen, ein menschenwürdiges Dasein zu sichern, gleiche Voraussetzungen für die freie Entfaltung der Persönlichkeit, insbesondere auch für junge Menschen, zu schaffen, die Familie zu schützen und zu fördern, den Erwerb des Lebensunterhalts durch eine frei gewählte Tätigkeit zu ermöglichen und besondere Belastungen des Lebens, auch durch Hilfe zur Selbsthilfe, abzuwenden oder auszugleichen." (§ 1 Abs. 1 S. 2 SGB I). § 1 des SGB V, das die gesetzliche Krankenversicherung regelt, ist mit den Worten „Solidarität und Eigenverantwortung" überschrieben. Die Krankenversicherung wird als Solidargemeinschaft bezeichnet (Satz 1) und die Finanzierung der Leistungen und sonstigen Ausgaben der Krankenkassen durch Beiträge der Mitglieder und der Arbeitgeber nennt § 3 SGB V „solidarische Finanzierung". Demgemäß werden für versicherte Familienangehörige Beiträge (noch) nicht erhoben (Satz 3). Die finanzielle Vorsorge für die Fälle der Krankheit, des Alters, des Unfalls, der Pflegebedürftigkeit und der Arbeitslosigkeit sowie der Sozialhilfe vor allem im Falle der Armut (Hilfe zum Lebensunterhalt, Wohngeld, Kindergeld, Erziehungsgeld, Ausbildungsförderung) sind essentielle Aufgaben der Wirtschaft, welche die Menschen entweder allein oder in Gemeinschaft, privatwirtschaftlich oder staatswirtschaftlich, freiwillig oder gezwungen, zu bewältigen suchen. Die finanzielle Bewältigung der genannten Lebenslagen zu gewährleisten, verpflichtet das Sozialprinzip den Staat. Darin ist der Staat nicht nur Sozialstaat, sondern auch Wirtschaftsstaat. Das Sozialprinzip legt das System nicht fest, in welchem die Lebenslagen wirtschaftlich bewältigt werden (BVerfGE 103, 172 (185)), begründet aber die Verantwortung des Gemeinwesens für deren Bewältigung, eben die soziale Verantwortung des Staates. Sein wesentliches Mittel ist das Gesetz (BVerfGE 1, 97 (105); 70, 278 (288); st. Rspr). Der Staat darf sich der sozialen Verantwortung nicht entziehen. Er kann das in einer Demokratie auch nicht. Er ist ganz im Gegenteil wesentlich zum Zwecke der gemeinsamen Lebensbewältigung, nämlich für das gute Leben aller, eingerichtet. Die Verwirklichung des Sozialprinzips wird durch das demokratische Wahlrecht gesichert.

3. Sozialprinzip und Menschenrechte

Das Sozialprinzip ist verwirklicht, wenn die Menschenrechte der ersten Generation, die liberalen Menschenrechte als politische Leitentscheidungen (i.d.S.

BVerfGE 7, 198 (205); st. Rspr.; BVerfGE 50, 290 (337); 96, 56 (64); 97, 298 (313 ff.)), für alle Menschen im Gemeinwesen die Lebenswirklichkeit bestimmen, wenn etwa die Berufswahlfreiheit dadurch Wirklichkeit hat, daß alle Menschen eine wirkliche Chance haben, einen Beruf auszuüben. Dem dient das Recht auf Arbeit, welches den Staat zu einer Politik der Vollbeschäftigung verpflichtet. Die Menschenrechte zweiter Generation, die sozialen Menschenrechte, bezwecken die Verwirklichung der liberalen Menschenrechte und damit der Selbständigkeit der Menschen als Bürger. Das in einem Staat, der seinem Begriff nach dem Gemeinwohl, der salus publica, verpflichtet ist, eingerichtete gemeinsame Leben führt kraft des Sozialprinzips zum Grundsatz der Einheitlichkeit der Lebensverhältnisse, dem die Finanzverfassung verpflichtet ist (Art. 106 Abs. 3 S. 4 Ziff. 2 GG), zur Maxime Ludwig Erhards: „Wohlstand für alle".

4. Sozialprinzip und Wirtschaft des Volkes

Die angesprochenen Aufgaben des gemeinsamen guten Lebens kann das Gemeinwesen, der Staat im weiteren Sinne als die Bürgerschaft, nur mit Hilfe der Wirtschaft des Volkes bewältigen. Es bedarf somit der Volkswirtschaft, um das Sozialprinzip des Staates zu verwirklichen. Schließlich ist der Staat die Organisation des Volkes für die Verwirklichung des guten Lebens aller Menschen im Staat, das der Bürger. Daraus folgt, daß der Staat des Volkes und die Wirtschaft des Volkes nicht getrennt werden können, wenn der Staat das Sozialprinzip, wie es seiner Verfassungspflicht entspricht, verwirklichen können soll. Die alltägliche Politik erweist den Zusammenhang. Das Volk bringt die soziale Verantwortung des Staates in den Wahlen vorrangig zur Geltung.

Das Gemeinwesen kann die sozialen Verpflichtungen nur erfüllen, wenn die Wirtschaft leistungsfähig ist. Die wirtschaftliche Leistungsfähigkeit zu bewahren und zu fördern ist somit Verpflichtung des Staates aus dem Sozialprinzip. Der Staat hat nicht nur die Rechtlichkeit der Wirtschaft zu gewährleisten, sondern auch, soweit er es vermag, deren Erfolg. Der dem Sozialprinzip verpflichtete Staat ist Wohlfahrtsstaat, der als „sozialer Rechtsstaat" (Art. 28 Abs. 1 S. 1 GG) allerdings wesentlich Rechtsstaat ist .

5. Sozialprinzip und wirtschaftliche Stabilität

Das Sozialprinzip gebietet die wirtschaftliche Stabilität des Gemeinwesens. Diese hat mit dem Prinzip des gesamtwirtschaftlichen Gleichgewichts Niederschlag im Grundgesetz gefunden, vor allem und noch immer in Art. 109 Abs. 2 für die Haushaltswirtschaft von Bund und Ländern, aber auch in Art. 104b Abs. 1 GG für „Finanzhilfen für besonders bedeutsame Investitionen der Länder und Gemeinden", „die zur Abwehr einer Störung des gesamtwirtschaftlichen Gleichgewichts oder zum Ausgleich unterschiedlicher Wirtschaftskraft im Bundesgebiet oder zur Förderung des wirtschaftlichen Wachstums erforderlich sind". Die wirtschaftliche Stabilität oder eben das gesamtwirtschaftliche Gleichgewicht hat mittels des Sozialprinzips höchsten Verfassungsrang, nicht nur für die staatliche Haushaltswirtschaft, sondern für die gesamte Wirtschaft des Gemeinwesens. Das gesamtwirtschaftliche Gleichgewicht wird in einer Wirtschaftsordnung, welche dem Privatheitsprinzip gemäß Markt und Wettbewerb größtmögliche Entfaltung läßt, wie das verstärkt das Europäische Unionsrecht intendiert, durch die Einheit der Ziele definiert, welche für eine stabile Wirtschaft nach der vom Grundgesetz zu Grunde gelegten volkswirtschaftlichen Theorie unverzichtbar sind, nämlich nach dem keynesianischen magischen Viereck. Dieses definiert § 1 des Stabilitäts- und Wachstumsgesetzes von 1967 als die Zieleinheit von Stabilität des Preisniveaus, hohem Beschäftigungsstand, außenwirtschaftlichem Gleichgewicht und stetigem Wachstum, die „im Rahmen der marktwirtschaftlichen Ordnung" mittels Globalsteuerung angestrebt werden soll. Daß die Sicherung des Preisniveaus durch das Sozialprinzip Aufgabe des Staates ist, hat das Bundesverfassungsgericht bereits im Preis-Urteil von 1958 ausgesprochen (BVerfGE 8, 274 (328 f.)). Das Sozialprinzip ist aber darüber hinaus das Leitprinzip der wirtschaftlichen Stabilität insgesamt. Ohne wirtschaftliche Stabilität bricht das Gemeinwesen, dessen Volkswirtschaft die sozialen, also die menschenrechtsgemäßen Lebensverhältnisse erarbeitet, zusammen. Die Stabilität der Preise sichert den Vermögenswert der Rechte, die Grundlage des Lebens der Menschen sind (vgl. BVerfGE 89, 155 (200 ff.)). Inflation höhlt den Wert des Eigentums aus. Deflation ruiniert die Wirtschaft und bringt Kriegsgefahr mit sich. Demgemäß gebietet nicht nur das Sozialprinzip, sondern auch die Eigentumsgewährleistung des Art. 14 Abs. 1 GG dem Staat, die Stabilität des Geldwertes zu sichern (BVerfGE 97, 350 (376)). Art. 14 Abs. 1 GG ist das Grundrecht des Bürgers auf Preisstabilität. Insbesondere verpflichtet das Sozialprinzip den Staat zur Vollbeschäftigungspolitik (BVerfGE 100, 271 (284, 287)). Arbeitslosigkeit, welche ein gewisses Maß überschreitet, verletzt das Sozialprinzip, wenn ein besserer Beschäftigungsstand bewirkt werden könnte. Ohne Arbeit verliert der Mensch nicht nur seine Selbständigkeit, sondern weitgehend auch seine Persönlichkeit, wenn nicht seine Würde (I. d. S. BVerfGE 100, 271 (287)). Ein Arbeitsplatz ist das wesentliche Eigentum des Menschen in der Arbeitsgesellschaft. Demgemäß gewährleistet nicht nur das Sozialprinzip, sondern auch die Eigentumsgewährleistung ein Recht auf Arbeit. Das außenwirtschaftliche Gleichgewicht ist der Leistungs- und Zahlungsbilanzausgleich im Interesse der Stabilität des Außenwerts der Währung. Das stetige Wachstum bezweckt nicht nur und nicht einmal wesentlich die Mehrung des Wohlstandes, sondern ist eine bittere Notwendigkeit der kapitalistischen Zinswirtschaft. Alle Ziele des magischen Vierecks dienen somit mit der wirtschaftlichen Stabilität der Verwirklichung des guten Lebens im Gemeinwesen und damit dem Sozialprinzip. Dem Sozialprinzip ist insbesondere die Währungspolitik verantwortlich, deren vorrangiges Ziel nach dem Unionsrecht die Preisstabilität ist, die aber nachrangig die allgemeine Wirtschaftspolitik in der Union zu unterstützen und zur Verwirklichung der Ziele der Union beizutragen hat (Art. 127 Abs. 1 S. 1 AEUV). Die Ziele der Union kann man als das Ziel des guten Lebens aller Unionsbürger zusammenfassen.

6. Sozialwirtschaft

Das Sozialprinzip erweist sich nicht nur als das Höchstrangige, sondern als ein material weit reichendes und tiefwirkendes Prinzip der Wirtschaftsverfassung, das nicht nur feststellt, daß das Gemeinwesen insgesamt die Verantwortung für die Wirtschaft trägt, sondern das die Organisation des Gemeinwesens für das gemeine Wohl, nämlich den Staat, verpflichtet, die Wirtschaft zum Erfolg zu führen. Der Staat des Sozialprinzips ist nicht der Rechtsbewahrerstaat oder der Nachtwächterstaat, sondern eben der Wohlfahrtsstaat, aber als Rechtsstaat. Die Wirtschaftsverfassung des Sozialprinzips ist die Sozialwirtschaft. Das Wort Sozialwirtschaft bringt zur Sprache, daß die Wirtschaft Sache des Gemeinwesens ist. Die Wirtschaft dient dem Gemeinwesen, aber das Gemeinwesen hat auch die Verantwortung für die Wirtschaft, wie das die Verfassung des Freistaates Bayern vom 2. Dezember 1946 in Art. 151 f. ausgesprochen hat. Im Begriff der sozialen Marktwirtschaft ist die freie Marktwirtschaft mit dem sozialen Ausgleich verbunden, nach Ludwig Erhard ist darüber hinaus der „freie Wettbewerb", in dem „die bessere Leistung den Vorrang vor der schlechteren erhält", soziales Element der Marktwirtschaft. Der soziale Ausgleich dient dem Frieden im Gemeinwesen, den die freie Marktwirtschaft nicht gewährleistet. Der freie Markt ist ein Krieg aller gegen alle. Der Wettbewerb erhält und fördert die Leistungsfähigkeit der Wirtschaft, wenn er denn seinen Namen verdient. Im Begriff der marktlichen Sozialwirtschaft haben Markt und Wettbewerb von vornherein eine dienende Funktion und die Wirtschaft steht in der Verantwortung des Gemeinwesens, in der Hoheit des Staates.

Das Sozialprinzip steuert weitere Politiken des Gemeinwesens, insbesondere die Daseinsvorsorge von Bund, Ländern und Gemeinden, wie die Energieversorgung, Wasserversorgung, Abfallbeseitigung und anderes, ohne daß allein schon deswegen die Privatisierung von Einrichtungen der Daseinsvorsorge unterbunden wäre. Die Deregulierung derselben muß sich in den Grenzen halten, die das Sozialprinzip zieht.

IV. Marktlichkeit und Wettbewerblichkeit

1. Grundrechtsgemäße Wirtschaftsordnung

Die Wirtschaftsordnung des Gemeinwesens muß der Verfassung und dem Verfassungsgesetz genügen, insbesondere den Grundrechten. Die Grundrechte sind ein wesentlicher Teil der Wirtschaftsverfassung, obwohl außer der Sozialisierungsklausel des Art. 15 GG nur die Koalitionsfreiheit des Art. 9 Abs. 3 GG eine spezifisch wirtschaftsverfassungsrechtliche Regelung trifft. Alle Grundrechte haben aber Bedeutung für die Wirtschaftsordnung und gelten insbesondere für die Wirtschaft. Das ist für die Freiheit des Art. 2 Abs. 1 GG, die Gleichheitsgrundsätze des Art. 3 GG, für die Kommunikationsgrundrechte des Art. 5 Abs. 1 GG, die Vereinigungsfreiheit des Art. 9 Abs. 1 GG, die Freizügigkeit des Art. 11 Abs. 1 GG, die Berufsfreiheit des Art. 12 Abs. 1 GG, vor allem aber für die Eigentumsgewährleistung des Art. 14 Abs. 1 und 2 GG unschwer zu erkennen, ist aber auch für die Kunst- und Wissenschaftsfreiheit des Art. 5 Abs. 3 GG, für den Schutz von Ehe und Familie nach Art. 6 Abs. 1 GG und insbesondere für die Glaubens-, Gewissens- und Bekenntnisfreiheit und die Religionsausübungsfreiheit des Art. 4 Abs. 1 und 2 GG richtig.

Wenn die Wirtschaftsordnung der Eigentumsgewährleistung, der Berufsfreiheit, der Vereinigungsfreiheit, insbesondere Koalitionsfreiheit, und der allgemeinen Handlungsfreiheit oder besser der allgemeinen Freiheit gerecht werden soll, muß sie weitgehend marktlich und wettbewerblich sein. Die marktliche und wettbewerbliche Wirtschaft, welche den Grundrechten genügt, muß aber eine Sozialwirtschaft bleiben. Darum kann die Wirtschaftsordnung nicht als Marktwirtschaft und auch nicht als soziale Marktwirtschaft definiert werden, sondern nur als marktliche oder auch als marktliche und wettbewerbliche Sozialwirtschaft.

Die Wirtschaft nach dem Grundgesetz ist nicht durchgehend marktlich und wettbewerblich gestaltet, etwa nicht die Sozialversicherungen, die ein wesentlicher Teil der Wirtschaft sind, muß das aber auch nicht, auch und gerade nicht nach dem Unionsrecht. Die sozialen Versicherungsträger etwa sind nach Art. 87 Abs. 2 GG bundesunmittelbare oder landesunmittelbare Körperschaften des öffentlichen Rechts, also im weiteren Sinne Teil des Staates. Auch sonst ist der Staat trotz aller vor allem unionspolitisch veranlaßten Privatisierungen in erheblichem Umfang an der Wirtschaft beteiligt, sei es als Unternehmer oder sei es als Teilhaber von Unternehmen, beides verfassungsrechtlich mehr als fragwürdige Tätigkeiten des Staates, oder sei es auch als Kredit- oder Sicherheitsgeber (Bürgschaften) .

Im weiteren Sinne gehört die gesamte Staatstätigkeit zur Wirtschaft. Das erweist schon der öffentliche Dienst, der die wirtschaftliche Lebensgrundlage der öffentlich Bediensteten und ihrer Familien ergibt. Besonders deutlich zeigt das das Stabilitäts- und Wachstumsgesetz von 1967, das das gesamtwirtschaftliche Gewicht der öffentlichen Haushalte fiskalpolitisch (antizyklisch) einzusetzen vorsieht. Demgemäß ist auch die Verpflichtung der Mitgliedstaaten zur Haushaltsdisziplin, also zur Vermeidung eines übermäßigen Defizits und eines übermäßigen Schuldenstandes, im Arbeitsvertrag der Europäischen Union in dem Kapitel über die Wirtschaftspolitik geregelt (Art. 126 AEUV).

Markt und Wettbewerb sind zwar Grundsätze des Unionsrechts, aber keinesfalls Prinzipien der grundgesetzlichen Wirtschaftsverfassung, die es gebieten würden, daß der Staat Regelungen der Wirtschaftordnung, die vom Markt- und Wettbewerbsprinzip abweichen, in besonderer Weise gegenüber diesen Prinzipien zu rechtfertigen hätte. Das Markt- und das Wettbewerbsprinzip sind somit keine verfassungsrangigen Leitprinzipien des Grundgesetzes. Weil aber, wie gesagt, die Wirtschaftsordnung den Grundrechten genügen muß, ergeben sich Märkte und entfaltet sich Wettbewerb.

2. *Eigentumsgewährleistung*

Die Wirtschaftsordnung muß der Eigentumsgewährleistung des Art. 14 Abs. 1 und 2 GG entsprechen. Eigentum ist das Eigene, die Handlungsmöglichkeiten des Menschen, welche der Gesetzgeber, der nach Art. 14 Abs. 1 S. 2 GG Inhalt und Schranken des Eigentums zu bestimmen hat, als Eigentum regelt. Es ist nicht in das Belieben des Gesetzgebers gestellt, was er als Eigentum anerkennt. Vielmehr ist das Eigene, das Mein und Dein, als Eigentum anzuerkennen. Sonst würde das Menschen- und Grundrecht der Eigentumsgewährleistung wegen der Gesetzlichkeit des Eigentums leerlaufen. Der Gesetzgeber hat nicht nur die Eigentumsgewährleistung, sondern auch die anderen Verfassungsprinzipien zu verwirklichen, etwa den Schutz von Ehe und Familie zu gewährleisten, so daß eine eigentumsmäßige Ordnung des Ehe- und Familienlebens, wie sie die Aufklärer noch hingenommen haben, nicht in Betracht kommt.

Eigentum ist abgesehen von der Sozialpflichtigkeit durch Privatnützigkeit und Verfügungsbefugnis definiert (BVerfGE 31, 229 (240); 50, 290 (339); 102, 1 (15), st. Rspr.). Der Eigentümer darf also sein Eigentum, etwa das an seinen Waren, veräußern. Das dürfen alle Eigentümer und dadurch entsteht der Markt, aber auch der Wettbewerb. Auch das Unternehmen ist Eigenes der Unternehmer und damit Eigentum derselben. Das Recht am Unternehmen ist seit langem von der Zivilrechtsprechung als Eigentum im Sinne des Deliktsrechts des § 823 Abs. 1 BGB, also als ein Unterfall des gesetzlich geregelten Eigentums, anerkannt (RGZ 163, 21 (23); BGHZ 3, 270 (278 ff.); 98, 341 (351); st. Rspr.) und damit durch die Eigentumsgewährleistung des Art. 14 Abs. 1 GG geschützt (BGHZ 98, 341 (351); 111, 349 (355 f.); BVerwGE 67, 93 (96)). Das

Bundesverfassungsgericht hat den Schutz der Unternehmen durch die Eigentumsgewährleistung in seiner bisherigen Rechtsprechung jedoch offen gelassen (etwa BVerfGE 1, 264 (277 f.); 45, 142 (173); 50, 290 (340); 81, 208 (227 f.); 84, 212 (232); 105, 252 (278)). Der Unternehmer gebraucht sein Unternehmen, also sein Eigentum, vor allem durch seine Tätigkeit am Markt, der auch durch seine unternehmerische Tätigkeit entsteht und besteht. Der Eigentumsgebrauch ist eigentumsgemäße Handlungsfreiheit, die ihren Grundrechtsschutz in der Eigentumsgewährleistung des Art. 14 GG findet. Unternehmerisches Handeln ist spezifisch Eigentumsgebrauch. Das spezifische Grundrecht der Unternehmensfreiheit ist somit weniger die Berufsfreiheit des Art. 12 Abs. 1 GG als vielmehr die Eigentumsgewährleistung des Art. 14 Abs. 1 und Abs. 2 GG. Wie das Eigentum ist demgemäß die unternehmerische Tätigkeit durch Privatheit gekennzeichnet. Unternehmen des Staates gibt es nicht, sondern allenfalls unternehmenshafte Verwaltungen des Staates.

Eine Folge der Privatheit der Lebensbewältigung, welche vornehmlich durch die Eigentumsgewährleistung grundrechtlich geschützt ist, sind der Markt und der Wettbewerb. Das Privatheitprinzip der Grundrechte und im übrigen auch der unionsrechtlichen Grundfreiheiten des Binnenmarktes implizieren Markt und Wettbewerb. Grundrechtsgeschützt ist aber spezifisch das Privatheitsprinzip. Das Privatheitsprinzip gebietet nicht nur die Selbständigkeit jedes Menschen, sondern auch dessen Selbstverantwortung.

Die Eigentumsgewährleistung hindert den Staat nicht daran, unternehmerische, also privatheitliche, Tätigkeiten zu unterbinden oder einzuschränken, wenn er gute Gründe für die staatliche Lebensbewältigung hat. Diese Gründe müssen eine verfassungsgesetzliche Rechtfertigung finden, die aber auch dem Sozialprinzip abgewonnen werden kann. Grundsätzlich gibt es aber einen Vorrang der Privatheit der Lebensbewältigung, auch Subsidiaritätsprinzip genannt, und damit eine grundrechtsvermittelte starke Sicherung von Markt und Wettbewerb, ohne daß letztere selbst Gegenstand des Grundrechtsschutzes wären. Das Bundesverfassungsgericht sieht zwar „Teilhabe am Wettbewerb nach Maßgabe seiner Funktionsbedingungen" gesichert (BVerfGE 105, 252 (265); 106, 275 (298 f.); i.d.S. auch BVerfGE 71, 183 (189); 87, 37 (39)), das Bundesverwaltungsgericht spricht sogar von einer Wettbewerbsfreiheit (BVerwGE 30, 191 (198) u.ö.), stellt diese aber zur Disposition der Gesetzgebung, im Übrigen gestützt auf die Berufsfreiheit des Art. 12 Abs. 1 GG.

Die wirtschaftsverfassungsrechtliche Relevanz der Eigentumsgewährleistung des Art. 14 GG folgt bereits aus der Sozialisierungsklausel des Art. 15 GG, wonach „Grund und Boden, Naturschätze und Produktionsmittel" „zum Zwecke der Vergesellschaftung durch ein Gesetz, das Art und Ausmaß der Entschädigung regelt, in Gemeineigentum oder in andere Form der Gemeinwirtschaft überführt werden können". Diese Klausel, von der bisher nicht Gebrauch gemacht worden ist, gehört zur Eigentumsgewährleistung, wie sich schon darin erweist, daß die Sozialisierung nicht ohne Entschädigung erfolgen darf. Für die Entschädigung wird auf die Regelung der Enteignungsentschädigung in Art. 14 Abs. 3 GG verwiesen (Satz 2 des Art. 15 GG). Die Produktionsmittel sind die Unternehmen, jedenfalls des produzierenden Gewerbes. Strittig ist, ob auch die Banken und Versicherungen zu Produktionsmitteln im Sinne des Art. 15 GG gehören. Art. 160 Abs. 2 BayVerf hat sie explizit als Sozialisierungsobjekte aufgeführt. Das ist für Art. 15 GG nicht nur wegen dessen Wortlauts abzulehnen, sondern auch, weil die Bank- und Versicherungsgeschäfte als solche keinen grundrechtlichen Schutz genießen, also abgesehen von dem schwachen Schutz durch die Kompetenzregelung des Art. 74 Abs. 1 Nr. 11 GG für ein „privatrechtliches Versicherungswesen", staatlich bewerkstelligt werden könnten, so daß es keiner Sozialisierung von Banken und Versicherungen bedürfte, weil das Verbot derartiger Tätigkeiten ausreichen würde. Ein solches Verbot würde freilich wegen des Privatheitsprinzips tragfähige verfassungsgestützte Gründe voraussetzen. Die Sozialisierungsklausel zeigt, daß die Eigentumsgewährleistung nicht auf einen irgendwie definierten nichtwirtschaftlichen Bereich beschränkt werden kann, sondern die Unternehmen in allen ihren Erscheinungsformen schützt. Die Sozialisierungsklausel zeigt aber auch, daß das Grundgesetz auch eine sozialisierte Wirtschaftsordnung ermöglicht, die nicht marktlich und wettbewerblich ist, wegen des Privatheitsprinzips nicht umfassend, aber doch teilweise.

Aus der Unternehmensfreiheit (vor allem) aufgrund der Eigentumsgewährleistung ergibt sich, daß die Wirtschaftsordnung nach dem Grundgesetz in gewissem Maße marktlich und wettbewerblich sein muß.

3. Berufsfreiheit

Vielfach wird aus der (sogenannten) Berufsfreiheit des Art. 12 Abs. 1 GG die Gewerbefreiheit und damit eine Unternehmensfreiheit hergeleitet (BVerwGE 32, 311 (317); 71, 183 (189); i. d. S. BVerfGE 50, 290 (362 ff.); 97, 228 (253)). Der Berufsbegriff wird überaus weit definiert, nämlich als „jede auf Erwerb gerichtete Tätigkeit, die auf Dauer angelegt ist und der Schaffung und Aufrechterhaltung einer Lebensgrundlage dient" (so BVerfGE 115, 276 (300 f.); vgl. BVerfGE 7, 377 (397 ff.); 97, 228 (252 f.); 105, 252 (265); st. Rspr.). Das Berufskriterium Erlaubtheit der Tätigkeit, welches das Bundesverfassungsgericht jahrzehntelang (zu Recht) praktiziert hat (BVerfGE 7, 377 (397); 14, 19 (22); 48, 376 (388); 68, 272 (281); 78, 179 (193); 81, 70 (85); auch BVerwGE 71, 183 (189); 87, 39 (41 f.); nicht erwähnt in BVerfGE 50, 290 (362); 54, 301 (313); 59, 302 (315); 82, 209 (223); 97, 228 (252 f.); 105, 252 (265)), hat es, dem Bundesverwaltungsgericht folgend, im Sportwettenurteil 2006 aufgegeben (BVerfGE 115, 276 (300 f.)). Dieser Berufsbegriff erfaßt auch unternehmerische Tätigkeiten. Insbesondere gibt das Bundesverfassungsgericht auch Unternehmen in den unterschiedlichen Formen des Gesellschaftsrechts Grundrechtsschutz aus Art. 12 Abs. 1 GG gegen Gesetze mit berufsregelnder Tendenz (etwa 1997 – Rs. C-55/96 (Job Centre), Slg. 1997, I-7119, Rdn. 17 ff.). Aus der Berufsfreiheit läßt sich also ein gewisses unternehmerisches Privatheitsprinzip herleiten. Ein Markt- und Wettbewerbsprinzip findet jedoch in der Berufsfreiheit keine Stütze. Das Bundesverfassungsgericht sieht, wie gesagt, in Art. 12 Abs. 1 GG nur die „Teilhabe am Wettbewerb nach Maßgabe seiner Funktionsbedingungen" gesichert (BVerfGE 105, 252 (265); 106, 275 (298 f.); auch BVerfGE 106, 275, Rdn. 107 ff.). Das setzt Wettbewerb als Faktum voraus.

4. Koalitionsfreiheit

Die Koalitionsfreiheit des Art. 9 Abs. 3 GG spricht gerade dadurch für die Markt- und Wettbewerblichkeit der grundgesetzlichen Wirtschaftsordnung, daß das marktspezifische Wettbewerbsprinzip für den Arbeitsmarkt eingeschränkt wird. Die Koalitionsfreiheit gewährleistet das Recht, „zur Wahrung und Förderung der Arbeits- und Wirtschaftsbedingungen Vereinigungen zu bilden" „für jedermann und für alle Berufe". Diese Vereinigungen sind vor allem die Gewerkschaften und die Arbeitgeberverbände. Hier muß nicht geklärt werden, ob auch andere Vereinigungen, die ihre Wirtschaftsbedingungen wahren oder fördern wollen, wie etwa die Kassenärztlichen Vereinigungen, Schutz in diesem Grundrecht zu finden vermögen. Die Gewerkschaften und Arbeitgeberverbände sind in gewissem Sinne Kartelle, welche eine Erscheinung des Marktes und des Wettbewerbs sind. Diese finden hier grundrechtlichen Schutz. Das zeigt, daß es auch für die Arbeit einen Markt gibt, den das Grundgesetz allerdings entgegen dem Wettbewerbsprinzip zu vermachten erlaubt. Das Prinzip der Markt- und Wettbewerblichkeit findet in Art. 9 Abs. 3 GG immerhin eine mittelbare Bestätigung.

5. Allgemeine Freiheit

Neben der Eigentumsgewährleistung ist die wesentliche Rechtsgrundlage der Privatheit die allgemeine Freiheit oder die allgemeine Handlungsfreiheit (so BVerfGE 6, 32 (36 ff.); 50, 290 (366); 97, 350 (377); 105, 252 (279); st.Rspr.), welche Art. 2 Abs. 1 GG schützt. Die Privatheit ist keineswegs der ausschließliche Schutzgegenstand dieses Grundrechts, das die Freiheit des Menschen insgesamt schützt, also auch und vor allem die politische Freiheit, aber die Persönlichkeit entfaltet der Mensch im Rahmen der allgemeinen Gesetze wesentlich in Privatheit. Jeder Mensch hat das Recht, seinen Weg des Glücks zu gehen, wenn er anderen nicht schadet. Die Gemeinverträglichkeit seines Handelns sichern die allgemeinen Gesetze als die Gesetze aller Bürger. Das Privatheitsprinzip ist wesentliche Rechtsgrundlage des Marktes und des Wettbewerbs. Demgemäß sieht das Bundesverfassungsgericht auch die „Freiheit des wirtschaftlichen Handelns“ (BVerfGE 8, 274 (328); 95, 267 (303); st. Rspr.), einschließlich der „unternehmerischen Dispositionsfreiheit“ (BVerfGE 95, 173 (188)) durch Art. 2 Abs. 1 GG geschützt. Die Unternehmensfreiheit ist wesentlich Vertragsfreiheit (BVerfGE 8, 274 (328); 95, 267 (303); st. Rspr.). Die Vertragsfreiheit ist ein Grundprinzip der Menschheit des Menschen. Ein Unternehmen kann man als die Einheit einer Menge von Möglichkeiten, insbesondere Rechten aus Gesetzen und Verträgen, definieren, die zu einem Zweck zusammengefaßt wird. Dieser Zweck ist regelmäßig, Gewinn zu erzielen. Demgemäß ist ein Unternehmen durch privatheitliches Handeln gekennzeichnet. Das Privatheitsprinzip, welches der privaten und damit unternehmerischen den Vorrang vor der staatlichen Lebensbewältigung einzuräumen gebietet, führt zu Markt und Wettbewerb, die sich allein schon aus der Vielheit der Privaten und (gegebenenfalls) der Unternehmen ergeben.

Zwischenergebnis: Aus den Grundrechten des Grundgesetzes, zumal aus dem Privatheitsprinzip derselben, folgt die Marktlichkeit und Wettbewerblichkeit der Wirtschaftsordnung und somit verbunden mit dem Sozialprinzip der Wirtschaftsverfassung der marktlichen Sozialwirtschaft. Gabor Steingart spricht von dem „marktwirtschaftlichen Sozialstaat“.

V. Sorge des Staates für Markt und Wettbewerb

Das Gemeinwesen überläßt die Wirtschaft und damit einen wesentlichen Teil der Lebensbewältigung wegen des Privatheitsprinzips aus der Eigentumsgewährleistung, der allgemeinen Freiheit und den anderen Grundrechten weitgehend Markt und Wettbewerb und vertraut auf deren Erfolg, weil die Erfahrung lehrt, daß eine marktliche und wettbewerbliche Wirtschaftsordnung, richtig verfaßt, erfolgreicher ist als andere Ordnungen. Der Staat gewährleistet nicht nur die Rechtsordnung, welche durch Rechtlichkeit die Freiheitlichkeit und Friedlichkeit des privaten Handelns sichert, sondern kümmert sich um den bestmöglichen Erfolg der marktlichen und wettbewerblichen Wirtschaft, wie es ihm das Sozialprinzip, welches ihm die Verantwortung für die wirtschaftliche Stabilität, ja den Wohlstand, überträgt, gebietet. Demgemäß stellt der Staat Marktordnungen und vor allem eine Wettbewerbsordnung, aber auch eine Arbeitsordnung neben vielen vor allem sicherheitspolitisch (polizeilich) veranlaßten Ordnungen bereit. Die Wettbewerbsordnung, die in Deutschland nicht nur aus dem Gesetz gegen unlauteren Wettbewerb und dem Gesetz gegen Wettbewerbsbeschränkungen, sondern vor allem und vorrangig aus den Wettbewerbsregeln der Europäischen Gemeinschaft (Art. 101 ff. EGV) besteht, ist um bestmöglichen Wettbewerb im Interesse bestmöglichen Erfolges der Wirtschaft bemüht. Der „wirksame Wettbewerb“ läßt sich nicht definieren und nicht rechtsstaatsgemäß administrieren. Verfassung und Verfassungsgesetz schützen durch das Sozialprinzip und das Privatheitsprinzip eine Selbständigkeit und Privatheit der Menschen, aus welcher eine Vertragsfähigkeit erwächst, die es dem Gemeinwesen erlaubt, Verträge nach Maßgabe der Gesetze als Grundlage des gemeinsamen Lebens zu praktizieren. Die allseitige Vertragsfreiheit und vertragliche Lebensbewältigung führt zum Wettbewerb um die Lebensmöglichkeiten; denn alles Handeln hat Wirkung auf alle. „Wohlstand für alle" und „Wohlstand durch Wettbewerb" gehören untrennbar zusammen, hat Ludwig Erhard gelehrt. Angesichts des Wechsels der wirtschaftlichen Verhältnisse, des Einflusses der inneren und äußeren Interessen, aber auch der mehr oder weniger irrigen Ökonomik ist die Wettbewerbsordnung für den Wohlstand des Volkes förderlich oder hinderlich. Typisch wird die Wettbewerbsordnung stetig geändert, jüngst wegen unionsrechtlicher Vorgaben in den Jahren 2004 (UWG) und 2005 (GWB). Das Wettbewerbsrecht ist nicht nur für den Erfolg der Wirtschaft bedeutsam, sondern neben anderen Ordnungen, vor allem der arbeitsrechtlichen Tarifordnung, für die Verteilung der Lebensmöglichkeiten, im Lande, in der Region und in der Welt. Eine marktliche und wettbewerbliche Wirtschaftsordnung muß die Verteilungsergebnisse dieser Ordnung respektieren und kann diese nur begrenzt nach den Prinzipien des Bedarfs und der Leistung, aber auch nach dem Erbrecht im Interesse der sozialen Gerechtigkeit ausgleichen. Die Verteilung der Lebensmöglichkeiten bestimmt sich nicht nach einem Gleichheitsprinzip, wenn auch die Ideologie der Gleichheit außerordentlich starke politische Wirkung entfaltet. Ein Egalitarismus ist mit dem Privatheitsprinzip unvereinbar. Der Egalitarismus führt im Übrigen zum totalitären Staat, eine Gefahr des internationalen Integrationismus.

Zweiter Teil: Wirtschaftsverfassung der Europäischen Union

Im Folgenden erörtere ich nur die wichtigsten Ordnungselemente der Wirtschaftsverfassung der Europäischen Union, aus der sich deren Unterschied zur marktlichen Sozialwirtschaft des Grundgesetzes und deren Unvereinbarkeit mit den unabänderlichen Prinzipien der Verfassung der Deutschen ergeben, wie diese, als menschheitliche Verfassung gewährleistet durch Art. 79 Abs. 3 GG, in Art. 1 und Art. 20 verankert sind, aber auch in Art. 23 Abs. 1 S. 1 GG, der grundgesetzlichen Grundlage der europäischen Integration, aufgegriffen sind. Auf die Grund- oder Wirtschaftsfreiheiten, nämlich die Warenverkehrs-, die Niederlassungs-, die Dienstleistungs-, die Kapitalverkehrsfreiheit und die Arbeitnehmerfreizügigkeit im Einzelnen, die Währungspolitik in ihrer Fragwürdigkeit und vertragswidrigen Entwicklung durch die Eurorettungspolitik, die Sozial- und Beschäftigungspolitik der Union, die Administration des Wettbewerbs, die Regelung der öffentlichen Unternehmen und der Dienstleistungen von allgemeinen wirtschaftlichen Interesse, die Beihilfepolitik, die Gemeinsame Agrarpolitik, eine Ordnung einer Art Verwaltungswirtschaft, die nähere Ordnung des internationalen Handels und die Umweltpolitik kann ich nicht eingehen, muß das aber auch nicht um den Paradigmenwechsel vom Grundgesetz zum Unionsrecht in der Wirtschaftsverfassung aufzuzeigen. All die Regelungen sind in meinem Buch zur Wirtschaftsverfassung mit Welthandelsordnung, dem Teil 2 von Verfassungsrecht der europäischen Union, 2010, behandelt. Die Währungspolitik habe ich, mit meinen Mitstreitern Wilhelm Hankel, Wilhelm Nölling und Joachim Starbatty in: Die Euro-Klage. Warum die Währungsunion scheitern muß, 1998, in: Die Euro-Illusion. Ist der Euro noch zu retten? 2001, in: Das Euro-Abenteuer geht zu Ende. Wie die Währungsunion unsere Lebensgrundlagen zerstört, 2. Aufl. 2011, auch mit Dieter Spethmann, und allein in: Die Rechtswidrigkeit der Euro-Rettungspolitik. Ein Staatsstreich der politischen Klasse, 2011, erörtert.

I. Grundsatz der offenen Marktwirtschaft mit freiem Wettbewerb

1. Offene Marktwirtschaft

Der Grundsatz einer offenen Marktwirtschaft mit freiem Wettbewerb (Art. 119 Abs. 1, Art. 120 AEUV) verpflichtet die Mitgliedstaaten wie die Union zu einer weltweit offenen Wirtschaftspolitik, also zur globalen wirtschaftlichen Integration. Die Globalisierung der Wirtschaft soll nach Art. 206 AEUV über die bisherige Handelspolitik gemäß Art. 131 ff. EGV hinaus entwickelt werden, insbesondere durch „schrittweise Beseitigung der Beschränkungen im internationalen Handelsverkehr und bei den ausländischen Direktinvestitionen", also durch weitere Entwicklung des Kapitalismus. Diese Regelung verbietet den Mitgliedstaaten jeden Schutz einheimischer Produkte, obwohl solche Maßnahmen je nach Wirtschaftslage und je nach Einzelfall notwendig und darum von dem wirtschaftsverfassungsrechtlichen Sozialprinzip geboten sein können, jedenfalls nicht durch einen Vertrag der Europäischen Union für die Mitgliedstaaten gänzlich ausgeschlossen werden dürfen. „Handelspolitische Schutzmaßnahmen" sind Sache der „gemeinsamen Handelspolitik" (Art. 207 Abs. 1 AEUV), jedenfalls deren „einheitliche Grundsätze". Die Praxis behandelt diese im Warenbereich und weitgehend im Dienstleistungsbereich als ausschließliche Sache der Union. Art. 3 Abs. 1 e AEUV gibt der Union vertraglich die ausschließliche Zuständigkeit im Bereich der „gemeinsamen Handelspolitik". Die gegenwärtige Krise der unionalen, auch der deutschen (und globalen) Wirtschaft zeigen die kredit- und lohnpolitischen Nöte einiger Länder der Einheitswährung Euro, die Folge des Binnenmarktes und der Währungseinheit sind. Auch Deutschland hat wegen der Währungseinheit seine währungspolitischen Vorteile, aber auch seine zinspolitische Hoheit verloren. Das führt zu milliardenschweren „Enteignungen" der Vermögensinhaber, die nicht in der Lage sind, diese Verluste am Vermögensmarkt auszugleichen. Das „Preisdumping" der für Deutschland unterbewerteten Währung kommt nur einigen international agierenden Unternehmen zu Gute, die Bevölkerung Deutschlands büßt die „Sozialdividende" (Karl Schiller) einer Aufwertung ein. Wegen des unionsweiten Binnenmarktes zum einen und des weltwirtschaftsrechtlich begründeten globalen Marktes zum anderen sind viele Unternehmen wegen der unerreichbar niedrigen Löhne anderer Standorte (Lohndumping) am Waren-, aber auch am Dienstleistungsmarkt nicht mehr wettbewerbsfähig. Die unvermeidliche Folge ist der Verlust der Arbeitsplätze, in hohem Maße begleitet und hervorgerufen durch die Standortverlagerung der Unternehmen oder Betriebe, durch die Globalisierung also, eine Entwicklung, die zu einfuhr-, standort- und kapitalverkehrspolitischen Maßnahmen zwingen kann. Art. 119 Abs. 1 und Art. 120 AEUV, der Grundsatz der offenen Marktwirtschaft mit freiem Wettbewerb, und mehr noch die Zwänge der gemeinsamen Handelspolitik nach Art. 206 f. AEUV verbieten aber den Mitgliedstaaten eine eigenständige wirkungsvolle Wirtschaftspolitik, selbst wenn diese notwendig ist, um nicht nur die soziale, sondern auch die politische Stabilität des Landes zu verteidigen. Damit ist die existentielle Staatlichkeit der Mitgliedstaaten vor allem zu Lasten der marktlichen Sozialwirtschaft eingeschränkt, ja wesentlich beseitigt. Mit Art. 20 Abs. 1 und Art. 23 Abs. 1 S. 1 GG ist diese Politik nicht vereinbar.

Das Grundgesetz hat, gerade wenn man dessen Wirtschaftsverfassung als die der marktlichen Sozialwirtschaft versteht, die wirtschaftliche Ordnungspolitik im Wesentlichen offengelassen und sich weder einem Marktprinzip, wie es das Substantiv Marktwirtschaft geböte, noch gar einem Prinzip offener Marktwirtschaft, das es zumindest erschwert, Bedrängnissen der Globalisierung entgegenzutreten, verschrieben. Allein diese wirtschaftspolitische Offenheit wird dem Prinzip der staatlichen Verantwortung für das Gemeinwohl des Volkes gerecht. Bereits der Grundsatz der offenen Marktwirtschaft mit freiem Wettbewerb überschreitet die Grenzen, welche das Prinzip der existentiellen Staatlichkeit eines existentiellen Staates für die Integrationspolitik zieht. Ein solcher Grundsatz ist nicht mehr sozial, aber auch nicht mehr demokratisch im Sinne des Art. 20 Abs. 1 GG, auch und erst recht nicht im Sinne des Art. 23 Abs. 1 S. 1 GG. Die Mitgliedstaaten auf den Grundsatz einer Marktwirtschaft festzulegen, schränkt die für einen existentiellen Staat existentielle ordnungspolitische Wirtschaftshoheit ein. Die grundgesetzliche Verfassung impliziert aufgrund ihres Privatheitsprinzips, wie im Ersten Teil dargelegt, eine marktwirtschaftliche Wirtschaftsordnung, nämlich in Verbindung mit dem Sozialprinzip die marktliche Sozialwirtschaft. Aber das Grundgesetz läßt auch eine andere Ordnung wirtschaftlicher Bereiche zu, soweit dies für das Gemeinwohl um der Verwirklichung anderer Verfassungsprinzipien willen geboten ist, wie für die Sozialversicherung, welche fraglos ein wesentlicher Teil der Wirtschaft ist. Aber auch die Daseinsvorsorge, die immer noch in weiten Bereichen von der öffentlichen Hand, vor allem den Kommunen, geleistet wird, gehört ebenso fraglos zur Wirtschaft, wie die Praxis des Europäischen Gerichtshofs zu Art. 106 AEUV erweist, welche die öffentlichen Unternehmen der Daseinsvorsorge weitgehend dem Wettbewerbsrecht der Gemeinschaft unterwirft. Viele Unternehmensbereiche der Daseinsvorsorge sind vor allem im Interesse der Ausdehnung des Binnenmarktes und des Wettbewerbs, aber wohl auch um privater Kapitalverwertung willen materiell privatisiert worden, weitgehend die Energieversorgung, auch der Eisenbahnverkehr (vgl. Art. 87 e Abs. 3 GG), das Postwesen und die Telekommunikation (vgl. Art. 87 f Abs. 2 GG). Es ist mehr als fraglich, ob sich die Versorgung mit den jetzt privatisierten, früher öffentlichen (richtigerweise hoheitlichen) Dienstleistungen verbessert hat oder verbessern wird. Die Streiks der Lokomotivführer, die dem Gemeinwohl schwer schaden, lassen die Rückkehr zur Hoheitlichkeit des Eisenbahnverkehrs raten. Entscheidend für die Frage der existentiellen Staatlichkeit ist, daß die Mitgliedstaaten die Hoheit über die Wirtschaft in Form der Daseinsvorsorge (vielfach und weitgehend) aufgegeben haben, weil sie sich gemeinschaftsrechtlich verpflichtet sehen (und haben), dem Grundsatz einer offenen Marktwirtschaft mit freiem Wettbewerb zu genügen.

Immerhin stellt Art. 120 S. 2 AEUV den Grundsatz der offenen Marktwirtschaft mit freiem Wettbewerb unter den Vorbehalt: „wodurch ein effizienter Einsatz der Ressourcen gefördert wird“. Dieser Vorbehalt lehrt nicht etwa eine volkswirtschaftliche Theorie, um den Grundsatz einer offenen Marktwirtschaft mit freiem Wettbewerb zu rechtfertigen, obwohl er in der deutschen Übersetzung so formuliert ist, sondern ist ein Rechtssatz, der die Verbindlichkeit des Grundsatzes davon abhängig macht, daß die offene Marktwirtschaft mit freiem Wettbewerb den effizienten Einsatz der Ressourcen fördert. Subjektive Rechte werden daraus nicht hergeleitet. Der Gesetzgeber und die Verwaltung würden den Grundsatz verwirklichen müssen, judiziert der Europäische Gerichtshof (EuGH v. 03.10.2000 – Rs. C-9/99 (Echirolles Distribution SA/Association du Dauphiné u.a.), Slg. 2000, I-8207, Rdn. 25). Der Vorbehalt des effizienten Einsatzes der Ressourcen läßt gemeinschaftsrechtlich auch andere Wirtschaftsformen zu, auch öffentliche Unternehmen der Daseinsvorsorge. Für die existentielle Staatlichkeit ist jedoch entscheidend, daß nicht die Mitgliedstaaten darüber zu entscheiden haben, ob die Wirtschaftsform den effizienten Einsatz der Ressourcen fördert, sondern, weil das Gemeinschaftsrecht von dem Grundsatz eine Ausnahme macht, die Gemeinschaft, insbesondere mittels der Grundzüge der Wirtschaftspolitik der Mitgliedstaaten und der Union gemäß Art. 121 Abs. 2 ff. AEUV, im Streitfall durch Judikate des Gerichtshofs.

2. Freier Wettbewerb

Mit der Marktwirtschaft ist der Wettbewerb verbunden, den das Unionsrecht als „freien Wettbewerb" (Art. 119, 120 AEUV) bezeichnet. Die Privatheit des Wirtschaftens, sei es als Unternehmer, sei es als Verbraucher, sei es als Anbieter, sei es als Nachfrager, ist die Voraussetzung von Wettbewerb. Die Privatheit des Wirtschaftens hat Wettbewerb zur Folge. Staatliches Wirtschaften unterliegt nicht dem Wettbewerbsprinzip. Staatlichkeit (Ausübung von Staatsgewalt) und Wettbewerb sind unvereinbar. Wenn der Staat als Unternehmer dem Wettbewerbsprinzip unterworfen wird, ist das, unabhängig von der öffentlich-rechtlichen oder privatrechtlichen Form der Organisation und des Handelns, staatswidrige Privatisierung. Auch der freie Wettbewerb muß einen effizienten Einsatz der Ressourcen fördern, wovon nach wirtschaftswissenschaftlichen Theorien und mehr noch Modellen meist ausgegangen wird. Entscheidend für die existentielle Staatlichkeit ist jedoch wiederum, daß nicht die Mitgliedstaaten, sondern die Union die Begriffshoheit hat, also zu entscheiden hat, ob die Mitgliedstaaten außer der Union selbst ihre Wirtschaftsordnung einem freien Wettbewerb gemäß gestaltet haben, im Streitfall wiederum der Gerichtshof. Das gesamte Wirtschaftsrecht einschließlich des Handels- und Gesellschaftsrechts, des Kapitalmarktrechts, des Gewerberechts, des Berufs- und Arbeitsrechts und auch des Steuer- und Sozialrechts, greift in den freien Wettbewerb, wie auch in die offene Marktwirtschaft, ein, ohne daß dadurch der Grundsatz verletzt sein muß, aber die Grenzen, welche der Grundsatz einer offenen Marktwirtschaft mit freiem Wettbewerb der Politik der Mitgliedstaaten zieht, bestimmt die Union, wiederum durch die Grundzüge des Art. 121 Abs. 2 AEUV und im Streitfall durch Judikate des Gerichtshofs.

3. Wettbewerb und Währungsunion

Auch die Währungsunion, deren Politik ebenfalls neben dem vorrangigen Ziel der Preisstabilität und neben den allgemeinen Zielen der Union dem Grundsatz einer offenen Marktwirtschaft mit freiem Wettbewerb verpflichtet ist, macht den im Wesentlichen industriepolitischen Effizienzvorbehalt (Art. 127 Abs. 1 S. 3 AEUV). Die Währungsunion bringt (unvermeidlich) eine Verzerrung der Wettbewerbslage in den Mitgliedstaaten mit sich, insbesondere weil die unterschiedslose Leitzinspolitik der Europäischen Zentralbank zu unterschiedlichen Realzinsen in den Mitgliedstaaten führt, aber auch eine Anpassung der Währung an die produktive Leistungsfähigkeit (Abwertung oder auch Aufwertung) im Währungsraum der Währungsunion und auch eigenständig nach außen gegenüber Drittwährungen ausschließt. Die unterschiedlichen Kreditverhältnisse verzerren die Wettbewerbslage ebenso wie die unterschiedlichen Sozial- und Steuer-, aber auch Produktionsverhältnisse. Das trifft vor allem die kleinen, aber auch die mittelständischen Unternehmen. Von einem unverfälschten Wettbewerb innerhalb des Binnenmarktes, wie ihn das Wettbewerbsrecht der Union (Art. 101 ff. AEUV) intendiert, kann keine Rede sein, weil vorrangig andere Ziele als die eines solchen Wettbewerbs verfolgt werden, vor allem das Ziel eines Unionsstaates, aber auch Vorteile für die eigene Volkswirtschaft zu Lasten der anderer Mitgliedstaaten gesucht werden, eben durch den Sozial(abbau)wettbewerb, den Steuerwettbewerb, den Zinswettbewerb, vor allem durch Währungsvorteile u.a.m. Eine konsistente Wirtschafts- oder gar Wettbewerbspolitik ist durch das Unionsrecht weder konzipiert, noch im Rahmen der Verträge erreichbar. Mit Verfassungsprinzipien, vor allem dem Rechtsstaatsprinzip und dem Sozial(staats)prinzip ist eine solche Wirtschaftsordnung schlechterdings unvereinbar. Die Chancen, die Ordnung zu verbessern, sind gering, weil das Leben in der Union entdemokratisiert ist.

II. Unionsrechtlicher Schutz der unternehmerischen Freiheit

Die Europäische Gemeinschaft praktiziert eine gewisse Unternehmensfreiheit. Sie anerkennt verschiedene Grundrechte der Unternehmen, welche durchgehend keine textliche Grundlage haben, aber mehr oder weniger „gemeinsame Verfassungsüberlieferungen der Mitgliedstaaten“ sind und darum als „allgemeine Grundsätze Teil des Unionrechts“ im Sinne des Art. 6 Abs. 2 EUV sind. Es sind die „wirtschaftliche Handelsfreiheit“ (grundlegend EuGH v. 17.12.1970 – Rs. 11/70 (Internationale Handelsgesellschaft/Einfuhr- und Vorratsstelle Getreide) Slg. 1970, 1125, Rdn. 3 ff.; EuGH v. 07.02.1985 – Rs. 240/83 (Procureur de la République/ADBHU),Slg. 1985, 531, Rdn. 6), die „wirtschaftliche Handlungsfreiheit“ (EuGH v. 29.04.2004 – Rs. C-418/01 (IMS Health/NDC Health), Slg. 2004, I-5030, Rdn. 48), die „Handels- und Wirtschaftsfreiheit“ (EuGH v. 14.05.1974 – Rs. 4/73 (Nold/Kommission), Slg. 1974, 491, Rdn. 14; EuGH 07.02.1985 – Rs. 240/83 (Procureur de la République/ADBHU), Slg. 1985, 531, Rdn. 6, 9; i.d.S. grundlegend EuGH v. 17.12.1970 – Rs. 11/70 (Internationale Handelsgesellschaft/Einfuhr- und Vorratsstelle für Getreide- und Futtermittel), Slg. 1970, 1125, Rdn. 3 ff.) und die „wirtschaftliche Betätigungsfreiheit“ (EuGH v. 27.09.1979 – Rs. 230/78 (Eridania/Minister für Landwirtschaft und Forsten), Slg. 1979, 2749, Rdn. 20; EuGH v. 13.11.2000 – Rs. C-317/00 P (I) („invest“ Import- und Export GmbH u.a./Kommission), Slg. 2000, I-9541, Rdn. 57, u. ö). Diese Grundrechte werden aus der Berufsfreiheit hergeleitet und (meist) synonym verstanden. Näherhin werden zu dieser unternehmerischen Freiheit die Vertragsfreiheit (EuGH v. 16.01.1979 – Rs. 151/78 (Sukkerfabriken Nykøbing/Landwirtschaftsministerium), Slg. 1979, 1, Rdn. 20; u.ö), die Erwerbsfreiheit, die Freiheit zur Ausübung eines Gewerbes (EuGH v. 17.10.1995 – Rs. C-44/94 (Fishermen’s Organisation u.a.), Slg. 1995, I-3115, Rdn. 55; EuGH v. 23.03.2006 – Rs. C-535/03 (Unitymark Ltd und North See Fishermen’s Organisation/Department for Environment, Food and Mural Affairs), Slg. 2006, I-2689, Rdn. 52) und die Wettbewerbsfreiheit (vom Grundsatz des freien Wettbewerbs, nicht vom Grundrecht, spricht EuGH v. 07.02.1985 – Rs. 240/83 (ADBHU), Slg. 1985, 531, Rdn. 9, 16 ff. („Grundsatz des freien Wettbewerbs“); EuGH v. 21.05.1987 – verb. Rs. 133-136/85 (Rau Lebensmittelwerke u.a./Bundesanstalt für landwirtschaftliche Marktordnung), Slg. 1987, 2289, Rdn. 15 ff.) (mit wenig klarem subjektiv rechtlichen Status), sowie die Werbefreiheit gerechnet. Außerdem sind wirtschaftsrechtlich (neben allen anderen Grundrechten) insbesondere die Berufsausübungsfreiheit (EuGH v. 14.05.1974 – Rs. 4/73 (Nold/Kommission), Slg. 1974, 491, Rdn. 12, 13; EuGH v. 21.05.1987 – verb. Rs. 133-136/85 (Rau Lebensmittelwerke u.a./Bundesanstalt für landwirtschaftliche Marktordnung), Slg. 1987, 2289, Rdn. 15) (kein Recht auf Arbeit), das Eigentumsrecht (EuGH v. 10.01.1992 – Rs. C-177/90 (Kühn/Landwirtschaftskammer Weser-Ems), Slg. 1992, I-35, Rdn. 16) und die Sphäre der privaten Betätigung (EuGH 21.09.1989 – Rs. 46/87 u. 227/88 (Hoechst/Kommission), Slg. 1989, 2859, Rdn. 19 („private Betätigung“); EuGH v. 17.10.1989 – Rs. 97-98/87 (Dow Chemical Ibérica u.a./Kommission), Slg. 1989, 3165, Rdn. 16; EuGH v. 09.03.2006 – Rs. C-499/04 (Hans Werhof/Freeway Traffic Systems GmbH & Co. KG), Slg. 2006, I-2397, Rdn. 23), sowie die (umstrittene) allgemeine Handlungsfreiheit (EuGH v. 21.05.1987 – verb. Rs. 133-136/85 (Rau Lebensmittelwerke u.a./Bundesanstalt für landwirtschaftliche Marktordnung), Slg. 1987, 2289, Rdn. 15 ff .), wiederum mit der Vertragsfreiheit/Prinzip der Privatautonomie (EuGH v. 05.10.1999 – Rs. C-240/97 (Königreich Spanien/Kommission), Slg. 1999, I-6571, Rdn. 99; EuGH v. 09.03.2006 – Rs. C-499/04 (Hans Werhof/Freeway Traffic Systems GmbH & Co. KG), Slg. 2006, I-2397, Rdn. 23), bedeutsam. Nach der im Jahre 2000 in Nizza deklarierten Grundrechtecharta, der Art. 6 Abs. 1 EUV in der Fassung des Vertrages von Lissabon den gleichen rechtlichen Rang wie den Verträgen beimißt, gibt es auch textlich eine „unternehmerische Freiheit“, welche „nach dem Unionsrecht und den einzelstaatlichen Rechtsvorschriften und Gepflogenheiten anerkannt wird“ (Art. 16). Die Interpretation dieses Grundrechts ist noch wenig geklärt und mehr als schwierig. Dem Wortlaut dieses Grundrechts nach steht die unternehmerische Freiheit zur Disposition des Unionsrechts und des Rechts der Mitgliedstaaten, ganz abgesehen von dem Gesetzesvorbehalt des Art. 52 GR-Charta. Allenfalls bewahrt der Wesensgehalt dieses Grundrechts seine subjektiv grundrechtliche Relevanz und bleibt die objektive Dimension der Unternehmensfreiheit. Jedenfalls fällt die Unternehmensfreiheit, seit die Grundrechtecharta in Kraft getreten ist, nicht mehr unter die Berufsfreiheit des Art. 15 GR-Charta. Ohnehin vermag ein Grundrechteschutz der Unternehmensfreiheit neben den Grundfreiheiten in deren weitreichender Praxis kaum Wirkung zu entfalten. Gegenüber den Mitgliedstaaten entfalten die Grundfreiheiten die im Folgenden dargelegte Liberalisierungs- und Deregulierungswirkung, welche den Unternehmern größtmögliche Entfaltungsmöglichkeiten verschafft. Auch für die Rechtsetzung der Union sind die Grundfreiheiten steuernde Leitprinzipien, die zumindest die gleiche rechtliche Wirkung haben wie das Grundrecht der unternehmerischen Freiheit des Art. 16 GR-Charta.

III. Binnenmarkt

1. Begriff des Binnenmarktes

Das Gemeinschaftsrecht hatte den Gemeinsamen Markt, dessen Errichten nach Art. 2 EGV vornehmliche Aufgabe der Gemeinschaft war, vom Binnenmarkt unterschieden (Art. 3 Abs. 1 lit. c, Art. 14 EGV). Der Europäische Gerichtshof hatte ausgesprochen, der Gemeinsame Markt ziele seinem Begriff nach „auf die Beseitigung aller Hemmnisse im innergemeinschaftlichen Handel mit dem Ziel der Verschmelzung der nationalen Märkte zu einem einheitlichen Markt, dessen Bedingungen denjenigen eines Binnenmarktes möglichst nahe kommen“ (EuGH v. 05.05.1982 – Rs. 15/81 (Gaston Schul), Slg. 1982, 1409, Rdn. 33). Seit der Einheitlichen Europäischen Akte 1986 zielte die Gemeinschaft auf den Binnenmarkt (Art. 8 a EWGV) und hat diesen mehr und mehr verwirklicht, ohne den begrifflichen Unterschied schon eingeebnet zu haben. Der Vertrag von Lissabon vom 13. Dezember 2007 benutzt den Begriff „Gemeinsamer Markt“ nicht mehr, sondern nur noch den Begriff „Binnenmarkt“, insbesondere Art. 3 Abs. 3 S. 1 EUV: „Die Union errichtet einen Binnenmarkt“. „Der Binnenmarkt umfasst einen Raum ohne Binnengrenzen, in dem der freie Verkehr von Waren, Personen, Dienstleistungen und Kapital gemäß den Bestimmungen der Verträge gewährleistet ist“ (Art. 26 Abs. 2 AEUV). Zum Binnenmarkt gehört somit vornehmlich die Wirklichkeit der (sogenannten) fünf Grundfreiheiten, nämlich nach Art. 28 ff. AEUV der freie Warenverkehr, nach Art. 45 ff. AEUV die Freizügigkeit der Arbeitnehmer, nach Art. 49 ff. AEUV das freie Niederlassungsrecht, nach Art. 56 ff. AEUV die Dienstleitungsfreiheit sowie nach Art. 63 ff. AEUV der freie Kapital- und Zahlungsverkehr. Der Binnenmarkt ist gemäß Art. 26 Abs. 1 AEUV weitestgehend verwirklicht, in den östlichen Mitgliedstaaten inzwischen auch die Arbeitnehmerfreizügigkeit, die zum Teil und befristet zurückgestellt war. Neben dem Verbot der „Diskriminierung aus Gründen der Staatsangehörigkeit“ (Art. 18 Abs. 1 AEUV) sind die Grundfreiheiten als der Binnenmarkt ein Grundprinzip der Union.

2. Staatseigenschaft des Binnenmarktes

Ein Binnenmarkt, welcher die Grundfreiheiten genannten Marktfreiheiten verwirklicht und zudem einem einheitlichen Wettbewerbsregime unterworfen ist (Art. 101 ff. AEUV), ist zwar eine von den Mitgliedstaaten der Europäischen Union geschaffene staatliche Ordnung, aber nicht schon ein Staat im republikanischen Sinne. Das ergibt die freiheitliche Definition des Staates als die

„Vereinigung einer Menge von Menschen unter Rechtsgesetzen". Unternehmer und Verbraucher wirtschaften unter den primärrechtlichen Regelungen der Grundfreiheiten und des Wettbewerbs, welche durch eine Fülle von sekundärrechtlichen Vorschriften ergänzt werden. Diese Regelungen ordnen den gesamten Bereich der Wirtschaft einschließlich der öffentlichen Unternehmen (Art. 106 AEUV). Im Bereich der Wirtschaft, wenn man so will, als Marktbürger, sind die Unternehmer und Verbraucher somit unter vertragsgesetzlichen Regelungen, welche „Rechtsgesetze" wären, wenn sie dem Recht entsprächen, vereinigt. Diese Marktordnung ist nicht nur durch die Vorschriften, sondern auch durch hoheitliche Einrichtungen, welche die Vorschriften durchsetzen (sollen), nämlich alle Behörden und Gerichte der Mitgliedstaaten und der Union selbst, gesichert. Das wäre ein Staat, wenn Gesetze des Rechts diese Ordnung geschaffen hätten. Der Begriff des Staates verlangt nicht, daß alle Ordnungsbereiche von einer einzigen Organisation verantwortet werden. Die Vielfalt der Einrichtungen zur Verwirklichung des gemeinen Wohls, die um des guten Lebens willen geboten sein kann, widerspricht der Staatseigenschaft von funktional begrenzten Organisationen nicht. Das erweist sich gerade in dem staatlichen Mehr-Ebenen-System der Europäischen Union, aber auch schon in dem unechten Bundesstaat Deutschland. Die Staatseigenschaft einer staatlichen Organisation erfordert begrifflich weder die Identität dieses Staates mit einem existentiellen Staat eines souveränen Volkes und mit dessen Territorium, noch die existentielle Staatlichkeit der Aufgaben und Befugnisse des Staates. Der Binnenmarkt wäre als Einrichtung des Rechts ein funktionaler Teil-staat, dessen Funktion freilich zur existentiellen Staatlichkeit der in diesem Teilstaat vereinigten Menschen (und Völker) gehören würde. Allein schon durch den Binnenmarkt hätten sich die Mitgliedstaaten der Europäischen Union zu einem echten Bundesstaat vereinigt. Der echte Bundesstaat beruht auf einem Vertrag der verbundenen Völker, der unechte auf einem Verfassungsgesetz seines Volkes, das mehrere Völker für begrenzte Aufgaben vereint. Jeder Staat hat eine, mehrere oder viele Funktionen, deren Zweck es ist, das gemeinsame Wohl der Menschen, welche den Staat bilden, zu verwirklichen. Es gibt Märkte, welche keinen Staat ausmachen, wie der globale Markt erweist, obwohl die Welthandelsordnung zumindest die Frage nahelegt, ob sie nicht bereits den funktionalen Weltstaat der Wirtschaft geschaffen hat.

Die Funktionen des jeweiligen Staates hängen davon ab, welche Aufgaben und Befugnisse ihm die Menschen übertragen haben. Die Übertragung erfolgt durch einen Verfassungsakt, sei es ein Verfassungsgesetz oder sei es ein Verfassungsvertrag, oder auch durch Rechtsakte im Rahmen des Verfassungsaktes. Auf die Bezeichnung des Aktes kommt es nicht an. Deswegen ist es auch richtig, von einer Verfassung der Europäischen Union zu sprechen, die im Übrigen vielfältige Funktionen zur Verwirklichung des gemeinen Wohls der Menschen in der Union, vor allem der Unionsbürger (Art. 9 Abs. 1 S. 2 und 3 EUV;

Art. 20 ff. AEUV) umfaßt. Im freiheitlichen Sinne kann aber nur die Vereinigung im Recht Staat sein; nur der Rechtsstaat ist Staat.

IV. Wettbewerb

1. Textlage

Nach Art. 3 Abs. 3 UAbs. 1 EUV in der Lissabonner Fassung errichtet die Union „einen Binnenmarkt" und wirkt „auf die nachhaltige Entwicklung Europas auf der Grundlage eines ausgewogenen Wirtschaftswachstums und von Preisstabilität, eine in hohem Maße wettbewerbsfähige soziale Marktwirtschaft, die auf Vollbeschäftigung und sozialen Fortschritt abzielt, sowie ein hohes Maß an Umweltschutz und Verbesserung der Umweltqualität hin und fördert den wissenschaftlichen und technischen Fortschritt". Die Verpflichtung auf den „Grundsatz einer offenen Marktwirtschaft mit freiem Wettbewerb" formuliert der Vertrag von Lissabon in Art. 119 Abs. 1 und Abs. 2 AEUV nicht anders als zuvor der Gemeinschaftsvertrag. Dieser Grundsatz wird allerdings in den Bestimmungen über die Wirtschaftspolitik durch einen Nebensatz relativiert, nämlich: „wodurch ein effizienter Einsatz der Ressourcen gefördert wird", nicht anders im Übrigen als in den Regelungen für die Währungspolitik (Art. 120 S. 2 AEUV).

Die Wettbewerbsregeln stehen in Art. 101 ff. AEUV. Sie teilen sich in die Vorschriften für Unternehmen (Art. 101 ff. AEUV) und die Vorschriften über staatliche Beihilfen (Art. 107 ff. AEUV). Die Vorschriften für Unternehmen sind das (sogenannte) Kartellverbot des Art. 101 AEUV, das Verbot der „mißbräuchlichen Ausnutzung einer beherrschenden Stellung auf dem Binnenmarkt" oder auf einem wesentlichen Teil desselben Art. 102 AEUV und die Fusionskontrollpflicht, die wie schon im Gemeinschaftsvertrag keine Regelungen im Vertrag von Lissabon gefunden hat. Die Fusionskontrolle ist in der Fusionskontrollverordnung (VO Nr. 139/2004 vom 20. Januar 2004 (ABl. L 24/1 vom 29.1.2004) geregelt, welche die Fusionskontrollverordnung VO/EWG Nr. 4064/89 vom 21. Dezember 1989 (ABl. 1990 L 257/14) ersetzt hat. Die neue Fusionskontrollverordnung ist seit dem 1. Mai 2004 in Kraft. Sie wird, wie schon die alte Fusionskontrollverordnung auf Art. 87 und Art. 235 EWGV, auf Art. 83 und Art. 308 EGV gestützt. Der Europäische Gerichtshof hatte, solange es eine Fusionskontrollordnung nicht gab, Unternehmenszusammenschlüsse an den Verboten des Art. 85 und Art. 86 EWGV, später Art. 81 und 82 EGV gemessen (EuGH v. 21.02.1973 – Rs. 6/72 (Continental Can), Slg. 1973, 215, LS 12, S. 217, Rdn. 19 ff.), also dem Kartell- und dem Mißbrauchsverbot. Im Gegensatz zur Europäischen Wirtschaftsgemeinschaft kannte die Europäische Gemeinschaft für Kohle und Stahl in Art. 66 EGKSV die vorbeugende Fusionskontrolle. Dieser Vertrag ist am 23. Juli 2002 ausgelaufen. Das Kartellverbot und das Verbot des

Mißbrauchs wirtschaftlicher Machtstellung werden näher sekundärrechtlich durch die Verordnung EG Nr. 1/2003 (ABl. 2003 L 1/1) vom 16. Dezember 2002 geregelt, welche die bisherige Kartelldurchführungsverordnung (EWG) 17/62 vom 6. Februar 1962 (ABl. 1962 Nr. 13/204) abgelöst hat. Das neue sekundäre Kartellrecht ist seit dem 1. Mai 2004 in Kraft.

Das europäische Wettbewerbsrecht steht in einem Verbund mit dem nationalen Wettbewerbsrecht, welches in Deutschland, abgesehen vom Gesetz gegen unlauteren Wettbewerb, im Gesetz gegen Wettbewerbsbeschränkungen geregelt ist. Das deutsche Wettbewerbsrecht kennt ebenfalls (u.a.) ein Kartellverbot (§§ 1 ff. GWB), ein Mißbrauchsverbot (§ 19 GWB), die Fusionskontrolle (§§ 35 ff. GWB) und eine Vergabeordnung (§§ 97 ff. GWB). Das deutsche Wettbewerbsrecht ist jetzt dem neuen Wettbewerbsrecht der Kartellverordnung Nr. 1/2003 angepaßt. Das soll helfen, eine widersprechende Wettbewerbspolitik der deutschen Behörden und der Kommission als Wettbewerbsbehörde der Union zu vermeiden.

Durch Art. 106 Abs. 1 AEUV verpflichten sich die Mitgliedstaaten, „in Bezug auf öffentliche Unternehmen und auf Unternehmen, denen sie besondere oder ausschließliche Rechte gewähren, keine diesem Vertrag und insbesondere deren Artikeln 18 und 101 bis 109 widersprechende Maßnahmen zu treffen oder beizubehalten“. Art. 18 Abs. 1 AEUV verbieten die Diskriminierung aus Gründen der Staatsangehörigkeit. Art. 101 bis 109 AEUV regeln den Unternehmenswettbewerb und die staatlichen Beihilfen, also die Wettbewerbsregeln. Die Vorschriften des Arbeitsvertrages, insbesondere die Wettbewerbsregeln, gelten nach Art. 106 Abs. 2 AEUV auch „für Unternehmen, die mit Dienstleistungen von allgemeinem wirtschaftlichen Interesse betraut sind oder den Charakter eines Finanzmonopols haben“, „soweit die Anwendung dieser Vorschriften nicht die Erfüllung der ihnen übertragenen besonderen Aufgaben rechtlich oder tatsächlich verhindert“. Wettbewerbsbeschränkende Maßnahmen in den Mitgliedstaaten dürfen „die Entwicklung des Handelsverkehrs nicht in einem Ausmaß beeinträchtigen, das dem Interesse der Union zuwider läuft“ (Art. 106 Abs. 2 S. 2 AEUV). Unternehmen, die mit Dienstleistungen von allgemeinem wirtschaftlichem Interesse betraut sind, sind die Unternehmen der Daseinsvorsorge, etwa Energieversorgungsunternehmen. Finanzmonopol in Deutschland ist (nur noch) das Branntweinmonopol. Durch Art. 2 Abs. 1 lit. b der Transparenzrichtlinie ist der Begriff der öffentlichen Unternehmen definiert als „jedes Unternehmen, auf das die öffentliche Hand aufgrund Eigentums, finanzieller Beteiligung, Satzung oder sonstiger Bestimmungen, die die Tätigkeit des Unternehmens regeln, unmittelbar oder mittelbar einen beherrschenden Einfluß ausüben kann“. Nach Art. 2 Abs. 2 der Transparenzrichtlinie wird ein beherrschender Einfluß vermutet, wenn die öffentliche Hand unmittelbar oder mittelbar die Mehrheit des Kapitals des

Unternehmens innehat, über die Mehrheit der Stimmrechte verfügt oder mehr als die Hälfte der Mitglieder des Verwaltungs-, Leitungs- oder Aufsichtsorgans des Unternehmens bestellen kann. Die öffentliche Hand sind die staatlichen Gebietskörperschaften und die sonstigen Körperschaften des öffentlichen Rechts, soweit diese zum Staat (im weitesten Sinne) gehören.

Die Union ist durch Art. 103 AEUV ermächtigt, „die zweckdienlichen Verordnungen oder Richtlinien zur Verwirklichung der in den Artikeln 101 und 102 AEUV niedergelegten Grundsätze" zu erlassen, um bestimmte in Absatz 2 dieser Vorschriften genannte Zwecke zu erreichen. Art. 105 AEUV hat es der Kommission übertragen, auf die Verwirklichung der wettbewerbsrechtlichen Vorschriften der Unternehmen, also das Kartellverbot und das Mißbrauchsverbot, zu achten. Die Kommission untersucht auf Antrag eines Mitgliedstaates oder von Amts wegen in Verbindung mit den zuständigen Behörden der Mitgliedstaaten, die ihr Amtshilfe zu leisten haben, die Fälle, in denen Zuwiderhandlungen gegen diese Grundsätze vermutet werden, und schlägt im Falle von Zuwiderhandlung geeignete Mittel vor, um diese abzustellen. Wenn die Zuwiderhandlung nicht abgestellt wird, kann die Kommission diese in einer mit Gründen versehenen Entscheidung feststellen, diese Entscheidung veröffentlichen und den Mitgliedstaat ermächtigen, die erforderlichen Abhilfemaßnahmen zu treffen, deren Bedingungen und Einzelheiten die Kommission festlegt (Art. 105 Abs. 1 S. 2 und 3, Abs. 2 AEUV). Die Kommission hat nach dieser Regelung Vollzugsbefugnisse in den Mitgliedstaaten, welche näher in der VO Nr. 1/2003 (und anderen Verordnungen) geregelt sind. Die Kommission achtet nach Art. 106 Abs. 3 AEUV auch auf die Anwendung des Wettbewerbsrechts auf öffentliche monopolartige Unternehmen und ist durch diese Vorschriften ermächtigt, erforderlichenfalls geeignete Richtlinien oder Beschlüsse an die Mitgliedstaaten zu richten. Der Vertrag von Lissabon gibt der Union die ausschließliche Zuständigkeit (u.a.) für die „Festlegung der für das Funktionieren des Binnenmarkts erforderlichen Wettbewerbsregeln" (Art. 3 Abs. 1 lit. b AEUV).

2. Wettbewerb als Faktum und als Prinzip

a) Das Wettbewerbsprinzip bringt keinen Rechtssatz hervor, der geböte, Wettbewerb zu betreiben, wettbewerblich zu handeln. Der Wettbewerb ist ein Faktum, das sich aus der Mehrheit des Angebots gleicher Leistung oder der Nachfrage nach gleicher (austauschbarer) Leistung ergibt, unter denen die jeweilige Marktgegenseite, nämlich Nachfrager oder Anbieter, wählen können. Auch die Chance zum Markteinstieg muß man als Wettbewerbslage insbesondere eines Monopols ansehen. Wie beim Laufen den Wettkampf schafft die Rivalität der Konkurrenten den Wettbewerb. Die Marktgegenseite entscheidet, welcher der Unternehmer das Geschäft macht, nach der Vorstellung der Wettbewerbstheoretiker (bisweilen auch in der Praxis) der, der das bessere Angebot unterbreitet, insbesondere den geringeren Preis für die gleiche oder sogar bessere Leistung verlangt. Das ist freilich Modelltheorie, nicht Empirie. Allein schon die Werbung hindert die Abnehmer, vor allem die Konsumenten, an rationalen Kaufentscheidungen, wie sie die Ökonomik dem homo oeconomicus unterstellt. Das allseitige Streben nach Glück kann zum Wettbewerb, aber auch zur gemeinsamen Bewältigung der Lebensverhältnisse führen. Das ist die Natur des Menschen. Kant hat die neuronale Natur des Menschen noch nicht gekannt und ausgesprochen:

„Dank sei der Natur für die Unvertragsamtkeit, für die mißgünstig wetteifernde Eitelkeit, für die nicht zu befriedigende Begierde zum Haben, oder auch zum Herrschen. Ohne sie würden die vortrefflichen Naturanlagen in der Menschheit ewig unentwickelt schlummern. Der Mensch will Eintracht; aber die Natur weiß es besser, was für seine Gattung gut ist: sie will Zwietracht".

Der ‚Wille zur Eintracht' ist das lebenswichtige Bedürfnis nach Zusammenarbeit, das freilich den Wettbewerb nicht ausschließt, wie das Leben zeigt.

Es kann weder ein Recht auf Wettbewerb noch eine Pflicht zum Wettbewerb geben, solange das Handeln, wie das unternehmerische Handeln, privatheitlich, also alleinbestimmt ist. Wettbewerb müßte als Gegenstand eines besonderen Rechts selbst eine besondere Handlungsweise sein, etwa die des Rivalisierens. Dieses ist aber eine unternehmerische Handlungsweise unter mannigfachen anderen und als solche von der Unternehmerfreiheit erfaßt, die auch nicht spezifisch durch ein Grundrecht geschützt ist. Die Freiheit, welche das Recht einschließt, sein Glück im Rahmen der Gesetze alleinbestimmt zu suchen, also die freiheitliche Privatheit, ist die Grundlage des Rechts aller Menschen, ihr Leben zu unternehmen, und damit die Grundlage des gemeinsamen Lebens, das Wettbewerb mit sich bringen kann, auch und insbesondere den Wettbewerb der Unternehmer im engeren Sinne des Wettbewerbsrechts. Die Privatheitlichkeit ist somit die wesentliche Voraussetzung des Wettbewerbs und dessen alleiniges Rechtsprinzip. Darum spricht das Bundesverfassungsgericht auch (nur) von dem Recht auf „Teilhabe am Wettbewerb nach Maßgabe seiner Funktionsbedingungen" (BVerfGE 105, 252 (265 f.); i. d. S. auch BVerfGE 110, 274 (288 ff.)). Das setzt allerdings den Wettbewerb als Faktum voraus. Ein Recht auf Wettbewerb hätte zum Inhalt, daß die Unternehmer oder der Staat Dritte verpflichten können, sich durch konkurrierende Angebote oder konkurrierende Nachfrage in einen rivalisierenden Wettbewerb um bestimmte Geschäfte/Marktanteile zu begeben. Es gibt aber nicht einmal eine Unternehmenspflicht, jedenfalls keine zu einem bestimmten Unternehmen oder zu bestimmtem unternehmerischen Handeln, wenn auch die Verhältnisse die Menschen zu unternehmerischem Handeln bestimmter Art nötigen können. Eine Unternehmenspflicht, die irgendwie bestimmt sein müßte oder von einer Administration bestimmt werden können müßte, würde das menschheitliche

Recht auf die freie Entfaltung der Persönlichkeit, nüchterner formuliert, das Recht zu handeln, wie man will, wenn man nur keinem anderen schadet, die Freiheit nämlich (vgl. Art. 4 der Erklärung der Menschen- und Bürgerrechte von 1789), mißachten. Wenn der Staat selbst konkurrierend anbietet oder nachfragt, ist das kein Wettbewerb, sondern wettbewerbsadäquate Ingerenz, etwa um einem Monopol die Wirkung zu nehmen. Eine Pflicht zum Wettbewerb setzt ebenfalls den rivalisierenden Konkurrenten voraus.

Privatheitlich, aber nicht wettbewerblich ist im Übrigen auch die Landwirtschaft, die durch Europäische Marktordnungen geregelt ist. Die Landwirte sind Unternehmer (§ 14 Abs. 1 BGB), deren unternehmerisches Handeln im Rahmen der Agrarordnungen gemäß Art. 38 ff. AEUV keinen eigentlichen Wettbewerb hervorbringt, weil sowohl ihre Produktion als auch ihre Distribution derart geregelt ist, daß ein landwirtschaftlicher Unternehmer anderen nur in engen Grenzen den Umsatz streitig machen kann. Die Ordnung der Landwirtschaft folgt weitestgehend dem Fichteschen Modell des geschlossenen Handelsstaates, ohne daß die Privatheitlichkeit der Landwirte dadurch aufgehoben wäre. Auch die Vertragsärzte in der gesetzlichen Krankenversicherung erbringen ihre Leistungen den Patienten, den Mitgliedern der gesetzlichen Krankenkassen, nicht wesentlich im Wettbewerb. Im sozialistischen System der gesetzlichen Krankenversicherung wird mit verschiedenen Instrumenten, insbesondere dem der Budgetierung, im Interesse der Beitragssatzstabilität die Leistungsmenge gesteuert, ohne daß dadurch die Privatheitlichkeit der vertragsärztlichen Leistungen aufgehoben wäre. Die Privatheitlichkeit der Lebensbewältigung läßt sich somit auch in der Wirtschaft ohne Marktlichkeit und Wettbewerblichkeit gestalten, Markt freilich wettbewerblich verstanden, nicht im Sinne der gemeinschaftsrechtlichen Marktordnungen.

b) Wenn auch die Auffassung, Wettbewerb (unternehmerischer im engen Sinne) lasse sich nicht definieren, jedenfalls für einen verfassungsgesetzlichen Wettbewerbsbegriff fragwürdig wäre, so ist doch richtig, daß ein Rechtssatz, der zum Wettbewerb berechtigt oder verpflichtet, menschheitswidrig wäre. Es gibt einen solchen Rechtssatz nicht. Darum gibt es auch entgegen verbreiteter Meinung kein besonderes Grundrecht des Wettbewerbs, also keine grundrechtliche Wettbewerbsfreiheit (so aber BVerwGE 30, 191 (198); 60, 154 (159); 65, 167 (174); tendenziell auch BVerfGE 105, 252 (265 ff.)), weder in der subjektiven noch gar in der objektiven Dimension eines Grundrechts. Freilich wird das Wort Wettbewerbsfreiheit mit ganz unterschiedlicher Begriffsmaterie benutzt, meist ohne Definition.

aa) Mit Wettbewerbsfreiheit meinen Wirtschaftswissenschaftler meist eine Freiheit von Unternehmern und Verbrauchern gegenüber anderen Unternehmern und auch Verbrauchern, Freiheit in den privaten Verhältnissen. Im Antitrustrecht schützt Wettbewerbsfreiheit vor unternehmerischer Macht, welche vor allem den Verbrauchern die Vertragsmaterie aufzuzwingen ermöglicht. Wettbewerb soll die Vermachtung der Wirtschaft verhindern, auch den Zwang von Unternehmern gegenüber anderen Unternehmern. Mit dem Antitrustrecht verwirklicht der Staat die rule of law gegen die freiheitsgefährdende Unternehmensmacht. Demgemäß preist Franz Böhm den (preistheoretischen) „vollkommenen Wettbewerb“ als „großartigstes und genialstes Entmachtungsinstrument der Geschichte“, die große Illusion des Ordoliberalismus vom Gleichgewicht der vollkommenen Konkurrenz („total statisch“, „Konkurrenz-Sozialismus“). Es gibt kein Leben ohne Macht, ohne Möglichkeiten des Handelns nämlich. Die Möglichkeiten jedes Menschen, jeden Unternehmens, sind andere, und die Möglichkeiten sind unterschiedlich (auch im Sport). Die Macht, die wesentlich unterschiedlich ist, hat Erich Hoppmann als Voraussetzung von Wettbewerb erkannt. „Machtlosigkeit“ oder „Machtgleichheit“ ist „ein wettbewerbsloser Zustand“. Der deutsche Gesetzgeber hat, vornehmlich ordoliberal belehrt, das Gesetz gegen Wettbewerbsbeschränkungen gegen die Entfaltung und den Mißbrauch von Wirtschaftsmacht in Stellung gebracht, nämlich das Kartellverbot, die Mißbrauchsaufsicht und schließlich die Fusionskontrolle. Ziel des Gesetzes war die „Erhaltung der vollständigen Konkurrenz in einem möglichst großen Umfang“.

Unternehmerisches Handeln kann zum Wettbewerb führen und hat nötigende Wirkung, weil es die Welt der anderen Unternehmer ändert, wie im übrigen alles Handeln. Äußere Freiheit aber ist die „Unabhängigkeit von eines anderen nötigender Willkür“. Freiheit ist durchaus ein Lebens- und damit Rechtsprinzip nicht nur des Menschen und Bürgers im Staat, diesem gegenüber durch verschiedene Grundrechte, vor allem die allgemeine Freiheit des Art. 2 Abs. 1 GG, geschützt, sondern zunächst und wesentlich im gemeinsamen Leben mit den anderen Menschen und Bürgern, welche durch all ihr Handeln die Freiheit beeinträchtigen würden, wenn diese individualistisch (solipsistisch) (miß)verstanden wird, wie die vorstaatliche, vorbürgerliche „wilde“ Freiheit. Freiheit im Staat ist nur die allgemeine Freiheit, welche durch die freiheitliche Gleichheit aller Bürger (und Menschen) gekennzeichnet ist. Sie ist ohne die Gesetzlichkeit der allgemeinen Gesetze als der Gesetze aller (Bürger) nicht denkbar und darum ist die äußere Freiheit eine Einheit mit der inneren Freiheit, der Sittlichkeit, deren Gesetz der kategorische Imperativ, das Rechtsprinzip ist. Demgemäß definiert Kant, das „einzige“ „angeborene Recht“:

„Freiheit (Unabhängigkeit von eines anderen nötigender Willkür), sofern sie mit jedes anderen Freiheit nach einem allgemeinen Gesetz zusammen bestehen kann, ist dieses einzige, ursprüngliche, jedem Menschen, kraft seiner Menschheit, zustehende Recht“.

Wirklichkeit der allgemeinen Freiheit durch Gesetzlichkeit macht den Staat notwendig. Wettbewerbsfreiheit gegenüber den Unternehmen wäre danach nichts anderes als objektiv die Rechtlichkeit des gemeinsamen Lebens, nämlich die allgemeine Gesetzlichkeit, und subjektiv das Recht auf Recht. Die allgemeinen Gesetze begründen und begrenzen die Privatheit, die wiederum die unternehmerische Tätigkeit ermöglicht. Die Freiheit im Staat, die bürgerliche Freiheit, ist das Leben und Handeln unter den Gesetzen, die Gesetzlichkeit des gemeinsamen Lebens und damit die Unternehmensfreiheit das Recht, im Rahmen der Gesetze die eigenen (unternehmerischen) Zwecke zu verfolgen. Wenn Unternehmer die Gesetze achten, achten sie auch die Freiheit der anderen, abgesehen von der bei jedem Handeln aufgegebenen (zusätzlichen) Achtung des Sittengesetzes, des kategorischen Imperativs. Folglich gibt es keine eigenständige Wettbewerbsfreiheit gegenüber anderen/Dritten, welche zum Gesetzlichkeitsprinzip, zum Prinzip der Legalität, hinzukäme. Kein Unternehmer muß eine Wettbewerbsfreiheit seiner Wettbewerber berücksichtigen, er muß vielmehr die Gesetze einhalten. Zu den Gesetzen können freilich auch Regelungen gehören, welche den Wettbewerb der Unternehmen (als Faktum) gegen dessen Beschränkungen zu schützen versuchen. Dieser Schutz des Wettbewerbs der „Privatrechtsgesellschaft“ (Franz Böhm) ist Sache des Staates und dessen Schutz bezwecken die Wettbewerbsregeln der Europäischen Union und das Gesetz gegen Wettbewerbsbeschränkungen. Das Problem ist, ob der Wettbewerb als solcher durch Gesetze rechtsstaatlich geschützt und gefördert werden kann. Kein Problem ist das Verbot bestimmter wettbewerbsrelevanter Handlungen, etwa von Täuschungen, von Werbung. Für einen Wettbewerb, der angestrebt wird, einen Sollwettbewerb, fehlt es bereits an einem materialisierenden Begriff, der hinreichend bestimmt und damit rechtsstaatlich vollziehbar wäre. „Wirksamer Wettbewerb“, der Begriff der Unionspraxis, ist dieser Begriff nicht .

bb) Wettbewerbsfreiheit als Grundrecht, das vor Eingriffen des Staates in den Wettbewerb schützt, würde einen dahingehenden Text voraussetzen. Als unbenanntes Freiheitsrecht, wie sie vielfach verstanden zu werden scheint, wäre eine Wettbewerbsfreiheit ein fragwürdiges Grundrecht, weil zum einen der Wettbewerb, der vor dem Staat geschützt werden sollte, nicht hinreichend bestimmt definiert werden könnte und zum anderen ein Gemeinwesen ein solches Recht nicht hinnehmen könnte; denn dadurch würde die Wirtschaftsverfassung festgelegt, die der Staat aber nach den Notwendigkeiten der Lage gestalten können muß. Das Grundgesetz verfaßt eben keine Marktwirtschaft, sondern eine marktliche Sozialwirtschaft. Wettbewerb entfaltet sich durch die Tätigkeiten der Unternehmer, die sich auf die durch die Wirtschaftsgrundrechte geschützte Unternehmerfreiheit berufen können. Das Privatheitsprinzip hat Schutzwirkungen für den Wettbewerb, freilich nur nach Maßgabe der geschriebenen Wirtschaftsgrundrechte. Eine Wettbewerbsfreiheit, etwa im Sinne eines verfassungsgeschützten Rechts „sich durch freie Leistungskonkurrenz auf dem Markt gegenüber anderen Unternehmen durchzusetzen“, macht das nicht aus. Das Bundesverfassungsgericht sieht demgemäß nur ein Recht zur Teilhabe am Wettbewerb, wie dieses auch gestaltet sei, durch die Berufsausübungsfreiheit des Art. 12 Abs. 1 S. 2 GG geschützt (BVerfGE 105, 252 (265 f.); i. d. S. auch BVerfGE 110, 274 (288 ff.)). Die Reduzierung der Privatheit der Unternehmer, der Unternehmensfreiheit, auf eine Wettbewerbsfreiheit, wäre, abgesehen von dem Begriffsproblem, eine menschheitswidrige Verkürzung des freiheitlichen Privatheitsprinzips; denn der Mensch kann nicht verpflichtet werden, mit anderen zu rivalisieren. Er darf auch kooperieren. Er darf auch Bruder sein, lieben. Er soll das sogar. Irregeleitete Grundrechtsdogmatik würde/wird der positiven Wettbewerbsfreiheit eine negative an die Seite stellen.

cc) Mit der (vermeintlichen) Wettbewerbsfreiheit kann auch ein verfassungsgeschütztes Recht gegen den Staat auf Schutz und Förderung der Chance, am Wettbewerb teilzunehmen, postuliert werden wollen. Diese Chancen am Markt schützt der Staat denn auch dadurch, daß er bestimmte (sogenannte) Wettbewerbsbeschränkungen, etwa Behinderungen des Marktzutritts durch Nutzungs- oder Informationsverweigerung (§ 19 Abs. 4 Nr. 4 GWB), unterbindet, jedenfalls zu unterbinden versucht, freilich nicht um der Unternehmer willen, sondern um der Effizienz der Wirtschaft und auch um der Interessen der Verbraucher willen, schon lange um einer offenen Funktionalität des Wettbewerbs für das gemeine Wohl willen. Aus allen Grundrechten folgt die Pflicht des Staates, die grundrechtlichen Rechtsgüter auch gegenüber nichtstaatlicher Schädigung oder Gefährdung zu schützen (etwa BVerfGE 39, 1 (41 ff.); 49, 89 (140 ff.); 53, 30 (57 ff., 65 ff.); 99, 145 (156 ff.)), nicht nur Leben, Gesundheit und Eigentum, sondern auch die wirtschaftliche Freiheit (vgl. BVerfGE 97, 350 (370 ff.)) als Teil der Privatheit und damit die Vertragsfreiheit. Die Vertragsfreiheit unter den Menschen/Unternehmern wird auch beeinträchtigt, wenn private Maßnahmen es Dritten unmöglich machen oder erschweren, frei Verträge zu schließen. Das ist der Grund des (freilich immer schon relativierten und jetzt durch die Legalausnahme effizienzpolitisch entrechtlichten) Kartellverbots. Gesetzliche Regelungen zum Schutz der Vertragsfreiheit sind dem formalen Charakter der Freiheit gemäß immer zugleich Einschränkungen der Vertragsfreiheit anderer, wie das Allgemeine Gleichbehandlungsgesetz vom 14. August 2006 (BGBl. I, S. 1887) zeigt, das Diskriminierungen wegen vielerlei Umständen unterbinden soll. Die Vertragsfreiheit ist die wesentliche Grundlage des Wettbewerbs. Der Staat schützt sie insbesondere dadurch, daß er die Selbständigkeit der Menschen schützt und fördert. Dazu verpflichtet ihn, wie im Ersten Teil dargelegt, das Sozialprinzip. Die Selbständigkeit ermöglicht eine Privatheit, die einem Menschen den wirtschaftlichen Status eines Bürgers gibt, die es ihm möglich macht, den anderen Menschen und Bürgern frei zu begegnen, weil er sich ihnen nicht aufgrund seiner Unselbständigkeit (Armut) unterwerfen muß. Die Selbständigkeit ermöglicht die Autonomie des Willens als der Freiheit. Die Schutzpflichten des Staates aus den

Grundrechten, zumal die Pflicht des Staates, für die allseitige Selbständigkeit Sorge zu tragen, stützt und fördert den Wettbewerb, weil das Privatheitsprinzip Substanz gewinnt. Eine spezifische Pflicht des Staates, den Wettbewerb durch allseitige Wettbewerbsfähigkeit zu schützen und zu fördern, ergibt das nicht.

dd) Der Wettbewerb ist eine Folge privaten, unternehmerischen Handelns, nicht verfassungsgesetzliche Aufgabe (Pflicht) des Staates. Deswegen ist es auch nicht richtig, dem Grundgesetz eine (soziale) Marktwirtschaft als Wirtschaftsordnung unterschieben zu wollen. Eine solche würde ein Wettbewerbsprinzip mit sich bringen, das es erlauben würde, in irgendeiner Weise von einer Wettbewerbsfreiheit zu sprechen. Das Gemeinwesen hat Interesse am Wettbewerb, weil und insoweit vom Wettbewerb der Unternehmen bestmögliche Leistungen der Wirtschaft erwartet werden, eine kontingente Erwartung. Demgemäß darf der Staat schon wegen des wirtschaftsverfassungsrechtlichen Sozialprinzips, das auch den allseitigen Wohlstand zu fördern gebietet, den Wettbewerb der Unternehmen gemeinwohlverträglich gestalten. Das Gesetz gegen Wettbewerbsbeschränkungen und erst recht die Wettbewerbsregeln der Gemeinschaft sind allerdings ihrem Zweck nach und noch mehr in ihrer Entwicklung und Praxis um „Veranstaltung des Wettbewerbs" bemüht, mit wenig Erfolg. Wettbewerbspolitik erlaubt es somit, die Wirtschaftsgrundrechte, die (materiale) Handlungsfreiheit (nicht die formale allgemeine Freiheit) usw. einzuschränken; dabei dürfen aber die Grundrechte nicht verletzt werden. Die Substanz der Wirtschaftsgrundrechte ist die grundsätzliche Privatheit auch der Wirtschaft (Privatheitsprinzip), also eine Unternehmensfreiheit, die durch Privatheit des Handelns gekennzeichnet ist.

c) Auf dieser Verfassungs(gesetzes)grundlage entfaltet sich Wettbewerb, den im Interesse des Gemeinwohls zu moderieren Sache des Staates ist. Möglich sind also Rechtssätze, welche den Wettbewerb als Faktum und Institution, wie Friedrich August von Hayek sagt, als „spontane Ordnung" (Katalaxie), als freiheitlicher/privater „Koordinations-", „Informations"- und „Anpassungsprozeß" schützen und fördern. Das bezwecken auch die Wettbewerbsregeln der Gemeinschaft, soweit diese unternehmerisches Handeln verbieten, das den Wettbewerb beschränkt, nämlich verhindert, einschränkt oder verfälscht (Art. 101 AEUV) oder auch einen besonderen Vorteil im Wettbewerb, nämlich eine marktbeherrschende Stellung, mißbraucht (Art. 102 AEUV). Das sogenannte Kartellgesetz heißt darum auch Gesetz gegen Wettbewerbsbeschränkungen. Wettbewerbsbeschränkungen definiert Erich Hoppmann als „Verhinderung von Wettbewerb". Die Wettbewerbsbeschränkungsverbote versuchen bestimmtes Handeln von Unternehmern, zu denen nach fragwürdiger Praxis auch der Staat gehören kann, zu unterbinden. Die Wettbewerbsregeln machen den Wettbewerb zur staatlichen Institution. Freilich werden diese

Rechtsgrundlagen über den Schutz und die Förderung der spontanen Ordnung hinaus als Instrumente der unternehmens- und wirtschaftslenkenden Intervention vor allem der Kommission eingesetzt. Dieser Mißstand ist angesichts der Tatbestandsmerkmale jedenfalls der Mißbrauchsaufsicht und der Fusionskontrolle und neuerdings des Kartellverbots wegen der Legalausnahme geradezu unausweichlich, weil die Wettbewerbspolitik auf „wirksamen Wettbewerb" zielt, den der Staat nicht gewährleisten kann. Er hat nicht einmal einen Begriff davon und kann einen solchen nicht haben. Entgegen dem durch die inkriminierten Beschränkungen verfälschten Wettbewerb soll der „normale" Wettbewerb verwirklicht werden. Den kennt niemand und kann niemand kennen. Wenn und weil der Staat das versucht, „pervertiert" er den Wettbewerb.

d) Als Wirkung des Wettbewerbs (und damit einer seiner wichtigsten Zwecke) wird vielfach die optimale Allokation der Ressourcen genannt. Das soll „als Institution der Marktwirtschaft" Wohlstand und Fortschritt fördern. Optimale Allokation ist der Zustand vollkommener Konkurrenz auf allen Märkten, also ein fragwürdiger gleichgewichtstheoretischer Begriff, bei dem alle Marktteilnehmer über Produkte und Preise vollständig informiert sind, der Marktzutritt keinerlei Beschränkungen unterliegt, tatsächlich oder potentiell zahlreiche Anbieter vorhanden sind und deswegen die Preise auf die Dauer nicht höher sein können würden als die durchschnittlichen Produktionskosten. Diese durch keine Empirie erwiesene (neoliberale oder neoklassische markt-, preis- und gleichgewichtstheoretische) Modellvorstellung ideologisiert gegenwärtig sogar den Standortwechsel von Unternehmen, ein wesentlicher Schritt der Gewinnmaximierung zu Lasten vor allem der entwickelten Volkswirtschaften mit hohen Kosten, wie Deutschland. Es sind vielfältige Gründe, welche die Allokation der Ressourcen beeinflussen. Meist sind es die Gesetze, vor allem die Steuergesetze. Eine Wirkung des Wettbewerbs ist die Allokation allenfalls nachrangig, es sei denn, man bezöge alle Aspekte im Sinne eines Systemwettbewerbs in den Wettbewerbsbegriff ein. Das widerspräche aber dem Wettbewerbsbegriff der Wettbewerbsregeln des Gemeinschaftsrechts.

Der funktionsfähige Wettbewerb, den Erhard Kantzenbach in Fortbildung der Theorien vom unvollkommenen (monopolistischen) Wettbewerb, zumal der Theorie der workable competition von John M. Clark, oligopolgerecht („weites Oligopol" „optimale Marktstrukturen") konzipiert hat, ein Konzept, aus dem, weiter beeinflußt von der Efficiency-Doktrin der Chicago School, die Praxis des „wirksamen Wettbewerbs" der Europäischen Gemeinschaft und auch Deutschlands entwickelt worden ist, ist keine empirisch gestützte Theorie, sondern ein normatives, funktionalistisches (wiederum modellhaftes) Postulat, das die Wettbewerbspolitik und Wettbewerbsadministration zu verwirklichen versucht, freilich gänzlich unbestimmt und weitestgehend erfolglos. Es strebt an: (1) leistungsgerechte Einkommensverteilung (Verhinderung von

Ausbeutung), (2) „Konsumsouveränität“ (optimale Befriedigung der individuellen Bedürfnisse), (3) optimale Faktorallokation (Senkung der Gesamtkosten oder Steigerung des Outputs), (4) Anpassungsflexibilität (Anpassung an außenwirtschaftliche Daten, insbesondere an Nachfragestruktur und Produktionstechnik, Senkung von Fehlinvestitionen, Senkung volkswirtschaftlicher Kosten von Strukturwandlungen, (5) technischen Fortschritt (Produkt- und Prozeßinnovation), (6) Wettbewerbsfreiheit (Handlungs- und Entschließungsfreiheit, Kontrolle wirtschaftlicher Macht). Diese Maximen umzusetzen ist ein hehres Ziel. Bisher hat die wettbewerbliche Wirtschaft, so wie sie veranstaltet wurde, das Ziel immer verfehlt, wenn überhaupt jemals angestrebt. Ein Verfahren, das den Prinzipien eines Rechtsstaates genügt, ist nicht erkennbar. Empirisch ist nicht überprüfbar, ob staatliche Wettbewerbsmaßnahmen die Ziele zu erreichen gefördert haben. Die „optimale Marktstruktur empirisch gehaltvoll zu definieren“ ist unmöglich, schon gar nicht „judiziabel“. Erich Hoppmann erhebt zu Recht den Willkürvorwurf:

„Das marktwirtschaftliche Interaktionssystem ist also prinzipiell kein Instrument in der Hand des Wirtschaftspolitikers, der mit ihm ganz konkret vorgegebene Einzelziele bewirkt. Es ist überhaupt kein Instrument, es ist vielmehr ein ökonomisches Verfahren, eine Technik zur Ordnung der arbeitsteiligen Wirtschaft. Dieses Verfahren dient keinem konkreten Einzelzweck, sondern es dient unbekannten Individuen und einer Vielfalt von individuellen Zwecken, die in ihrer Gesamtheit niemand kennt“.

e) Wettbewerb ist Faktum, kein definierbarer Gegenstand eines Handlungsgebotes, wenn auch ein möglicher Gegenstand eines ordnungspolitischen Verfassungssatzes. Mit dem Konzept des „wirksamen Wettbewerbs“ wechseln Theorie, Lehre und Praxis von dem freiheitlichen Paradigma des Wettbewerbs, der sich auf der Grundlage des grundrechtlichen Privatheitsprinzips als Faktum entfaltet, zu dem der wirtschaftslenkenden Administration des Wettbewerbs im Interesse des (vermeintlichen) Wohlstandes (Wohlfahrtstheorie), also zum Vollzug eines Gesetzesbegriffs, nämlich Wettbewerb, der schlechterdings nicht bestimmen kann, was gemacht werden soll. Erich Hoppmann hält Voraussagen „individueller Wirkungen“ „am konkreten Einzelfall“ wettbewerbstheoretisch für unmöglich. So ist es. Damit ist eine rechtsstaatliche Administration des Wettbewerbs, die auf das Tatbestandsmerkmal „wirksamer Wettbewerb“ abstellt, ausgeschlossen; denn es gibt nur Verwaltung im Einzelfall. Gerade weil ein modelltheoretisches (neoklassisches) und interventionistisches Wettbewerbsprinzip mangels Wissens in concreto administrativ und judikativ, wenn überhaupt, wenig handhabbar ist, zumal wenn es mit Friedrich August von Hayek als ein auf Enttäuschung angelegtes Entdeckungsverfahren verstanden wird, erscheinen allein Verbote von „Wettbewerbsbeschränkungen“ rechtlich tragfähig, nämlich („allgemein-abstrakte“, „innovativ-funktionale“ und dadurch rechtsstaatliche) „Spielregeln“ „im Rahmen einer Kampfordnung“.

Wettbewerb hat zu viele Erscheinungsformen, als daß sein Begriff mit verwaltungsrechtlicher Bestimmtheit definiert werden könnte. Wettbewerb ereignet sich als jeweiliges Faktum privaten Handelns, das sich aus den vielfältigen Handlungen von Unternehmen, aber auch von Arbeitnehmern und Verbrauchern, Verbänden und Medien, Staat und Staaten, aus dem bunten Leben entwickelt, nicht voraussehbar und keinesfalls für die Zukunft, also verbindlich, festlegbar, wenn man so will, als „spontane Ordnung“, ständig in Bewegung, insgesamt ohne Ziel und Zweck. Eine materiale, das unternehmerische Handeln und wettbewerbsbehördliche Verwalten verpflichtende Definition könnte (würde) die unternehmerische Entfaltung folgenschwer lähmen, das wettbewerbliche Entdeckungsverfahren behindern. Der notwendigen Dynamik des Wettbewerbsbegriffs genügt nur eine Offenheit desselben, welche die Erscheinungsvielfalt des Wettbewerbs nicht grundlos einengt, zumal Wettbewerb nicht die einzig mögliche Option von Unternehmern ist, die auch im Unternehmensinteresse und durchaus zum Wohle des Gemeinwesens auf Wettbewerb verzichten, also anstatt eines Gegeneinanders ein Miteinander betreiben können, wie es der kooperativen Natur des Menschen eher entspricht als das im Kern darwinistische Konzept des Fortschritts durch den Sieg des Stärkeren über den Schwächeren. Als Verwaltungsbegriff ist ein derart offener Wettbewerbsbegriff, der der Vielfalt des Lebens gemäß unterschiedlich, auch orientiert an unterschiedlichen Wettbewerbstheorien (dem „Schlachtfeld von Modellruinen, auf denen in erhabener Einsamkeit je ein Nationalökonom sitzt“), materialisiert werden kann, wegen der mit administrativen Wettbewerbsregelungen verbundenen Grundrechtseingriffe rechtsstaatswidrig. Rechtsstaatlich tragfähig sind allein Verwaltungsakte, welche Gesetze vollziehen, die bestimmte wettbewerbsrelevante (nämlich privatheitliche) Unternehmenshandlungen verbieten, weil diese den Erfahrungen nach dem Gemeinwohl schaden. Diese Verbote müssen hinreichend bestimmt sein.

Der Begriff des Wettbewerbs, der allenfalls eine geringe Materialität hat, kann deswegen kein Verbotskriterium sein. Er eignet sich nur als wirtschaftspolitischer Leitbegriff auf Verfassungsebene, der in Abwägung mit anderen politischen Leitentscheidungen des Verfassungsgesetzes den Gesetzgeber leitet. Als orientierende Entscheidungsmaxime wird der Wettbewerbsbegriff denn auch praktiziert, durchaus in Abwägung mit anderen Maximen (Zielen), etwa den vielfältigen Zielen des Gemeinschaftsrechts, aber eben von der Exekutive, nicht von der Legislative. Das rechtsstaatliche Dilemma der Wettbewerbspolitik ist unentrinnbar, aber ein offener Wettbewerbsbegriff ist rechtsstaatlich nicht administrierbar. Im Übrigen widerspricht der Versuch des Staates, Wettbewerb zu veranstalten, der Marktrationalität. Wettbewerbsmaßnahmen der

Wettbewerbsbehörden haben breite Wirkungen im Gemeinwesen und greifen so oder so in die Wirtschaftsgrundrechte nicht nur der Unternehmer ein, sondern auch in die der Verbraucher, etwa deren Preisfreiheit, wenn Kartelle, Marktmißbrauch oder auch Fusionen nicht unterbunden werden und die Preise steigen, der Staat also den grundrechtlich (Art. 2 Abs. 1 GG) gestützten Verbraucherschutz zugunsten der Unternehmensinteressen vernachlässigt hat. Wettbewerbspolitik im eigentlichen Sinne bestmöglichen (wirksamen) Wettbewerbs ist nicht möglich. Wenn Wettbewerbspolitik Entmachtung der Unternehmen zum Gegenstand hat, ist sie Unternehmenspolitik. Als solche ist sie notwendig, wenn die Unternehmen durch ihre Macht (allein oder durch Bündnisse) oder durch ihr Handeln das Gemeinwohl gefährden.

Auch sonst kennt die Rechtsordnung machtbeschränkende Einrichtungen, insbesondere im Staatsrecht die Gewaltenteilung, sei diese horizontal oder vertikal. Dazu gehört auch das Prinzip der kleinen Einheit. Machtlosigkeit gibt es nicht, wie David gegen Goliath bewiesen hat, also auch keine Entmachtung, aber das Gemeinwesen, die Republik, muß die (allzu) große Macht, also auch die großen und mächtigen Unternehmen abwehren, nicht nur deren (nicht definierbaren) Machtmißbrauch. Ohnehin müssen die Unternehmen vom Staat beaufsichtigt werden (Gewerbeüberwachung), auch deren Preispolitik. Die Preise müssen eine hinreichende Nähe zu den Kosten wahren, freilich auch eine begrenzte Kapitalrendite ermöglichen. Allein dem Markt kann das Gemeinwesen die Preisbildung nicht überlassen. Auch das Marktmodell will möglichst Grenzkostenpreise erreichen, ist an diesem Ziel aber gescheitert. Es rechtfertigt weder Ausbeutung noch Einnahmen (Gewinn) ohne Leistungen (wie immer diese definiert werden), keinesfalls Millionengehälter von Unternehmensvorständen oder Fußballspielern (jeweils Angestellte ohne wirtschaftliches Risiko), welche mit den guten Sitten, nämlich „dem Anstandsgefühl aller billig und gerecht Denkenden", unvereinbar sind. Der Staat muß (und darf) regulierend eingreifen, ohne daß er die Vertragsfreiheit und damit die marktlichen Anreize gänzlich ausschalten sollte. In bestimmten Branchen, in denen der Markt tragfähige Verbraucherpreise nicht gewährleistet, gibt es Regulierungsbehörden (Bundesnetzagentur für Elektrizität, Gas, Telekommunikation, Post und Eisenbahn). Der Gesetzgeber muß (und darf) das Gemeinwohl, insbesondere die Verbraucherinteressen, zur Geltung bringen.

Der Wettbewerbsbegriff gewinnt nicht dadurch an Bestimmtheit, daß ihm das Adjektiv „wirksam" vorangestellt wird. Danach soll der Wettbewerb, wenn das Wort „wirksam" irgendeinen Sinn haben soll, für das wirtschaftliche Wohl des Gemeinwesens wirksam, also effizient, sein. Effizienz hat ihren Maßstab in den unterschiedlichen Zielen des wirtschaftlichen Gemeinwesens, also der Europäischen Union. Das öffnet den Entscheidungsmaßstab der Wettbewerbsbehörden, der Kommission und auch der Unionsgerichte noch (erheblich) weiter.

Rechtsstaatliche Verwaltung ist mit dem unvermeidlich interventionistischen Begriff „wirksamer Wettbewerb" nicht möglich. Die Praxis beweist das. Die wirtschaftslenkende Administration der Unternehmen ist denn doch der Versuch der „Veranstaltung des Wettbewerbs", der nicht nur dem Wesen des Wettbewerbs als „spontaner Ordnung" widerspricht, der spezifischen Marktrationalität, sondern vor allem der unternehmerischen Freiheit. Die Galbraithsche These gewinnt immer wieder an Überzeugungskraft, das Kartell- und Monopolrecht sei zu nichts nütze und diene lediglich der Vollbeschäftigung der Kartell- und Monopoljuristen und, das sei hinzugefügt, Volkswirten.

f) Nicht jede Zusammenarbeit von Unternehmen widerspricht dem Gemeinwohl, aber Verträge oder abgestimmtes Handeln zu Lasten der Abnehmer, vor allem der Verbraucher, also Kartelle im eigentlichen Sinne, mißachten als Verträge zu Lasten Dritter das Sittengesetz, also den kategorischen Imperativ, und werden wegen dieses der Menschheit immer schon geläufigen Rechtsprinzips zu Recht verboten. Das folgt nicht spezifisch einem Wettbewerbs-, sondern eben dem Rechtsprinzip. Das Reichsgericht hat demgemäß aus § 1 UWG, dem Lauterkeitsprinzip, ein Kartellverbot hergeleitet. Unternehmens- und Verbraucher(schutz)politik aber muß demokratisch verantwortet werden, also auf Gesetzen mit bestimmten Regelungen beruhen. Zudem muß die Macht von Unternehmen auch wegen der politischen Gefahren (für die allgemeine Freiheit) in Grenzen gehalten werden, zumal die Macht multinationaler Unternehmen, welche fähig sind, Staaten ihrer Herrschaft zu unterwerfen.

V. Markt und Wettbewerb versus Freiheit, Recht und Staat

1. Entrechtlichung durch das Markt- und Wettbewerbsprinzip

Vorbehaltlich der Verfassung der Menschheit des Menschen und damit auch der Identität der Verfassung Deutschlands (BVerfGE 123, 267 Absätze 218 f., 234 f.,240 f. u. ö) haben die Markt- oder Grundfreiheiten und die Wettbewerbsregeln der Europäischen Union höchsten Rang und verdrängen darum alle Vorschriften der Mitgliedstaaten, ganz unabhängig davon, welchen mitgliedstaatlichen Rang diese haben. Auch die Union selbst ist zur größtmöglichen Verwirklichung des Binnenmarkt- und des Wettbewerbsprinzips verpflichtet (argumentum aus Art. 26 f AEUV). Die Union ist somit wesentlich durch das Binnenmarkt- und durch das Wettbewerbsprinzip verfaßt. Sie ist ein Markt, freilich ein Markt, den die Union veranstaltet, insbesondere dem nicht ohne Willkür administrierbaren und judifizierbaren Wettbewerbsprinzip unterwirft. Das Binnenmarktprinzip ist dadurch besonders wirkmächtig, daß der Europäische Gerichtshof die unmittelbare Anwendbarkeit der Grundfreiheiten in den Mitgliedstaaten dekretiert hat und allen natürlichen und juristischen Personen in der Union subjektive Rechte auf Verwirklichung der Grundfreiheiten zugesprochen hat. Nichts anderes gilt für die Wettbewerbsregeln. Diese Wirkkraft hatten die Grundfreiheiten nach den ursprünglichen Gemeinschaftsverträgen weder nach dem Wortlaut noch nach ihrer völkerrechtlichen Verbindlichkeit, aber sie ist im Laufe der Vertragsgeschichte nicht nur vom Gerichtshof, sondern auch von den Vertragspartnern anerkannt worden. Insbesondere sind die Kapitalverkehrsfreiheit seit dem Vertrag von Maastricht und die Dienst¬leistungs- und Niederlassungsfreiheit seit dem Vertrag von Amsterdam explizit als Beschränkungsverbote formuliert, nachdem der Europäische Gerichtshof diese wie die Warenverkehrsfreiheit schon vorher (vertragswidrig) zu Beschränkungsverboten entwickelt hatte. Der Europäische Gerichtshof hat insofern dargelegt:

„Aus der Rechtsprechung des Gerichtshofs ergibt sich, daß nationale Maßnahmen, die die Ausübung der durch den Vertrag garantierten grundlegenden Freiheiten behindern oder weniger attraktiv machen können, vier Voraussetzungen erfüllen müssen: sie müssen in nichtdiskriminierender Weise angewandt werden, sie müssen aus zwingenden Gründen des Allgemeininteresses gerechtfertigt sein, sie müssen geeignet sein, die Verwirklichung des mit ihnen verfolgten Zieles zu gewährleisten, und sie dürfen nicht über das hinausgehen, was zur Erreichung dieses Zieles erforderlich ist“ (EuGH v. 30.11.1995 – Rs. C-55/94 (Gebhard), Slg. 1995, I-4165, Rdn. 37; st. Rspr.).

Ausweislich dieser Zusammenfassung hat der Europäische Gerichtshof den Binnenmarkt zu einer staatsähnlichen Ordnung verfaßt, die einem liberalistischen Ordnungsprinzip folgt und Politik der Mitgliedstaaten, die noch immer nicht nur die existentiellen und souveränen Staaten der Union sind, sondern weitgehend das Wohlergehen ihrer Völker, zumal die Verwirklichung des Sozialprinzips, zu verantworten haben, auf „zwingende Gründe des Allgemeininteresses“ begrenzt. Diese Begrenzung der Staatlichkeit der Mitgliedstaaten überwacht der Gerichtshof selbst, im Übrigen mit aller Härte. Diese Macht hat er dadurch usurpiert, daß er die Grund- oder Marktfreiheiten und dadurch das Binnenmarktprinzip zu einem vorrangigen Verfassungsprinzip für die Mitgliedstaaten entwickelt hat, auf das sich zudem jeder berufen darf. Damit hat er die wirksamste Durchsetzungsart aktiviert, nämlich die Bindung der Gerichte und Behörden an das Binnenmarktprinzip. Wegen des mitgliedstaatlichen Rechtsstaatsprinzips können sich die Gerichte und damit auch die Behörden dieser Bindung nicht entziehen, solange sie durch die höchstrichterliche Judikatur verpflichtet werden, diese Bindung als Rechtsbindung zu behandeln. Demgegenüber vermögen sich andere Prinzipien der Union, die dem Binnenmarktprinzip zuwiderlaufen, insbesondere das Sozialprinzip, welches das Prinzip hohen Beschäftigungsniveaus einschließt (vgl. Art. 151 Abs. 1 AEUV), nur schwer zu behaupten, weil sie, wenn und soweit die Union überhaupt sozialpolitische Rechtsetzungsbefugnisse hat, in einem wenig wirksamen Verfahren politisch durchgesetzt werden müssen, nämlich durch Rechtsetzungsakte der Union, welche die qualifizierte Mehrheit erfordern (vgl. Art. 153 Abs. 2 UAbs. 2, Art. 289 Abs. 1 AEUV), ganz abgesehen von den Schwierigkeiten, soziale Ziele in der durch die europa- und weltweit agierenden Unternehmen korrumpierten Kommission und auch in dem durch heterogene Interessen wenig für die soziale Realisation geeigneten Europäischen Parlament (soweit dieses mitzubestimmen hat) durchzusetzen.

Die Bindung der Richter und Beamten an Rechtsprinzipien ist in Rechtsstaaten, soweit das die Mitgliedstaaten überhaupt noch sind, weitaus wirkungsvoller als die Verpflichtung der Rechtsetzungsorgane auf Rechtsprinzipien, deren Verwirklichung nicht gerichtlich durchgesetzt werden kann. Die Legislativorgane vermögen sich zwar nicht gänzlich von ihrer Wählerschaft zu lösen, weil sie nicht wie der Europäische Gerichtshof gänzlich entdemokratisiert sind, aber die Amtswalter in den exekutivistischen Rechtsetzungsorganen sind wegen ihrer Orientierung an den Interessen der Unternehmen wenig an der Verwirklichung des Sozialprinzips interessiert. Solange sich die Menschen und Völker die Unterdrückung mittels des internationalistischen Marktprinzips durch Kapitalisten und deren willfährige Politiker gefallen lassen, wird die Verteilung unter Ungerechtigkeit leiden. Die Verwirklichung des Sozialprinzips hat nur in einer lebendigen Demokratie eine Chance. Das demokratische Prinzip aber ist in der Europäischen Union weitestgehend wirkungslos. Gerade deswegen vermag sich das Marktprinzip durchzusetzen, in dem nicht die Rechtlichkeit das Leben bestimmt, sondern die Macht, nämlich die Macht des Geldes. Die kapitalistische Wirklichkeit ist geradezu die Logik des entdemokratisierten Marktes der Europäischen Union als einem Teil der rechtlosen Globalisierung der Wirtschaft. Demokratie, zu der das Sozial- wie das Rechtsprinzip essentiell gehören, und internationaler Kapitalismus sind unvereinbar. In der Enzyklika Quadragesimo Anno von 1931 über die Gesellschaftliche Ordnung, Nr. 109, schreibt Papst Pius XI:

„Als einen der schwersten Schäden nennen wir die Erniedrigung der staatlichen Hoheit, die, unparteiisch und allem Interessenstreit entrückt, einzig auf das gemeine Wohl und die Gerechtigkeit bedacht, als oberste Schlichterin in königlicher Würde thronen sollte, zur willenlos gefesselten Sklavin selbstsüchtiger Interessen. Im zwischenstaatlichen Leben aber entsprang der gleichen Quelle ein doppeltes Übel: hier ein übersteigerter Nationalismus und Imperialismus wirtschaftlicher Art, dort ein nicht minder verderblicher und verwerflicher finanzkapitalistischer Internationalismus oder Imperialismus des internationalen Finanzkapitals, das sich überall da zu Hause fühlt, wo sich ein Beutefeld auftut."

Der Siegeszug des Kapitalismus erweist die Niederlage der Demokratie und damit der Freiheit der Menschen. Als Marktfreiheiten verwirklichen die

Grundfreiheiten eine liberalistische Freiheitskonzeption, welche mit der republikanischen Konzeption der Freiheit als politischer Freiheit, als Bürgerlichkeit der Bürger, die nur als Einheit von Freiheit, Gleichheit und Brüderlichkeit gelebt werden kann, unvereinbar ist. Eine Verfassung der Freiheit (im republikanischen Sinne) kann nicht einem Marktprinzip höchsten Verfassungsrang zumessen, ohne das Gemeinwesen zu entrechtlichen. Die Versuche, mittels der Wettbewerbsregeln die Macht der Unternehmen, des Kapitals also, zu zügeln, sind wenig erfolgreich. Sie spielen der Kommission eine rechtsstaatswidrige Macht zu, welche die auf der Grundlage unbestimmter Maximen, wie der des wirksamen Wettbewerbs, geradezu unvermeidlichen Willkür, zumal allen Vertragszielen der Gemeinschaft/Union verpflichtet, praktiziert. Das hat Strukturen geschaffen, welche geradezu nach Korruption rufen. Der Europäische Gerichtshof stützt die Macht der Kommission und läßt der Politik der immer noch begrenzt demokratischen Mitgliedstaaten keine Chance.

2. Struktureller Vorrang des Marktprinzips vor der Sozialpolitik

Jedwede staatliche Maßnahme beeinträchtigt die Markt- oder Grundfreiheiten, nicht anders als den Wettbewerb, wenn sie nicht deren Entfaltung oder deren Verwirklichung dient. Beispielsweise läßt sich jede Art von Straftaten als Dienstleistung erfassen, wenn sie entgeltlich für einen Dritten durchgeführt wird, so daß das Strafrecht weitestgehend eine Beeinträchtigung der Dienstleistungsfreiheit ist, freilich gerechtfertigt, wenn Allgemeininteressen die Strafbestimmungen zwingend erfordern. Das Binnenmarktprinzip begründet für die gesamte Ausübung der Staatsgewalt einen spezifischen Rechtfertigungszwang, nämlich dahingehend, daß der Staat die Ausübung der Staatsgewalt gegenüber dem Marktprinzip rechtfertigen muß. Dieses Marktprinzip unterscheidet sich grundlegend vom grundrechtsgestützten Privatheitsprinzip, dem Grundsatz und Vorrang der Privatheit der Lebensbewältigung, weil es im Gegensatz zum republikanischen Privatheitsprinzip nicht mit der sittlichen Verpflichtung, das gemeine Wohl zu verfolgen, der Sozialpflichtigkeit, verbunden ist. Vielmehr ist das Marktprinzip des Unionsvertrages liberalistisch und schließt sittliche Pflichten der Marktteilnehmer nicht ein. Pflichten können ihnen nur die Union selbst oder die Mitgliedstaaten auferlegen. Den Mitgliedstaaten ziehen aber die Markt- oder Grundfreiheiten wie auch die Wettbewerbsregeln engste politische Grenzen, die zudem noch (entgegen der existentiellen Staatlichkeit der existentiellen Staaten der Völker) von einem Unionsorgan, dem Europäischen Gerichtshof, judiziert werden, einem Organ, dessen bestimmende Handlungsmaxime die Integration ist. Diese Integration ist aber strukturell kapitalistisch, eine Struktur, welche durch die angesprochene Unterschiedlichkeit der Verwirklichungsverfahren gestützt wird, die Grundfreiheiten judikativ und die Sozialpolitik, soweit die Union sozialpolitische Befugnisse hat, exekutiv. Demokratiewidrig bestimmen trotz eines gewissen Spielraumes nicht die Mitgliedstaaten über die zwingenden Gründe des Allgemeininteresses, sondern der vermeintliche Staatenverbund (BVerfGE 89, 155 (184, 186, 188 ff.), der sich als Aufsichtsmacht über die Mitgliedstaaten zu entfalten und diesen mittels des Binnenmarktprinzips vorzuschreiben vermag, welches deren zwingende Allgemeininteressen sein dürfen. In den Mitgliedstaaten, jedenfalls in Deutschland, ist die Bestimmung des Gemeinwohls vornehmlich Sache des Gesetzgebers und damit in gewissem Maße, nämlich durch Wahlen vermittelt, Sache des Volkes. Das Bundesverfassungsgericht jedenfalls pflegt dem Gesetzgeber einen außerordentlich großen Spielraum für dessen Politik einzuräumen (vgl. BVerfGE 40, 196 (222); 50, 290 (322 f.); 90, 145 (173); 91, 389 (401); 95, 267 (303 ff.); 98, 17 (41); 102, 254 (298); extrem BVerfGE 97, 350 (367 f., 373 f.) – Euro-Beschluß), allemal für die Sozialpolitik (BVerfGE 1, 97 (105); 33, 303 (331 ff.); 50, 57 (108); st. Rspr.; BVerfGE 100, 271 (283 ff.); 102, 254 (298)), regelmäßig einen zu großen Spielraum. Die existentielle Staatlichkeit der Völker verbietet es, daß ein nicht demokratisch legitimiertes Unionsorgan die Allgemeininteressen definiert, welche die Völker mittels ihrer Staatsorgane dem Marktprinzip entgegenstellen. Im Übrigen genügen, jedenfalls in Deutschland, vernünftige Erwägungen des Gemeinwohls, um die Unternehmensfreiheit einzuschränken (BVerfGE 7, 377 (397 ff.); 77, 84 (105 ff.)). Die Unionspraxis aber drängt die Politik der Mitgliedstaaten weitaus stärker zurück; denn sie läßt die Beeinträchtigung der Markt- oder Grundfreiheiten nur aus zwingenden Gründen des Allgemeininteresses zu, im Übrigen nur ohne Diskriminierung und nach Maßgabe des gemeinschaftsrechtlichen Verhältnismäßigkeitsprinzips (Art. 5 Abs. 4 EUV; EuGH v. 11.07.1089 – Rs. 265/87 (Schräder/Hauptzollamt Gronau), Slg. 1989, 2237, Rdn. 21;). Das Binnenmarktprinzip erweist sich, so wie es praktiziert wird, als liberalistische Umkehrung des republikanischen Freiheitsprinzips des Grundgesetzes, das durch die Einheit von Privatnützigkeit und Sozialpflichtigkeit charakterisiert ist (BVerfGE 8, 71 (80); 20, 351 (356); 25, 112 (117); 37, 132 (140 f.); 52, 1 (29); 81, 208 (222); 89, 1 (9); 100, 226 (240 f.); 102, 1 (17 f.)). Die Sozialpflichtigkeit wird, wenn nicht durch private Sittlichkeit, durch Gesetze der praktischen Vernunft verwirklicht. Das Binnenmarktprinzip wandelt die republikanische Verfassung, die das Grundgesetz gemäß dem Verfassungsprinzip der Menschheit des Menschen verwirklicht, in eine liberalistische Verfassung, die ihrem Prinzip nach dem Stärkeren die Macht (nicht das Recht) gibt. Sie ist nicht mehr der ideellen Einheit von Freiheit, Gleichheit und Brüderlichkeit verpflichtet, dem kategorischen Imperativ, also nicht mehr sozial, sondern liberalistisch im individualistischen Sinne, wie das dem Wettbewerbsfundamentalismus entspricht, der weltweit durchgesetzt wird. Mit der Verfassung, die mit uns geboren ist, der Verfassung der Menschheit des Menschen, aber auch mit dem Grundgesetz, welches dieser menschheitlichen Verfassung genügt, wenn es richtig gelesen wird, ist das Binnenmarktprinzip unvereinbar.

Durch die Integration in die Europäische Union mit deren Binnenmarktprinzip (aber auch mit anderen Prinzipien) hat sich Deutschland von seinem Prinzip der marktlichen Sozialwirtschaft getrennt, aber schlimmer noch, der Verfassung der Deutschen sind die Entfaltungsmöglichkeiten genommen.

Die Verfassungs- wie Menschheitswidrigkeit des Binnenmarktprinzips nimmt der Ordnung des Binnenmarktes, welche an sich die Struktur eines Staates hat, den Staatscharakter, weil dieser Binnenmarkt rechtlos und damit staatswidrig ist. Er gehört zur Kategorie der latrocinia (Räuberbande). Zudem ist der Binnenmarkt, zumal im Verbund mit der Währungseinheit, wegen der Heterogenität der volkswirtschaftlichen Leistungsfähigkeit der beteiligten Staaten für die schwächeren Volkswirtschaften ruinös, weil diese schutzlos dem weitestgehend deregulierten, also entrechtlichten Wettbewerb der stärkeren Volkswirtschaften ausgesetzt sind. Das wird in der folgenden Kritik der Freihandelsdoktrin angesprochen.

VI. Gemeinsame Handelspolitik

1. Politik des Freihandels

Die Europäische Union hat sich zu einer Region der globalen wirtschaftlichen Integration entwickelt, vielfältig wirtschaftlich und politisch, vor allem militärisch abhängig, namentlich von den Vereinigten Staaten von Amerika, aber in gewissem Maße auch eigenständig, jedenfalls in ihrer Wirtschaft und auch in ihrer Politik. Militärisch sind die meisten Mitgliedstaaten der Europäischen Union zugleich Mitglieder der Nordatlantischen Vertragsorganisation (NATO), welche, geführt von der „einzigen Weltmacht", den USA, trotz aller Bemühungen (bis zum Jahre 2009) Frankreichs um eine eigenständige militärische Macht der Union, etwa der Westeuropäischen Union (WEU), die Militärpolitik, welche längst nicht mehr nur Verteidigungspolitik ist, bestimmt. Das Militär ist ein wirtschaftlich bedeutsamer Faktor, im Innern und nach Außen, und wird gegebenenfalls aus wirtschaftlichen Interessen eingesetzt, wie die Ölkriege der USA und ihrer Alliierten, einschließlich der Europäischen Union mit Deutschland, vor Augen führen, mit welchen Gründen auch immer das gerechtfertigt oder zu rechtfertigen versucht wird. Die Handelspolitik, die Außenwirtschaftspolitik also, ist in die Außenpolitik und damit in die sogenannte Sicherheitspolitik eingebettet, wenn beide auch in unterschiedlichen Strukturen geordnet zu sein pflegen, die gemeinsame Handelspolitik der Europäischen Union Art. 206 f. AEUV, die Gemeinsame Außen- und Sicherheitspolitik der Europäischen Union (als intergouvernale Zusammenarbeit) in Art. 23 bis 46 EUV. Die Außen, Sicherheits- und Verteidigungspolitik wirkt auf die Wirtschafts- (und Währungs)politik ein, wie auch umgekehrt letztere auf die ersteren Politiken. Wenn und weil diese nicht einheitlich verantwortet werden, vielmehr ganz unterschiedlichen Mächten, Organisationen und Verfahren, Zielen, Prinzipien und Regeln unterworfen sind, ergibt sich eine schwer zu praktizierende, komplexe, ja diffuse politische und rechtlich wenig klare Gemengelage. Dem kann hier nicht nachgegangen werden. Vielmehr ist Gegenstand die Freihandelspolitik der Union, deren wesentliche Instrumente die gemeinsame Handelspolitik und die Kapitalverkehrspolitik sind. Die Freihandelspolitik der Union ist für den Wirtschaftsstandort Deutschland von existentieller Relevanz.

Schon die Europäische Gemeinschaft hatte sich dem Freihandel verschrieben. Art. 3 Abs. 1 lit. b EGV machte die „gemeinsame Handelspolitik" zum Gegenstand, also zur Aufgabe der Gemeinschaft, Art. 4 Abs. 1 und 2 EGV, aber auch Art. 98 und Art. 104 EGV „eine offene Marktwirtschaft mit freiem Wettbewerb" zu einem bzw. zu dem Grundsatz der Wirtschafts- und Währungsunion. Wenn auch nicht unbestritten, so heißt doch offene Marktwirtschaft Offenheit der Wirtschaft für den Weltmarkt. Dafür spricht der 6. Erwägungsgrund der Präambel des Gemeinschaftsvertrages wie des Arbeitsvertrages der Europäischen Union, wonach der „Wunsch" besteht, „durch eine gemeinsame Handelspolitik zur fortschreitenden Beseitigung der Beschränkungen im zwischenstaatlichen Wirtschaftsverkehr beizutragen", also die Absicht „weltweiter Liberalisierung" und, wenn man so will, eine „Absage an eine Festung Europa". Dem Begriff „offene Marktwirtschaft" eine „grundsätzliche Absage an jede Form einer protektionistischen Politik" zu entnehmen, überzeugt allerdings allein schon wegen der hochprotektionistischen Gemeinsamen Agrarpolitik nicht, wie überhaupt die Worte „grundsätzlich" und „jede Form" sich gegenseitig aufheben.

Der Vertrag von Lissabon stärkt das Freihandelsprinzip in der Europäischen Union. Nach ihren Zielen „leistet" die Union gemäß Art. 3 Abs. 5 EUV „in ihren Beziehungen zur übrigen Welt" „einen Beitrag zu Frieden, Sicherheit, globaler nachhaltiger Entwicklung, Solidarität und gegenseitiger Achtung unter den Völkern, zu freiem und gerechtem Handel, zur Beseitigung der Armut und zum Schutz der Menschenrechte, ...". Die „gemeinsame Handelspolitik" fällt nach Art. 3 Abs. 1 lit. e AEUV nunmehr in die „ausschließliche Zuständigkeit" der Union, nachdem der Europäische Gerichtshof bereits 1971 die ausschließliche Zuständigkeit entgegen dem Vertrag mit dem Hinweis aus der „Natur des Sache" für die Union usurpiert hatte (EuGH vom 31. O3. 1971 – Rs. 22/70 (AETR), Slg. 1971, 263, Rdn. 15/19, 30/31, auch Rdn. 23/29); st Rspr.). Ein „Gesichtspunkt" der Politik der Zollunion ist die „Notwendigkeit, den Handelsverkehr zwischen den Mitgliedstaaten und dritten Ländern zu fördern" (Art. 32 lit. a AEUV). Die Leitbestimmung der gemeinsamen Handelspolitik in Art. 206 AEUV ist gegenüber der des Art. 131 Abs. 1 EGV, der lediglich die Absicht, zur harmonischen Entwicklung des Welthandels, zur schrittweisen Beseitigung der Beschränkungen im internationalen Handelsverkehr und zum Abbau der Zollschranken beizutragen, bekundete, nicht unwesentlich verändert, nämlich:

„Durch die Schaffung einer Zollunion nach den Artikeln 28 bis 32 trägt die Union im gemeinsamen Interesse zur harmonischen Entwicklung des Welthandels, zur schrittweisen Beseitigung der Beschränkungen im internationalen Handelsverkehr und bei den ausländischen Direktinvestitionen sowie zum Abbau der Zollschranken und anderer Schranken bei."

Die Vertragsbestimmung handelt nicht mehr von einer freihandelspolitischen Absicht, sondern von einer verpflichtenden Aufgabe. Sie schreibt auch die „Beseitigung der Beschränkungen" „bei ausländischen Direktinvestitionen" und nicht nur den „Abbau der Zollschranken", sondern auch „anderer Schranken" vor. Die Erwartung „günstiger Auswirkungen" durch die „Abschaffung der Zölle zwischen den Mitgliedstaaten auf die Steigerung der Wettbewerbsfähigkeit der Unternehmen dieser Staaten", die Art. 131 Abs. 2 EGV zu berücksichtigen aufgab, ist nicht mehr Vertragstext. Diese kontingente Erwartung soll die freihändlerische Handelspolitik nicht mehr determinieren.

Während die „harmonische Entwicklung des Welthandels" noch protektionistische neben liberalisierender Außenhandelspolitik zuläßt, sind die „schrittweise Beseitigung der Beschränkungen im internationalen Handelsverkehr und der Abbau der Zollschranken", nur auf Freihandel ausgerichtet. Die Zollunion (Art.30 ff. AEUV) und der Binnenmarkt der Europäischen Union sind ein wesentlicher Teil des Freihandels, von dem die Wettbewerbsfähigkeit der Unternehmen zu steigern erwartet wird, eine Erwartung, die auf Enttäuschung angelegt ist. Der größere Markt, den die Abschaffung der Zölle als eines (des wichtigsten) tarifären Handelshemmnisses mit sich bringt, mag den Umsatz der Unternehmen, die sich auf diesem Markt behaupten, vergrößern, mag damit auch die durchschnittlichen Produktionskosten senken (economies of scales), kann (wird) aber auch zum Ausscheiden anderer Unternehmen aus dem Markt zwingen, wie die Oligopolisierungsthese der Außenwirtschaftstheorie lehrt, also Arbeitsplätze abzubauen oder zu verlagern zwingen, Sozialbeiträge und Steuererträge in den Ländern verringern, deren Unternehmen der Konkurrenz aus anderen Ländern zum Opfer fallen, in der Regel die Länder mit höherem Lebenshaltungsniveau und demgemäß höheren Lohnkosten. „Günstige Auswirkungen" sind somit eine zweischneidige Erwartung. Die Entwicklung in der Union, zumal in deren Mittelmeeranrainern erweist deren Kontingenz, schwere Rezession und Deflation hochverschuldeter Staaten. Dazu hat freilich die Einheitswährung wesentlich beigetragen, weil das wichtigste Instrument des Schutzes einer Volkswirtschaft, die Abwertung, im Euroraum nicht möglich ist. Die überbewertete Währung nimmt den betroffenen Volkswirtschaften jede Chance fairen Wettbewerbs.

Die eindimensionale Ausrichtung der Union auf den globalen Freihandel wird nicht dadurch relativiert, daß Art. 207 Abs. 1 S. 1 AEUV in die Gestaltungsaufgabe der Gemeinsamen Handelspolitik die einheitlichen Grundsätze der „handelspolitischen Schutzmaßnahmen, zum Beispiel im Fall von Dumping und Subventionen“ aufnimmt. Das entspricht den handelspolitischen Schutzinstrumenten der Welthandelsorganisation, die einer Zuständigkeitsregelung im europäischen Unionsrecht bedürfen und im Übrigen der Freihandelsdoktrin nicht entgegenstehen, weil sie wettbewerbswidrige (unfaire) Praktiken (Dumping und Subventionen zum Schaden der Handelspartner) abwehren. Nur die Schutzmaßnahmen nach Art. XIX GATT gegen „ernsthafte Schäden“ unter bestimmten Voraussetzungen sind ein sehr begrenztes Zugeständnis an Schutzbedürfnisse der heimischen Wirtschaft, die (bezeichnender Weise) in Art. 207 Abs. 1 S. 1 AEUV auch nicht aufgeführt sind.

Der Vertrag von Lissabon schreibt die globale Kapitalverkehrsfreiheit vor, die Entscheidung für den internationalen Kapitalismus also, die fragwürdigste Politik der Globalisierung, die Politik der globalen Ausbeutung der Menschen und Völker, deren verheerende Folgen auch für die kapitalistischen Volkswirtschaften sich in der Finanzmarktkrise 2008/9 erwiesen haben.

Art. 63 Abs. 1 AEUV lautet:

„Im Rahmen der Bestimmungen dieses Kapitels sind alle Beschränkungen des Kapitalverkehrs zwischen den Mitgliedstaaten sowie zwischen den Mitgliedstaaten und dritten Ländern verboten.“

2. Unechter Freihandel

a) Die meist interessengebundenen, vielfach unkundigen Befürworter des Freihandels berufen sich auf eine Handelstheorie, die nie empirisch bewährt war oder zu falsifizieren versucht wurde oder auch nur werden konnte und schon lange nur noch als Modell in der Lehre genutzt wird. Diese Freihandelslehre ist auf David Hume, Adam Smith, David Ricardo und John Stuart Mill, auf große Staats- und Wirtschaftslehrer also, zurückzuführen und u. a. Paul A. Samuelson, Wassily Leontief und Paul R. Krugman zusammen mit Maurice Obst¬feld weiterentwickelt worden. Ein bedeutender Kritiker der doktrinären Freihandelslehre war schon in der Mitte des 19. Jahrhunderts Friedrich List. Weiterführende Kritik hat vor allem Joseph Stiglitz vorgetragen.

Die optimale Allokation der Ressourcen wegen der komparativen Vorteile des Freihandels, das Ricardo-Modell, und die durch diesen bedingte Mehrung des allgemeinen Wohlstandes setzen selbst in den Modellen Märkte aller am Freihandel beteiligten Länder mit vollständiger Konkurrenz voraus. Selbst in diesen Modellen bedarf es komparativer Vorteile, die der Freihandel, immer eingebunden in eine vielfältige wirtschafts-, währungs- und sozialpolitische Ordnung, nicht als solcher mit sich bringt, auf die aber die Unternehmenspolitik der handeltreibenden Länder, insbesondere durch Liberalisierungsmaßnahmen, hinwirken kann. Die Produktion in Ländern mit (extrem) niedrigen Arbeitskosten mit dem Kapital und mit dem Wissen, das ganz oder zum Teil aus den Ländern mit hohen Arbeitskosten stammt, die deswegen von den multinationalen Unternehmen gemieden werden, aber Abnehmer der kostengünstigen Produkte aus den Niedriglohnländern sind, im Übrigen weitgehend zu ihrem weitaus höheren Preisniveau, bringt jedenfalls keine komparativen Vorteile mit sich, wenn der Handel in den Hochlohnländern zur Arbeitslosigkeit führt, auch nicht, wenn das in den Hochlohnländern erwirtschaftete Kapital in die Niedriglohnländer abfließt.

„Die Welt des Adam Smith und der Freihandelsverfechter, in der alle vom Freihandel profitieren, ist nicht nur eine mythische Welt vollkommener Märkte ohne Arbeitslosigkeit, es ist eine Welt, in der Risiken nicht von Belang sind, weil es vollkommene Versicherungsmärkte gibt, auf die die Risiken abgewälzt werden können, und in der immer vollkommener Wettbewerb herrscht, wo es keine marktbeherrschende Microsofts und Intels gibt".

Um die Arbeitslosigkeit in den Hochlohnländern zu vermeiden, müssen deren Produkte auch in den Niedriglohnländern in der Menge abgenommen werden, die zumindest langfristig zu einen Zahlungsbilanzausgleich führt, auf den freilich auch die Währungspolitik Einfluß hat. Das Modell der komparativen Vorteile fingiert, daß alle Faktoren einer Volkswirtschaft, also Kapital und Arbeit (aber auch Grund und Boden sowie technisches und betriebswirtschaftliches Wissen) zum vollen Einsatz kommen, und verspricht keine allseitige Wohlstandsmehrung im Falle relevanter Arbeitslosigkeit, der Störung des gesamtwirtschaftlichen Gleichgewichts also, der wirtschaftlichen Instabilität eines Landes. Freihandel eines Landes mit hoher Arbeitslosigkeit wegen der (unvermeidlichen) Inflexibilität der Arbeitskosten (Lebenshaltungskosten insgesamt), jedenfalls im Verbund mit einer Kapitalverkehrsfreiheit, die es erlaubt, den Faktor Kapital, der im Lande aktiviert ein komparativer Vorteil sein könnte, in das konkurrierende und kooperierende Land, das schon über den Vorteil geringer Arbeitskosten verfügt, einzusetzen, bringt keinen komparativen Vorteil, sondern einseitig absolute Vorteile und einseitig absolute Nachteile – die Lage Deutschlands und wohl auch der Vereinigten Staaten von Amerika. Voraussetzung komparativer Vorteile durch Handelsverkehr ist Faktorknappheit, welche jedem der miteinander Handel treibenden Länder die Erhöhung der Gesamtproduktion allein unmöglich macht. Möglich darf lediglich die Verschiebung des Einsatzes der Produktionsfaktoren unter den verschiedenen Produkten sein, so daß von einem Produkt weniger und von einem anderen Produkt dafür mehr produziert werden kann. Der komparative Vorteil des Handels mit einem anderen Land besteht darin, daß die Kosten einschließlich der Opportunitätskosten für die handelbaren Güter unterschiedlich sind, so daß die Gesamtproduktion beider Länder erhöht werden kann. Ohne die Ressourcenknappheit gibt es den komparativen Vorteil nicht, weil die Ressourcen des Inlandes genutzt werden können. Das kann auch der Faktor Arbeit sein, gegebenenfalls mit gesenkten Lohnkosten, obwohl Annahme des Ricardo-Modells die vollständige Konkurrenz auch des Arbeitsmarktes ist, bei der der Preis und damit auch der Lohn ein von den Unternehmen nicht beeinflußbares Datum sind. Deutschland etwa leidet nicht unter Knappheit von Faktoren, weder von Kapital noch von Arbeitskraft, auch nicht an Grund und Boden oder Wissen. Die Kapazität der deutschen Wirtschaft ist nur zu (in etwa) 75 % ausgelastet. Deutschland kann jede Ware oder Leistung produzieren. Die Produktion verursacht lediglich höhere Kosten als in Billiglohnländern. Das ist letztlich ein Verteilungsproblem. Die Verlagerung der Produktion in die Billiglohnländer ist somit allein eine Frage der Kapitalrendite oder eben der Ausbeutung der Arbeitskräfte, nicht eine Wohlstandssteigerung aufgrund komparativer Vorteile des internationalen Handels, modelltheoretisch, erst recht in der Wirklichkeit. Von Freihandel der internationalen Unternehmenstätigkeit zu sprechen, um diese zu legitimieren, ist Etikettenschwindel. Es handelt sich um unechten Freihandel, eine Form der Ausbeutung, ermöglicht durch eine gemeinwohlferne Politik.

Wenn alle Güter im Ausland nicht nur absolut, sondern auch komparativ kostengünstiger produziert werden und der Import den preisgünstigeren Konsum ermöglicht (Abschöpfung der Konsumentenrente), geraten die Leistungs- und Kapitalbilanz in eine allenfalls kurzfristig erträgliche Schieflage, wie das Beispiel der USA in dem letzten Jahrzehnt zeigt, das (verbunden mit der Verschuldung der Konsumenten) zur erneuten Weltwirtschaftskrise geführt hat. Es entsteht ein monopolistisches Importangebot, das ein Ausbeutungsverhältnis zum Importland schafft. Das Importland ist gezwungen, die eigene Produktion einzustellen oder deren Kosten derart zu senken, daß seine Produkte exportfähig, wie es meist heißt: wettbewerbsfähig, sind. Dieser Exporteffekt kann auch durch Zölle, Höchstpreise oder Importquoten, vor allem aber durch Abwertung der Währung gefördert werden, die zugleich den Import verteuert, also in doppelter Weise protektionistisch wirkt, soweit nicht die Exporteure des Auslands durch Einnahmeverzicht reagieren. Abwertung setzt freilich die Währungshoheit voraus, die Deutschland durch die Europäische Währungsunion aufgegeben hat. Besondere Probleme hat, geradezu unvermeidlich das Währungsreserveland, die USA, das sich „das Doppeldefizit in Leistungsbilanz und Budget“ (Wilhelm Hankel) zwar lange, aber nicht dauerhaft leisten kann, weil die (weltweit wirksame) Kaufkraft auf Verschuldung, zumal privater Verschuldung, beruht, die eine Kreditpyramide hat entstehen lassen, welche (weil ein Kartenhaus) zusammenbrechen mußte, wie es denn 2008/9 mit der Folge einer Deflation geschehen ist. Deutschland hat Industrien, deren Produkte am Weltmarkt wettbewerbsfähig sind, etwa im Automobil- und vor allem im Maschinenbau, und vermag sogar (noch) Jahr für Jahr Exportüberschüsse zu erwirtschaften. Der wesentliche Grund ist zurzeit die für Deutschland weit unterbewertete Währung, also ein unsittliches Preisdumping. Diese Exportüberschüsse gleichen aber schon jetzt den Verlust an Arbeit und damit Arbeitsplätzen nicht mehr aus. Selbst im erfolgsreichsten Exportland verarmen breite Bevölkerungskreise. Die wirtschaftliche Entwicklung ist selten durch eine einzige Politik verursacht, jedenfalls nicht die Deutschlands. Die Aspekte zeigen, daß der internationale Handel nicht ohne weiteres mit Vorteilen aller beteiligten Länder verbunden ist, schon gar nicht aller Menschen in diesen Ländern, sondern auch Nachteile mit sich bringen kann, zumal ein Handel, der nicht dem Modell der Freihandelsidee entspricht.

„Die ungleichen Ausgangsbedingungen führen dazu, daß insgesamt mehr Länder zu den Verlierern gehören und daß es selbst in den erfolgreichen Ländern mehr Verlierer als Gewinner gibt". „Tatsächlich ist es so, daß Freihandel, wenn man die Folgen unvollkommener Risikomärkte berücksichtigt, dazu führen kann, daß es allen schlechter statt besser geht. Dies ist darauf zurückzuführen, daß Freihandel für Haushalte wie für Firmen die Risiken erhöht". „Politiker und Ökonomen, die versprechen, daß alle Menschen vom Abbau der Handelsschranken profitieren werden, sind unehrlich. Laut Wirtschaftstheorie (und historischer Erfahrung) ist das Gegenteil richtig".

Die Gewinne, welche die international agierenden Unternehmen aus dem grenzüberschreitenden Handel, euphemistisch Freihandel genannt, ziehen, sind nicht schon Vorteile des einen oder anderen Landes. Die Vor- und Nachteile sind nicht betriebs-, sondern volkswirtschaftlich zu berechnen.

b) Die unvollkommene Konkurrenz der realen internationalen Märkte führt nicht zur optimalen Allokation der Ressourcen aufgrund komparativer Vorteile, so daß dieses Modellargument für den Freihandel kraftlos ist. Eine gegen- oder allseitige Mehrung des Wohlstandes ist aus dem internationalen Handel der (sogenannten) Globalisierung nicht zu erwarten. Die unvollständige Konkurrenz der internationalen Märkte, die zu Monopolen und Oligopolen führt, kann wegen der Vergrößerung der Märkte Skaleneffekte haben, welche die Kosten der weltweiten Produktion mindern und damit Wohlstandsgewinne mit sich bringen. Paul R. Krugman und Maurice Obstfeld legen dar, daß unter fortgeschrittenen Industrienationen in einer Branche der intraindustrielle Handel keine komparativen Vorteile ergibt. Sie handeln ausdrücklich von der Europäischen Wirtschaftsgemeinschaft von 1950 bis 1980. Der intraindustrielle Außenhandel könne aber im Modell des „monopolistischen Wettbewerbs" durch Größenvorteile und Produktdifferenzierung Vorteile bringen. Die häufigste Marktstruktur sei allerdings die des Oligopols. Interindustrieller Handel, also Handel verschiedener Länder, der nicht auf eine Industrie beschränkt ist, könne durch komparative Vorteile und interne und externe Skaleneffekte Vorteile für alle beteiligten Länder, aber auch Nachteile für einige Länder mit sich bringen. Letztere würden ohne diesen Außenhandel besser stehen.

Festzustellen sind außerordentliche Profite der multinationalen Unternehmen, welche mit gewinnorientierter Standortwahl für ihre Betriebe verbunden sind. Die multinationalen Unternehmen sind gewissermaßen eine Variante des Außenhandels. Selbst wenn deren Tätigkeit im Ausland das Bruttosozialprodukt wachsen und das Pro-Kopf-Einkommen (ein reines Rechenwerk) steigen läßt, führt das nicht zu mehr Wohlstand für die Bevölkerungen, sondern allenfalls zu höheren Einkommen kleiner Gruppen. Vor allem profitieren die Unternehmen und deren Anteilseigner sowie einige wenige Manager von den Profiten (shareholder value). Kapitaleigner leben selten in den Ländern, in denen die gering bezahlten Arbeitskräfte produzieren, etwa in Bangladesh, Vietnam, Kambodscha oder auch in Indien, sondern meist in den Vereinigten Staaten von Amerika, in den Ölstaaten des Nahen Ostens, aber mehr und mehr auch in China oder auch in einige Staaten Europas, wie in Deutschland, und lassen ihr Kapital über Versicherungen, Banken, Fonds dort einsetzen, wo die größte Rendite zu erwirtschaften möglich ist, meist in Schwellenländern, in denen wegen hinreichender Ausbildung und hinreichender Armut nicht nur brauchbare, sondern vor allem billige Arbeitsleistungen erbracht werden. Gestützt durch die Staaten, welche auf das Auslandskapitel angewiesen sind und, meist wenig freiheitlich, für Disziplin und Ordnung sorgen. Die freiheitlichen Staaten, in denen (vergleichsweise) demokratische und rechtsstaatliche Verhältnisse soziale Gerechtigkeit, also auf der Grundlage der Gleichheit an Bedarf, an Leistung und durchaus auch am Markt orientierte Verteilung gewährleisten, sind nicht die bevorzugten Standorte arbeitsintensiver Produktion. Die Kapitalrendite wird, soweit sie überhaupt ausgeschüttet wird, von den Rentiers entweder verbraucht oder erneut angelegt, so daß die Volumina der Kapitalrendite (Dividenden, Zinsen) steigen und ein Wachstum der Profite nötig wird. Demgemäß sind die Renditeerwartungen der institutionellen Anleger in den letzten Jahrzehnten ständig gestiegen. Sie werden (noch) mittels Entlassung von Arbeitnehmern in den Hochlohnländern (wie Deutschland) und entweder Rationalisierungen oder Standortverlagerungen in Niedriglohnländer erwirtschaftet. Die Unternehmensführer werden durch unsittliche Gehälter und Gewinnbeteiligungen ‚bestochen'. Möglich ist diese Profitmaximierung allein dadurch, daß die Produkte aus den Billiglohnländern in den Hochlohnländern mit weitaus größerer Kaufkraft vertrieben werden (dürfen). Das Geschäft blüht, solange letztere über die ausbeutbare Kaufkraft verfügen. Ermöglicht wird dieses Geschäft einerseits durch die globale Kapitalverkehrsfreiheit für das Kapital der (sogenannten) westlichen Welt, aber auch der Ölstaaten, insbesondere gestützt auf Art. 63 Abs. 1 AEUV, und zum anderen durch die (weitgehende) Warenverkehrs- und Dienstleistungsfreiheit der Welthandelsorganisation. Die multinationalen Unternehmen nutzen das umgekehrte Gefälle des Kapitalfaktors und des Arbeitsfaktors in den unterschiedlichen Regionen oder auch nur Gebieten der Welt. Das können sie, weil die technisierte Produktion in allen beteiligten Ländern durchgeführt werden kann, wenn die Staaten für die Grundvoraussetzungen, insbesondere eine leistungsfähige und leistungsbereite Arbeiterschaft (moderne Sklaven), gesorgt haben, und der Transport keine prohibitiven Kosten verursacht, schon gar nicht die Kommunikation. Dabei werden Gemeinkosten, welche alle Menschen, ja alle Lebewesen diese Erde zu tragen haben, den Profiteuren des Außenhandels und der multinationalen Unternehmen nicht in Rechnung gestellt, nämlich die Umweltschäden des Transports, der durch die globalen Klimaveränderungen in das allgemeine Bewußtsein gerückt ist. Der Flugverkehr trägt zu den Umweltschäden genauso bei wie der Schiffsverkehr. Allein schon die Pflicht, „in Verantwortung für die künftigen Generationen die natürlichen Lebensgrundlagen ..." zu schützen (Art. 20a GG), gebietet es, den Handelsverkehr möglichst einzuschränken. Einem derartigen menschheitlichen Rechtsprinzip hat die profitorientierte Freihandelsdoktrin des Gemeinschaftsrechts nichts entgegenzusetzen.

Das globale Ausbeutungsszenario hat mit dem Freihandel der komparativen Vorteile David Ricardos, der den gegenseitigen Wohlstand der beteiligten Länder, vor allem allerdings den des überlegenen Englands, im Auge hatte, nichts gemein. Die Ausbeutung ist zweiseitig. Kapitaleigner beuten die Arbeitskräfte in den weniger entwickelten Ländern im Fernen Osten, aber auch in Ost- und Südosteuropa aus, deren Löhne (zum Teil) menschenunwürdig sind, beuten aber auch die Verbraucher in den (bisher noch) hochentwickelten Ländern aus, die weit die Kosten übersteigende Preise zahlen (können), zum Teil wegen der Währungsverhältnisse und zum Teil, weil sie (noch) an den Leistungen der eigenen Wirtschaft durch Entgelte und Transferleistungen partizipieren, zum nicht unwesentlichen Teil aber auch auf Kredit (USA), der nicht zurückgezahlt werden kann und dessen Risiko unter Ausnutzung der Kapitalverkehrsfreiheit mit den Folgen der keinesfalls überwundenen Finanzmarktkrise 2008/9 ebenfalls globalisiert und, soweit es ging, mittels staatlicher Risikoübernahme, sozialisiert worden ist und durch die Maßnahmen der Europäischen Zentralbank weiter sozialisiert wird. Freilich sinkt die Kaufkraft der Bevölkerung ganz unabhängig von einem gewissen Wachstum, das nicht mehr ausreicht, um die Zinslasten zu tragen, und erst recht unabhängig von der Ausbeute einiger Weniger in Wirtschaft, Politik, Kultur und Sport.

Deutschland etwa ist (noch) exportfähig, ja exportstark, so daß noch nicht das fragwürdig berechnete Sozialprodukt, aber doch deutlich die Kaufkraft der Bevölkerung langsam, aber doch stetig sinken. Der Export der deutschen Wirtschaft ist noch stark, aber nur, weil Deutschland wie auch Österreich und andere nördliche Mitglieder der Eurozone durch die in ihren Land weit unterbewertete Währung in der Europäischen Union und auch am globalen Markt begünstigt wird. Die Kosten der leistungswidrigen Währung trägt die Bevölkerung, deren Spareinlagen nicht verzinst werden, deren Lebensversicherungen sich nicht rentieren, deren Lebenshaltungskosten steigen, deren Einkommen sinken, deren Steuern und Gebühren steigen und deren Land verfällt. Die Sozialdividende der Aufwertung wird den Deutschen vorenthalten. Die krassen Unterschiede der Kosten für die Arbeit und der am Markt in anderen Regionen erzielbaren Preise ermöglichen außerordentliche Kapitalrenditen. Erwartet und erwirtschaftet wurden in den Jahren vor der Finanzmarkt- und Weltwirtschaftskrise (2008/9) 15 % von den Sparkassen, von der Deutschen Bank 25 %. Unbeirrt von dieser Krise agieren die Banken und Scheinbanken mit den ‚erfolgreichen' Handlungsweisen fort, weil die Geldpolitik es ihnen weiter ermöglicht, ja dies sogar durch die Übernahme der Risiken privater Geldschöpfung durch die Zentralbanken essentiell fördert. Die in (mehr oder weniger) geschlossenen Volkswirtschaften normale Nähe der Preise zu den Kosten, das Optimum der Grenzkostenpreise des Modells der vollständigen Konkurrenz, ist verloren.

Die Ausbeutung durch die verschiedenen Varianten der Außenwirtschaft, der Globalisierung also, geht auch zu Lasten von Arbeitnehmern, zumal der gering qualifizierten Arbeitnehmer (Stolper-Samuelson-Theorem) und damit des Faktors Arbeit, der durch die niedrigen Verbraucherpreise scheinbar begünstigten Verbraucherländer, welche die durch den Standortwechsel oder auch durch den Import der in den Billiglohnländern produzierten Waren und Dienstleistungen arbeitslos gewordenen Menschen ihres Landes alimentieren müssen. Das kostet im Großen und Ganzen nicht weniger, sondern wegen der sozialen Folgeschäden eher mehr als die Entlohnung dieser Menschen für Arbeit. Volkswirtschaftlich müssen diese Transferleistungen den Preisen für die Waren und Dienstleistungen hinzugerechnet werden. Die importierten Güter kosten die auf hohem Preisniveau verbrauchenden Länder mehr als wenn sie im eigenen Land mit den dort üblichen Arbeitskosten produziert worden wären, obwohl sie für den einzelnen Verbraucher preisgünstig sind. Immer ist die volkswirtschaftliche (makroökonomische) von der betriebswirtschaftlichen (mikroökonomischen) Betrachtung zu unterscheiden. Außerdem zahlen die Länder, deren Arbeitsplätze verlorengehen, mit der Würde der Menschen, denen die Arbeit genommen wird. Die Würde hat freilich keinen Preis und wird darum von den Ökonomisten nicht in Rechnung gestellt. Mit den entwürdigten Arbeitnehmern werden die Familien ruiniert und schließlich das Gefüge des Gemeinwesens destabilisiert.

Die Wirklichkeit der Volkswirtschaften, deren Faktoren im Inland nicht ausgelastet sind, erweist das Gegenteil komparativer Vorteile durch den Außenhandel. Auch Skalenerträge kommen diesen Ländern jedenfalls nicht zugute, wenn die Massenproduktion in die Billiglohnländer verlagert ist. Der Freihandel hat nur komparative Vorteile, wenn, wie schon gesagt ist, alle Produktionsfaktoren, insbesondere Kapital und Arbeit, in den beteiligten Ländern voll eingesetzt sind. Wenn aber das Kapital nicht für Investitionen im eigenen Land genutzt wird oder die Arbeitskräfte brach liegen, kann das Land beide oder den einen oder anderen Faktor aktivieren, um seine Wirtschaft zu beleben. Das ist eine Frage der Anreize und/oder der Gesetze, auch der Schutzgesetze, also der vielgeschmähten Protektion. Wenn das im Inland generierte Kapital im Ausland investiert wird, obwohl es im Inland benötigt wird, ist das trotz aller Nähe der Kapitaltransfers in das Ausland zum Außenhandel mit der Freihandelslehre nicht mehr zu rechtfertigen. Es ist kein Freihandel, Arbeitskräfte des Auslands zu nutzen, wenn die Arbeitskräfte im Inland nicht beschäftigt werden. Die Einkommen im Inland müssen den Lebenshaltungskosten angepaßt sein, notfalls durch staatliche Hilfe. Die Kapitaleigner können nicht erwarten, daß die Inlandslöhne an die Niedriglöhne anderer Länder angepaßt werden, weil die Standortkonkurrenz diesen Anpassungsdruck auszuüben ermöglicht, schon gar nicht, wenn die Gewinne der Kapitaleigner geradezu explodieren. Der unechte Freihandel ist ein Lohnsenkungsprogramm. Die Schwäche der Gewerkschaften, aber auch die Notwendigkeit von Mindestlöhnen erweist diese Wirkung der kapitalistischen Globalisierung.

Ein gewisses Maß an Verteilungsgerechtigkeit muß gewahrt bleiben und kann, solange ein Land freiheitlich (im republikanischen Sinne) ist, der Bevölkerung nicht verweigert werden. Solche Zwänge privater Mächte abzuwehren ermöglicht das demokratische Prinzip. Das aber setzt voraus, daß es Wirkung entfaltet. Die ist jedenfalls in dem in die Europäische Union integrierten Parteienstaat Deutschland so gut wie verlorengegangen. Keinesfalls ist die Absenkung des Lebensstandards der auf Arbeitseinkommen angewiesenen Bevölkerung der erhoffte Wohlfahrtsgewinn des Freihandels. Bevor eine solche Lage entsteht, muß der Import der Güter unterbunden werden, die im Inland mit den Ressourcen produziert werden können, die wegen des Imports brach liegen. Eine der Lage gemäße Schutzpolitik auf der Grundlage des Freihandels hat schon Friedrich List 1841 empfohlen, der die „ewigen Deklamationen über die unermeßlichen Vorteile der absoluten Handelsfreiheit und die Nachteile des Zollschutzes" ironisiert hat. Eine sachgerechte Schutzpolitik halten aber selbst die eher neoliberal gestimmten Paul R. Krugman und Maurice Obstfeld für notwendig. Die Freihandelslehre sieht einen Vorteil darin, daß durch den Handel in allen beteiligten Ländern insgesamt die bestmögliche Produktivität erreicht wird, nicht aber in der Produktivität in einem besonders kostengünstigen Land. Das ist vielmehr ein Nachteil, den der Außenhandel und mehr noch der Standortwechsel mit sich bringen kann. Carl Christian von Weizsäcker dagegen propagiert:

„Der deutsche Arbeitnehmer kann im Durchschnitt von der Globalisierung nur profitieren. Der qualifizierte deutsche Arbeitnehmer ist vor allem eins: Kapitalist, genauer: Humankapitalist. Er profitiert von der Überlegenheit des Kapitals in der gegenwärtigen Weltlage". Welcher Zynismus! „Durch die höheren Einkommen der Besitzer von Kapital und Humankapital sind die Abgaben an den Fiskus höher, und die Beiträge zur Sozialversicherung höher. Und so kann der Sozialstaat alle mit höheren Leistungen beglücken."

In Wahrheit werden die Unternehmens- und auch die Einkommensteuern, aber (tendenziell) auch die Sozialabgaben gesenkt, um den Standort Deutschland für die Kapitalverwertung attraktiv zu machen, wie von Weizsäcker es empfiehlt. Die verarmte Bevölkerung zahlt zum Ausgleich höhere Umsatz(Mehrwert)steuern. Entgegen der Behauptung von Weizsäckers haben die Einkommen gerade der Geringverdiener drastisch abgenommen. Der Sozialstaat wird durch diese Kostensenkungs- und Verarmungspolitik ruiniert.

Wohlstandsmehrung wird auch vom globalen Wettbewerb erwartet. Das mag im Modell der vollkommenen Konkurrenz richtig sein, aber dieses Modell entspricht nicht der Wirklichkeit und entsprach ihr nie. Auch dem unvollkommenen, aber (vermeintlich) funktionsfähigen Wettbewerb wird eine Wohlstandsmehrung nachgesagt. Freilich wird dem auch widersprochen, mit weitaus mehr Überzeugungskraft. Das Unionsrecht folgt mit dem Prinzip des „wirksamen Wettbewerbs" dem interventionistischen Konzept des funktionsfähigen Wettbewerbs weiter Oligopole und ist darauf ausgerichtet, durch internationalen Wettbewerb ebenfalls „günstige Auswirkungen" zu erzielen (argumentum aus dem früheren Art. 131 Abs. 2 EGV). Abgesehen davon, daß es kein internationales Wettbewerbsrecht gibt, das irgendwelche Ziele zu erreichen vorgeschrieben hätte, geschweige denn die Zielerreichung bewirken könnte, ist die Konkurrenz der Unternehmen in unterentwickelten, wenig entwickelten und entwickelten oder gar hochentwickelten Volkswirtschaften überhaupt kein Wettbewerb im Rechtssinne; denn es mangelt an der dafür erforderlichen Chancengleichheit am Markt. Das sind vielmehr (illegale) zweiseitige Ausbeutungsverhältnisse, wie oben ausgeführt, die einem Dritten, den Kapitaleignern (und deren Lakaien in der Politik), Vorteile bringen, sonst niemandem.

Dritter Teil: Wider die Entrechtlichung der Bürger

I. Liberalistische versus freiheitliche Wirtschaftsverfassung

Das Grundgesetz kennt kein verfassungsrangiges Wettbewerbsprinzip. Die Wirtschaftsverfassung der marktlichen Sozialwirtschaft verpflichtet zwar zur bestmöglichen Marktlichkeit der Wirtschaft, um den republikanischen Grundprinzipien der Freiheit und des Eigentums zu genügen, aber nicht zur größtmöglichen Marktlichkeit, weil die Wirtschaftsordnung dem höchstrangigen Sozialprinzip gerecht werden muß, dem auch das Eigentum, wegen der Privatheit des Eigentums die bestimmende Grundlage eines Marktes, ausweislich Art. 14 Abs. 2 GG („Eigentum verpflichtet. Sein Gebrauch soll zugleich dem Wohle der Allgemeinheit dienen“) verpflichtet ist. Das ist im Ersten Teil ausgeführt. Die Eigentumsgewährleistung des Art. 14 Abs. 1 GG läßt sich keinesfalls liberalistisch konzipieren. Dem widerspricht nicht nur der Satz 2 des Absatzes 1, wonach Inhalt und Schranken des Eigentums durch Gesetz bestimmt werden, sondern vor allem Absatz 2 des Art. 14 GG, die zitierte Sozialpflichtigkeit des Eigentums. Das Eigentumsgrundrecht ist sozial, nicht liberal, schon gar nicht liberalistisch, definiert. Der kategorische Imperativ ist das Leitprinzip des Eigentumsgebrauchs. Eigentum hat eine dienende Funktion, welche desto stärker zur Geltung kommen muß, je mehr der Eigentumsgebrauch von allgemeiner Bedeutung für das Gemeinwesen, das Volk, ist. Die Bayerische Verfassung von 1946 bringt das in Art. 151 klar zum Ausdruck:

(1) Die gesamte wirtschaftliche Tätigkeit dient dem Gemeinwohl, insbesondere der Gewährleistung eines menschenwürdigen Daseins für alle und der allmählichen Erhöhung der Lebenshaltung aller Volksschichten.

(2) Innerhalb dieser Zwecke gilt Vertragsfreiheit nach Maßgabe der Gesetze. Die Freiheit der Entwicklung persönlicher Entschlusskraft und die Freiheit der selbständigen Betätigung des einzelnen in der Wirtschaft wird grundsätzlich anerkannt. Die wirtschaftliche Freiheit des einzelnen findet ihre Grenze in der Rücksicht auf den Nächsten und auf die sittlichen Forderungen des Gemeinwohls. Gemeinschädliche und unsittliche Rechtsgeschäfte, insbesondere alle wirtschaftlichen Ausbeutungsverträge sind rechtswidrig und nichtig.

Eine solche Wirtschaftsverfassung stimmt mit der katholischen Soziallehre, die am klarsten in der Enzyklika Quadragesimo Anno des Papstes Pius XI. formuliert ist, genauso überein wie mit der protestantischen Ethik, die Kant ausgearbeitet hat .

Auch die Freiheit ist, sei sie staatlich oder privat verwirklicht, mit dem Sozialprinzip verbunden; denn das Gesetz der Freiheit ist das Sittengesetz, das Prinzip der Brüderlichkeit oder eben das Sozialprinzip.

Es gibt kein freies Handeln, welches sein Gesetz nicht im kategorischen Imperativ hätte; denn das wäre kein Handeln als Vernunftwesen, nicht Handeln in praktischer Vernunft. Anderes als sittliches Handeln schützt das Grundgesetz ausweislich Art. 2 Abs. 1 GG, aber auch ausweislich Art. 1 Abs. 1 GG nicht. Nur diese vom Sittengesetz und damit vom Sozialprinzip bestimmten Begriffe von Eigentum und Freiheit erlauben eine dogmatische Einheit der Grundprinzipien der Republik, wie sie das Grundgesetz verfaßt, nämlich die Einheit des demokratischen, des sozialen und des rechtsstaatlichen, aber auch des föderativen Prinzips, zusammengefaßt des Rechtsprinzips. Nur an einer Europäischen Union, welche diesem Rechtsprinzip genügt, darf die Bundesrepublik Deutschland ausweislich Art. 23 Abs. 1 S. 1 GG mitwirken, um ein vereintes Europa zu verwirklichen. Nichts anderes lassen auch die Artikel 1 und 20 des Grundgesetzes zu, welche die Verfassung der Menschheit des Menschen und damit auch die Verfassung der Deutschen formulieren. Ein liberalistischer Freiheitsbegriff, der mit einem Herrschaftsprinzip verbunden ist und die Freiheit von der Sittlichkeit löst, ist unvereinbar mit dem demokratischen Prinzip, unvereinbar mit dem Sozialprinzip und unvereinbar mit dem Rechtsstaatsprinzip, weil er die staatliche wie die private Lebensverwirklichung der Herrschaft ausliefert und gerade nicht der praktischen Vernunft verpflichtet. Auf einem solchen Freiheitsbegriff läßt sich keine Republik bauen, das Gemeinwesen freier Menschen, das Gemeinwesen von Bürgern.

In der Republik, wie sie das Grundgesetz verfaßt und um der Menschheit des Menschen willen verfassen muß, muß die Wirtschaftsordnung soweit marktlich sein oder, besser, einem Privatheitsprinzip genügen, als das Sozialprinzip das zuläßt. Der Gesetzgeber ist befugt und hat die Aufgabe, die Staatlichkeit und Privatheitlichkeit der Lebensbewältigung zu bestimmen. Dabei hat er das Privatheitsprinzip, den Grundsatz und damit Vorrang der Privatheit der Lebensbewältigung, zu respektieren. Daraus ergibt sich aber kein Grundsatz der offenen Marktwirtschaft mit freiem Wettbewerb, zumal das Privatheitsprinzip auch anders als mittels eines Marktes mit Wettbewerb verwirklicht werden kann, etwa durch freiberufliche Tätigkeit, die lange Zeit im Grundsatz ständisch, nicht aber marktlich und wettbewerblich geordnet war .

Der angelsächsische Liberalismus trennt individualistisch die Sittlichkeit von der Freiheit. Das ist mit der, wenn man so will, preußischen Freiheit der Deutschen, die Freiheit als allgemeine Freiheit mit der Sittlichkeit und damit mit der bürgerlichen Pflicht, in allem Handeln dem Gemeinwohl zu dienen, verbindet, unvereinbar. Mit dem Markt- und Wettbewerbsprinzip ist die Europäische Union der angelsächsischen Wirtschaftsverfassung gefolgt. Das widerspricht der republikanischen Identität der Verfassung der Deutschen fundamental.

2. Menschheitswidriger Wettbewerbsfundamentalismus

Alle Versuche der Wettbewerbspolitik, einen tragfähigen Markt zu veranstalten, sind krampfhaft. Sie verkennen die eigenen Grundlagen, nämlich das eigennützige Wesen des Menschen, das sie gerade nutzen wollen. Dieser eigennützige Mensch sucht seinen Vorteil und entdeckt (Friedrich August von Hayek) immer wieder neue Möglichkeiten der Vorteilsnahme. Zum „Eigennutz" gehört auch und gerade die Kooperation, die nicht nur besondere Grundrechte, wie vor allem die Vereinigungs- und Koalitionsfreiheit des Art. 9 Abs. 1 und Abs. 3 GG, für sich hat, sondern allemal die allgemeine Freiheit des Art. 2 Abs. 1 GG. Gegenwärtig wird der globale Markt zur Ausbeutung der

Arbeiter und Verbraucher mißbraucht. Wiederum soll das Wettbewerbsrecht, jetzt ein globales im Rahmen der Welthandelsorganisation, die Auswüchse des Mißbrauchs zurückdrängen, obwohl auf dem globalen Markt im Rechtssinne gar kein Wettbewerb stattfindet. Dafür fehlt die hinreichende Gleichheit der Chancen an dem Markt. Der unechte Freihandel, wie ihn die Staaten erlauben, ist schlicht rechtswidrig. Die Wettbewerbshüter laufen den Unternehmen hinterher wie der Hase dem Igel. Die „sichtbare Hand des Rechts“ (Ernst-Joachim Mestmäcker) versagt genauso wie die „unsichtbare Hand“ (Adam Smith). Der Imperativ ist die Sittlichkeit des Handelns auch der Unternehmer, welche die Wettbewerbsideologie nicht kennt. Auf die Moralität der Menschen und Bürger und damit auch der Unternehmer als das stetige Bemühen um Sittlichkeit allen Handelns ist das Gemeinwesen angewiesen. Das Wettbewerbsprinzip schwächt gerade diese Moralität durch den menschheitswidrigen, die Spekulationen Charles Darwins vom Überleben des Besseren im Kampf der Natur ideologisierenden Ansatz des Eigennutzes. Wenn das Handeln der Unternehmer dem Gemeinwesen schadet, muß der Gesetzgeber mit staatsadäquaten Mitteln dieses Handeln unterbinden, aber diese Mittel müssen um der Freiheit willen demokratisch und rechtsstaatlich sein. Der internationalistische vermeintliche Wettbewerb läßt freilich für die institutionelle Verwirklichung des demokratischen und des rechtsstaatlichen Prinzips so gut wie keine Chance und ruiniert die Wohlfahrtsstaaten mit hohem Lebensstandard. Er muß um des guten Lebens der Völker dieser Staaten und somit um des Rechts willen begrenzt werden. Sittlichkeit der Unternehmer muß durch Unternehmensrecht gefördert werden. Die internationale Aktiengesellschaft ist dafür gänzlich ungeeignet. Sie ist auf größtmögliche Rendite des Kapitals ausgerichtet und bietet keine Chance, geschweige denn die Gewähr, der eigentumsrechtlichen Sozialpflichtigkeit nachzukommen. Die Praxis der multinational agierenden Unternehmen gibt hinreichend Anschauungsmaterial. Unternehmen gehören trotz allen Eigentums der Anteilseigner auch dem Volk. Nur als Volksunternehmen gewährleisten sie, ihrer Gemeinwohlverpflichtung zu genügen.

3. Unternehmen des Volkes

Volksunternehmen sind Unternehmen, die strukturell derart der Wirtschaft des Volkes (Volkswirtschaft) verpflichtet sind, daß sie nicht geradezu an der Wahrnehmung ihrer sozialen Verantwortung gehindert sind, nicht etwa Volkseigene Betriebe (VEB), wie sie die DDR kannte, die in ein quasi staatliches, einer Einparteiendiktatur unterworfenes System der Unverantwortlichkeit (Haftungsausschluß, Konkursausschluß usw.) eingegliedert waren. Die Unternehmen sind eine Sache des Volkes; als res publica sind sie eine res populi. Sie sind zugleich eine Sache der Unternehmer, aber auch Sache der Beschäftigten der Unternehmen und somit auch eine res privata. Die funktionale Staatlichkeit und die funktionale Privatheit sind wie bei allem Handeln in der Republik untrennbar verbunden, weil Handeln durch die Interessen der Allgemeinheit und die besonderen Interessen zugleich bestimmt ist. Die allgemeinen Interessen sind in den Gesetzen formuliert, die besonderen Interessen zeigen sich in den privaten Maximen.

Die Unternehmen dienen der Lebensbewältigung des Volkes. Ihre Handlungsweisen sind weitgehend gesetzlich bestimmt und verwirklichen durch die Gesetzlichkeit das Gemeinwohl. Darin haben die institutionell privaten Unternehmen ihre staatliche Funktion, die nichts anderes als Verwirklichung des allgemeinen Willens des Volkes und damit der Gemeininteressen desselben ist. Die besonderen Interessen des Unternehmens, vor allem das Gewinninteresse, kann und soll sich durchaus im Rahmen des Gemeininteresses entfalten. Das Volk erlaubt die funktionale Privatheit der Unternehmen vor allem, weil das Privatheitsprinzip die größtmögliche Effizienz unternehmerischer Tätigkeit verspricht; denn die Privatheit ist Voraussetzung des leistungssteigernden Wettbewerbs, vorausgesetzt diese Unternehmensverhältnisse, vor allem die unternehmerischen Machtverhältnisse, sind nicht wettbewerblich funktionswidrig.

Auch die Bürgerschaft hat gewissermaßen „Eigentum" an den Unternehmen. Dieses „Eigentum" ist nichts anderes als die Hoheit des Staatsvolkes, die Souveränität der Bürgerschaft, welche durch die Gesetze auf die Unternehmen einwirkt, gemäß den Gesetzen an den Ergebnissen der Unternehmen teil hat, aber auch die Verantwortung für die Unternehmen trägt, jedenfalls für die Beschäftigten der Unternehmen, welche von der Allgemeinheit finanziert werden müssen, falls die Unternehmen ihnen keine Arbeitsplätze mehr bereitstellen. Die Interessen der Bürgerschaft, deren „Eigentum", ist kaum noch durchsetzbar, weil die Unternehmensgesellschaften wegen der Kapitalverkehrsfreiheit die Standortfrage der Unternehmen entscheiden können, ohne die Interessen der (politischen) Bürgerschaft berücksichtigen zu müssen. Sie können sich dem Gemeineigentum eines Staates entziehen, der die Unternehmen mehr als andere für die allgemeinen Interessen seiner Bürgerschaft in Anspruch nimmt, und sich „schwache Staaten" für ihre Geschäfte aussuchen. Die Bürgerschaften sind „erpreßbar" geworden. Sie wagen nicht mehr, all ihre Interessen, das uneingeschränkte Gemeinwohl, zur Geltung zu bringen. Eine Menge an weltweit wirksamen Veränderungen haben die Unternehmungen weitgehend aus der Einbindung in die staatlichen Gemeinwesen (Nationalstaaten) gelöst. Solidarische Bindungen der Anteilseigner an ein Gemeinwesen bestehen wegen der Internationalität nicht mehr. Maßgeblich ist (nur) der shareholder value. Die Staatsgewalt der Bürger ist gegenüber den von eigenen Interessen bestimmten Unternehmenseignern und vor allem Unternehmensorganen weitgehend ohnmächtig geworden. Die liberalistische Wirtschaftsordnung hat den Bürgern mittels der Globalität ihr „Eigentum“ weitgehend genommen, wie es der Logik des antietatistischen Neoneoliberalismus entspricht, der im Verbund mit dem Internationalismus eine Blüte erlebt, die einen extremen Kapitalismus nach sich gezogen hat, obwohl der Kapitalismus kein Menschenrecht für sich hat, auch nicht das des Eigentums, welches mit der Persönlichkeit des Menschen verbunden ist. Aber die Blütezeit geht schon zu Ende. Die gegenwärtige Phase des Kapitalismus wird wieder einmal in Deflation, Rezession und Depression enden, die hoffentlich in praktischer Vernunft, also durch Politik, durch Gesetze, befriedet werden, nicht, wie meist, durch Krieg. Die große Krise hat 2007/8 begonnen. Noch begehren die Völker nicht auf, weil hektische Maßnahmen der Staaten Rettung versprechen. Deren Wirkung bleibt abzuwarten. Skepsis ist geboten.

Wegen des Eigentums der Bürgerschaften an den Unternehmen und vor allem wegen des eigentumsgeschützten Rechts auf Arbeit der durch die Unternehmen Beschäftigten dürfen die Unternehmen nicht aus den Staaten ausbrechen und sich nicht den Gesetzen des Volkes entziehen, ohne das Grundprinzip des gemeinsamen Lebens, die allgemeine Freiheit und das allein in der Freiheit aller Bürger gründende Recht, zu verletzen. Sie stellen sich sonst gegen das jeweilige Volk und dessen Staat, vor allem aber gegen dessen Recht. Das aber ermöglicht ihnen die republik-, vor allem sozialwidrige Liberalisierung des Kapitalverkehrs, die Ausdruck der ebenso liberalistischen wie globalistischen Unternehmensordnung ist. Das gemeine Wohl aber ist Sache der Republiken und damit Sache der Bürgerschaften; denn es ist das Recht, und das Recht ist in der gegenwärtigen Welt noch immer Sache der Völker und deren Staaten, wenn und insoweit diese die elementaren Menschenrechte wahren. Res publica, res populi. Auch die Legalität der Waren und Dienstleistungen ist Sache der Völker, die sich deren Import nicht gefallen lassen müssen, wenn sie ihren Gesetzen nicht genügen und auch nicht, wenn sie nicht so hergestellt worden sind, wie es ihrem ordre public, also den Menschenrechten, entspricht, sondern durch Sklaven.

4. Entrechtlichung der Republik durch den internationalistischen Kapitalismus

Der internationalistische Kapitalismus, zu dessen Regionen die Europäische Union gehört, verletzt die Bürgerlichkeit der Bürgerschaften, weil die Bürger ihre Freiheit gegenüber ihren Unternehmen nicht wirklich durch Gesetze des gemeinen Wohls verwirklichen können, weil die freiheitliche Verteilung der Güter, die das Gemeinwesen hervorbringt, erschwert, wenn nicht verhindert wird, weil die Anteilseigner, die außerhalb der Bürgerschaft stehen, die Erträgnisse weitestgehend in Anspruch nehmen, weil die Verwirklichung des demokratisch gestützten Sozialprinzips mangels hinreichenden Einflusses des

Staates weitgehend verhindert wird. Das demokratische Prinzip verliert durch die Entstaatlichung der Unternehmen an Bedeutung; denn der (abgenötigte) Privatismus (funktionale Entstaatlichung) der Unternehmen mindert (durchaus bezweckt) die Relevanz der Wahlen, weil die Bürgerschaft und deren Repräsentanten auf Gesetze und mit den Gesetzen auf die Verwirklichung des Gemeinwohls verzichten müssen. Insgesamt wird die Republik relevant entstaatlicht, d.h. entdemokratisiert, entsozialisiert, entliberalisiert (liberal im Sinne der politischen Freiheit verstanden), fundamentaler: entrechtlicht, weil die Unternehmen der Republik entzogen werden. Die Unternehmensgesellschaften tun dies, weil sie es können, d.h. weil es ihnen nicht verwehrt wird, und weil es in ihrem Interesse ist. Die Republiken haben das, von ökonomischen Effizienztheorien, insbesondere einer mißverstandenen Freihandelslehre, vielleicht auch durch die Ideologie des Großen verführt, ermöglicht. Die Globalisierungspolitik beraubt die Menschen weitgehend der politischen Freiheit. Eine Republik, ein Staat des Rechts, ist das allerschwerste Kunstwerk.

Politik und Ökonomie

Harald Seubert

Meine Damen und Herren, als Bill Clinton in seinem ersten Wahlkampf erklärte: ‚It's Economy, stupid!' – bedeutete dies ein Erwachen vor allem des linksliberalen Spektrums. Dass nicht unbegrenzt verteilt und Wohltaten ausgeschüttet werden konnten, dass das, was man zu verteilen gedenkt, zunächst erwirtschaftet werden muss: eigentlich sind dies grundlegende Banalitäten, die aber allzu lange Zeit hindurch verdrängt worden waren. In der Folge verfiel man in ein gegenläufiges Extrem: die radikale Entfesselung und Deregulierung der Finanzmärkte, die in der Immobilien- und Finanzkrise seit 2008 ihre Blüten trieb. Glücklicherweise ging man in Deutschland nicht so weit, die herkömmliche produzierende Wirtschaft und den Mittelstand ganz den neuen Spekulationsträumen zu opfern. Dass der Mittelstand nach wie vor das Rückgrat von Wirtschaft und Gesellschaft bildet, dass er es ist, der die Arbeitsplätze und die Wohlfahrt der Nationen schafft, ist mittlerweile wieder zentral auf unsere Agenda getreten.

Ein im Sinne des Ordoliberalismus und der Sozialen Marktwirtschaft orientierter Konservatismus wird gleichermaßen dem überbordenden Sozialstaat, der auf Kosten künftiger Generationen lebt, und der Blasenökonomie die klare Absage erteilen. Er wird daher auch ein Interesse daran haben, dass sich im ordnungspolitischen Rahmen die Märkte frei entwickeln können, ohne dass aber die Politik nur als getriebenes Objekt agiert und im Dunklen, auf Sicht fahrend, laviert.

Wie verhalten, vor diesem Hintergrund, sich Ökonomie und Politischer Raum zueinander? Hier sind zunächst einige grundlegenden Erwägungen aus der Ideengeschichte erforderlich, damit dann die gegenwärtige Problematik bedacht werden kann.

Die Oikonomia war in der antiken Welt die Lehre vom Haus und seiner Wirtschaft, sie war im vorpolitischen Raum verankert. Gleichwohl prägte sie die politische Sphäre. Aristoteles, der im Zusammenhang seiner ‚Politika' die erste ökonomische Theorie entwickelte, verstand sie noch als Hauswirtschaft. Er unterschied die natürliche und die widernatürliche Erwerbskunst. Damit verband sich seine Absicht, das ökonomische Feld einzuhegen. So unterschied er die Ktetik, das, was zum Leben erforderlich ist, von der Chremastik, die der tendenziell unendlichen Geldvermehrung dient. Den Zins (tokos) charakterisierte Aristoteles als das Geld, das sich wie in einer abstrakten Zeugung vermehrt; dies unterlag seinem Misstrauen.

Klassische politische Philosophen misstrauten seit jeher dem Eigenrecht und der Eigenlogik der Ökonomie. Eine Einhegung, wie sie Fichte im Geschlossenen Handelsstaat noch einmal auf seine Weise formulierte; mit starken Eingriffen der staatlichen Hand, erwies sich schon in der Zeit, in der sie gedacht wurde, als Anachronismus. Den Vernunftstaat konnte Fichte nur als geschlossenen Handelsstaat denken. Der Staat solle jedem das Seine geben. Hier sind frühsozialistische Motive unverkennbar. Und es ist klar, dass für freies Unternehmertum kein Raum bleibt. Anders als Fichte, hat sich Hegel dem Test der Wirklichkeit ausgesetzt: Das System der Bedürfnisse, der atomisierende Markt gingen in seine Überlegungen ein. Er erkannte die Unaufhaltsamkeit des Marktes, und er glaubte nicht so recht, dass er sich nach der stillschweigenden Subsidiarität der Bienenfabel von Mandeville und der unsichtbaren Hand von Adam Smith einpendeln würde.

I. Diagnosen und Therapien: One-World-Economy in Zeiten der Krise

1. Der SPIEGEL-Redakteur Gabor Steingart nannte die neue Ökonomie eine Bastard-Ökonomie, wie beim Bungee-Springen im freien Fall begriffen. Es ist entscheidend, heute zu erkennen, dass das ökonomische Geschehen in einem engen Zusammenhang steht mit Ethos und Anthropologie. Die Wirtschaftskrise ist damit auch eine Denk- und Moralkrise, auch wenn wir sie in diesen Dimensionen noch gar nicht begonnen haben zu begreifen. Nach einiger Lektüre wird klar, warum keiner der Mainstream-Ökonomen, wohl aber Denker der Österreichischen Schule (wie der Hayek-Schüler Roland Baader) seit Jahren den Crash prognostiziert haben. Die eigentliche Ursache des Desasters lässt sich von einem Keynesianischen Ökonomen wohl kaum erkennen. Liegt sie doch in der Inflationierung der Geldmengen, die mit immer geringerer Deckung versehen sind. Bankeninteressen und die Interessen von kurzfristig auf die nächste Wahl orientierten Politikern konvergieren dabei in unseliger Weise. Diese profitieren von den Beglückungsprogrammen, die, bis die Blase platzt, in Funktion bleiben; jene von hochzinsigen Krediten.

Eine präzise Analyse macht aber zugleich bedrückend sichtbar, dass wir weit davon entfernt sind, die Krise bewältigt zu haben. Dies erforderte ein Umdenken, das nirgends in Sicht ist, und es bedeutete zunächst weitreichende Einschränkungen. Der gesamte, auf Blasen und Schulden hin finanzierte Renten- und Versorgungsstaat würde wie ein Kartenhaus in sich zusammenstürzen. Doch gibt es schwerlich einen anderen Weg, gesunde Nationalökonomien zu gewinnen, auf Geldwertstabilität, Deckung und Sparsamkeit begründet. Was hält den Illusionismus wider besseres Wissen am Leben? Was treibt die Lemminge an, immer wieder Gott zu spielen? Eine Analyse des Börsencrashs und der Weltwirtschaftskrise von 1929 lässt hier klarer sehen: im Gegensatz zur gängigen Einschätzung zeigt sich, dass es die staatlichen Eingriffe waren, die den Great Crash hervorbrachten – und keineswegs ein freier Markt. Bedrückend ist vor allem, dass daraus kaum gelernt wurde.

Vor dieser Folie erweisen sich die Perspektiven der gegenwärtigen Weltwirtschaftskrise als höchst bedrohlich, und dies nicht nur für die Wirtschaft, sondern auch für die Demokratie. Zu erinnern ist an den unfreien, manipulierbaren Status weitgehend von billigem Staatsgeld abhängiger Bevölkerungen. Hierin liegt die Wahrheit des Reims „welfare-warfare-state" begründet. Die neuen Zentralisierungen ökonomischer und politischer Macht eröffnen die Gefahren eines schleichenden Wohlfühl-Totalitarismus des Versorgungsstaates. Die ‚Wege in die Knechtschaft' (Hayek) werden immer breiter. Schon de Tocqueville wusste: wenn Freiheit und Gleichheit in einem Konflikt stehen, wird die Mehrheit die Gleichheit wählen. Doch die Logik dieses kranken Systems nähert sich einem Pyramidenspiel: irgendwann werden die Rendite-Illusionen platzen.

Gibt es mögliche Corrigenda? Die Rückbindung der Währung an den Goldkurs wird von führenden Ökonomen wie Otmar Issing für abwegig erklärt, da sie die monetäre Versorgung von Zufälligkeiten der Goldversorgung in Afrika, Australien oder an anderen Orten abhängig mache. Eine „unabhängige Notenbank mit klarem Mandat für Preisstabilität" sei dem gegenüber das beste Instrument, Geldwertstabilität zu sichern.

2. Dem verfehlten Handeln geht oftmals ein verfehltes Denken voraus. Grundlegende Unterscheidungen sind in der heutigen mathematisierten Ökonomie, aus der Sicht der klassischen österreichischen Ökonomie eine „trostlose Wissenschaft", nicht mehr bekannt: so jene zwischen Preisinflation (Teuerung) und Geldinflation. Die erstere ist eine Folge der zweiten. Doch das Kernproblem liegt bei dem inflationierten Geld.

Man wird es sich zu einfach machen, wenn man einen Sündenbock konstatiert: Die Gier der Banken, die sich in Renditeerwartungen von 25% manifestiert, muss auf einer universalen Gier beruhen, sonst würde sie nicht funktionieren. Hier stoßen wir auf das Grundphänomen, dass allenthalben, zumal der jungen Generation gezeigt wird, wie man Bedürfnisse weckt, nicht aber, wie man sie beherrscht. Wie man vernünftig und das heißt auch: begrenzend mit ihnen umgeht. Die jungen Banker und Broker (eine smarte selbsternannte Zockerelite, die de facto Wetten verkauft), konnten nur in einem bestimmten Klima ihre Arme krakenartig um die Welt legen und sich als ‚Lords of the Universe' oder Gottesspieler (Roland Baader) aufspielen. Ansätze, die nicht auch moralisch in diese Dimension hineinloten, können uns die Krise letztlich nicht erklären, erst recht können sie nicht sichtbar machen, wie sie künftig zu verhindern sei. Die nur technische Erklärung, zu viele hätten zur selben Zeit dasselbe getan, deshalb seien die Märkte gleichsam übersteuert worden, können offensichtlich nicht befriedigen. Als moralisches Phänomen eröffnet sich das Feld eines unbegrenzten Mehrhabenwollens, das schon die antiken Griechen kannten und PLEONEXIA nannten. Wer von ihr getrieben ist, den reißt es nur noch von einer Lust und Begierde zur nächsten. Er kann nicht einmal so viel Abstand gewinnen, wie erforderlich ist, um seinen Reichtum zu genießen.

Ganz aus dem Stoff der PLEONEXIA ist offensichtlich das heutige Scheinwachstum: In der Präferenzliste der Gesellschaft werden Freizeit und Spaß, Wohlstand durch Glücksspiel, Spekulation, Neid- und Anspruchsdenken betont. Dahinter steht ein Konfliktdenken, die Vorstellung, das Leben sei ein Spiel. Hinzukommen weitverbreitete, geradezu pathologische Phänomene, wie: Konsumrausch, kurzfristige, ständig wechselnde Beziehungen, Promiskuität, Politischer Aktionismus und Ad-hoc-Gesetzgebung, auf dem Wege über immer mehr Fremdkapitalfinanzierung, Rücksichtslosigkeit gegenüber sich selbst und dem Mitmenschen.

John Maynard Keynes' Behauptung: „In the long run we all are dead" – oder das der Madame de Pompadour zugeschriebene: „Nach mir die Sintflut!" drücken die Mentalität eines solchen Tanzes auf dem Vulkan exemplarisch aus. Daraus geht, wie jüngst Peter Sloterdijk brillant gezeigt hat, eine essentielle Delegitimierung und eine Selbstzerstörung der Morderne hervor.

Wilhelm Röpke, einer der großen Vordenker der sozialen Marktwirtschaft, schrieb ein Buch mit dem Titel: ‚Jenseits von Angebot und Nachfrage'. Dass der Mensch sich selbst nicht nur als Produzent und Konsument in den Blick kommt, ist eben die Dimension, die wir verloren haben und die es wiederzugewinnen gilt. Die Frage nach dem ‚guten Leben' und nach dem Ethos stellt sich eben hier.

Eine ethische Ordnung besteht darin, so hat es Robert Spaemann einmal gesagt, dass die stimmige Reihen- und Rangfolge der anderen Gesichtspunkte erkannt wird. Der ethische Gesichtspunkt ist daher zuerst durch eine Sachgemäßheit und Sachgerechtigkeit ausgezeichnet.

Wenn man diesen Maßstab zugrunde legt, so erkennt man, dass eine wesentliche Wurzel der heutigen Krise in einer hohen Zeitpräferenz liegt. Der Gewinn soll sofort ausgeschüttet und genossen werden. Deshalb die Erhöhung des Zinses und das Absenken der Laufzeiten. Darin spiegelt sich aber eine Lebenseinstellung, die gerade nicht auf Zukunft, sorgfältiges Wirtschaften und kontinuierlichen Erwerb hin ausgerichtet ist. Es ist eine Paradoxie: Kaum jemals hat man so viel von Nachhaltigkeit gesprochen, bis in die ökologische Ideologisierung hinein, kaum jemals aber umgekehrt so eklatant dagegen verstoßen.

Ein nachhaltiges, besonnenes Wachstum erfordert im Gegenzug geradezu zwingend einen umfassenden Begriff des guten Lebens, der nicht nur an Steigerung der Aktienkurse, sondern zugleich an einer sinnerfüllten Nutzung der Zeit, einer Wahrung der Umwelt und der Lebensqualität orientiert ist.

Dies bedeutet die gleichgewichtige Schaffung von materiellen und immateriellen Werten. Es erforderte, dass der Bereich jenseits von Angebot und Nachfrage, in der Eigengesetzlichkeit akademischer Wissenschaft und Forschung aber auch von Kirche und Spiritualität, wieder erkannt wird. Nachhaltige Ökonomie impliziert als menschliche Grundhaltungen: Vertragstreue und Kooperation, Wohlstand durch Fleiß, Zielstrebigkeit und Realitätssinn. Dem zugeordnet wären: Stabile Beziehungen, Investitionen aus Rücklagen und Ersparnissen.

Langsame Veränderung der gesellschaftlichen Strukturen, umfassende Lebensziele. Dagegen ist das rasche, billige Geld Zeichen eines Lebens auf dem Vulkan: Dies war kennzeichnend für die zwanziger Jahre, eine erste risikobehaftete Zeit, mit Casino und Glücksspiel.

3. Wenn man sich vor dem skizzierten Rahmen eingesteht, dass Wirtschaftskrisen gesamtgesellschaftliche Phänomene sind, wird man zugleich erkennen, dass sich darin ein Zeitgeist spiegelt, der in den Jahren seit 2001 in einer geradezu fahrlässig einseitigen Weise geprägt war.

Die Staatsinterventionen und Verstaatlichungen im Herbst 2008 haben offensichtlich gemacht, wie eng ein entfesselter Kapitalismus und Sozialismus einander stehen. Die im Spätjahr 2008 von Amerika ausgehende Immobilien-, Finanz- und nachfolgende Wirtschaftskrise, deren Tiefendimensionen noch gar nicht absehbar sind, hat nach Jahren einer fast ausschließlich von Freigabe und Lockerung der Regulierungen und ordnungspolitischen Rahmenbedingungen bestimmten Diskussion das Pendel zurückschwingen lassen von einer Euphorie über deregulierte Finanzmärkte, einen weitgehend ungebremsten Kapitalismus, der schnellen Reichtum verspricht, auf den Staat als Unternehmer. Staatsinterventionen bis zu dem Rezept der Enteignung sollten die maroden Banken retten.

Mittlerweile haben sich nicht wenige jener Banken wieder freigekauft. Dies bedeutet auch, dass das Roulettespiel von vorne beginnt. Die damaligen Präsidenten der USA und Frankreichs, Obama und Sarkozy, haben zumindest Ansätze einer ordnungspolitischen Rahmensetzung erkennen lassen. Durchgreifend gelungen ist dies nicht, schon gar nicht in Deutschland und in Europa.

Banker, die sich nach dem großen Zusammenbruch als geläuterte Sünder verstanden, haben das Spiel längst wieder eröffnet. Nach wie vor ist billiges Geld im Umlauf. Es droht ein Weg in die Hyperinflation. Die bei dem Weltwirtschaftsgipfel Anfang April 2009 in London sichtbar gewordenen Provokationen und Angriffe auf Banken und Märkte seitens der Politik waren in Wahrheit Ausdruck des Selbsthasses. Zugrunde liegt zuerst ein Versagen des Ethos und der Urteilskraft. Es ist offensichtlich, dass klassisch wirtschaftende Privatbanken, wie die Fugger-Bank, weitgehend unbeeinträchtigt blieben.

Alles spricht dafür, dass Investitionspakete, wie sie zum Brandschutz eilig zusammengestellt werden, nur kurzfristige Effekte haben und dass zumal die Euro-Rettungsschirme auf lange Sicht die Destruktion nicht verhindern können. Illusionär wäre die Vorstellung, dass die Politik gleichsam an Schrauben drehen und damit den Gang der Finanzmärkte beeinflussen könnte. Finanzwelt und Ökonomie gleichen nicht mechanischen Gebilden. Es sind hoch komplexe Systeme, in denen Ursache und Wirkung nicht linear aufeinander bezogen sind. Jede Durchbrechung des fließenden mehrpoligen Gleichgewichts verursacht wiederum Nebenwirkungen, die noch desaströser sein können als das Leiden, das die Therapie nötig machte. Im Zeichen der Wirtschaftskrise fordern auch führende Ökonomen eine Rückkehr zur Nachhaltigkeit. Sie ist nicht nur kompensatorisch von Bedeutung. Kurzfristigkeit der Aktiensteigerungen sei Kurzsichtigkeit, war inmitten der Krise zu hören. Die neuen Internationalen Rechnungslegungsregeln (IFRS) haben nach der Auffassung maßgeblicher Experten erstmals einer unbegrenzten der Spekulation Tür und Tor geöffnet. Wie der Fall Arcandor zeigte, können Unternehmen, die de facto insolvent sind, durch ein System, das auf Zukunftsdaten orientiert ist und damit zu Spekulationen geradezu einlädt, über Jahre hinweg ‚hinbilanziert' werden. Floskeln wie: Alles bleibt anders, eine rasende Selbstüberholungsmentalität, scheint Faktum zu sein. Dass sie hinreicht, wird mit guten Gründen bezweifelt.

Sehen wir doch heute, dass sich das Chaos selbst aufzuzehren droht – und, frei nach einem Bonmot von Peter Sloterdijk, nicht mehr bewohnbar zu werden. Die renommierte Wirtschaftsjournalistin Gillian Tett hat mit ihrem Buch ‚Fool's Gold' (Gold der Narren) eine exemplarische Geschichte vom Verfall des Mythos unbegrenzten Wachstums erzählt. Im Einzelnen berichtet sie die Geschichte eines der fragil ironischen Blasenprodukte: des Credit Default Swap (CDS), einer Kreditversicherung, die ihrerseits am Markt gehandelt werden kann – und sie legt das Psychogramm der neuen Generation von Investmentbankern offen, eine Mischung aus Hybris und größter Naivität, die zu einem Teil die Entwicklung der Krise erklären kann.

Justin Fox hat in einem fulminanten Sachbuch gezeigt, dass die Vorstellung des steuerungslosen rationalen Marktes ein Mythos ist, der, wie viele Mythen der Moderne, selbst nicht mehr befragt wird. Die ‚invisible hand' von Smith und die ähnlich geschnittene Erwartung von Mandevilles Bienenfabel, dass das Wachstumsstreben der Besitzenden gleichsam implizit auch der größtmöglichen Zahl diene, beruht letztlich auf der Vorstellung einer ‚prästabilierten Harmonie' im Leibnizischen Sinn. Das Modell verlagerte alle Faktoren, die diese Harmonie in Frage stellen könnten, nach außen. Allerdings arbeitete es mit der Prämisse einer rahmensetzenden staatlichen Ordnungspolitik. Die

Realität erwachte mit der sozialen Frage, der Verarmung und sogar Proletarisierung. Ihre mobilisierenden Kräfte finden im Kommunistischen Manifest Niederschlag.

4. In welches Umfeld gehört die gegenwärtige Krise? Vor einigen Jahren schon hat Thomas Friedman mit seinem Buch ‚Die Welt ist flach' den ganz neuen Charakter der globalisierten Welt treffsicher analysiert: Die Differenz zwischen Erster Welt und Dritter oder Vierter Welt ist in rapidem Schwinden begriffen. Binnen Sekundenschnelle können Informationen um den Globus gejagt werden. Nicht nur primitive Arbeitsleistungen, sondern auch hochkomplexe Prozesse können an jedem beliebigen Punkt der Welt vollzogen werden. Man sollte sich daran erinnern, dass der Ostblock in den siebziger Jahren auch damit seine definitive Unterlegenheit besiegelte, dass er den IT-Boom nicht mitvollzog. Dies muss man angesichts des Atem beraubenden Aufstiegs einer jungen Technik-Elite von Indern und Asiaten im Sinn behalten. Ihre Ausbildung im IT-Bereich hat europäische, zumindest deutsche, Standards weit hinter sich gelassen. Rangverluste werden die Folgen sein. Jene junge Elite entspricht in Atem beraubendem Tempo dem ‚flexible man', den Richard Sennett vor einem Jahrzehnt gefordert hatte. Man darf sich aber nicht täuschen, sie ist zugleich tief in ihren Herkunftskulturen und deren Spiritualität verwurzelt. Dies unterscheidet sie von der westlichen Moderne: ein Leben in – zumindest – zwei Identitäten, ohne doch dabei der Schizophrenie zu verfallen, scheint gleichsam problemlos zu gelingen. Es ist für die ordnungspolitische Diskussion in Europa und insbesondere in Deutschland von entscheidender Bedeutung, sich darüber klar zu werden, was man dem an die Seite zu setzen hat.

Zu Recht wird gesagt, die globale Welt sei unumgänglich; womit freilich nicht zugestanden ist, dass sie sich wie eine Naturkatastrophe, ohne menschliche Beeinflussbarkeit, vollzieht. Gerade ihre tief bedrohlichen Krisen zeigen, dass sie einen Wohlstandsanstieg von ungeheuren Ausmaßen bedeutet, nicht zuletzt für die ärmsten Länder. Doch ihr fehlt jedes Ethos, sowie die politische Form. Die Diagnose der Globalität ersetzt eine solche Formung auch in keiner Weise. Denn dort, wo die Unterschiede wegfallen, kann gewalttätige Megalomanie oder Stagnation entstehen. Die Finanz- und Wirtschaftskrise mit ihrer Neigung zur Hyperinflation hat einen wurzellosen Zeitgeist sichtbar gemacht. Die Spieler-Mentalität korrespondiert mit einem Nihilismus und Okkasionalismus, dem alles Ironie ist. Zugleich wurde deutlich, dass ein entfesselter Spieler- und Casinokapitalismus dem Sozialismus eng verwandt ist. Vor allem zeigt sich dies in der Zerstörung von Tradition und Kultur. Beide erfassen mit ihrer Sogkraft alle Lebensbereiche.

5. Der schon erwähnte Wilhelm Röpke hatte einst die Nachhaltigkeit in seiner Wirtschaftstheorie fest verankert. Dass er mit anderen Denkschulen des Neoliberalismus das ausgemachte Feindbild teilt, nämlich den staatlichen Inter-

ventionismus und das Abdriften in Zentralismus versteht sich. Röpke sieht aber, schärfer als andere, auch die immanente Zerstörungskraft des Marktes. Dieser ist von seiner Anlage her ein ‚Moralzehrer'; Einsichten, die an denkerische Bestandsaufnahme des Marktes bei Hegel anschließen könnten. In der Zeitgeist-Tendenz der Jahre um 2000 durfte dies freilich kaum zur Sprache kommen. Röpke kann gegenüber manchen damaligen Blindheiten korrigierend wirken: Er fordert als Maßgabe der Ökonomie die klassische Win-Win-Situation ein. Dies ist eine innere asketische Grenze, die zu einer Begrenzung von Gewinnmargen führt. An ihre Stelle tritt im globalen Markt der Dschungel, ein Vabanquespiel, das nur Gewinner und Verlierer kennen kann und die ungeheure ethische und staatspolitische Bedeutung des Ankerkenntnisverhältnisses verhöhnt. In der ironisch nihilistischen Grundstimmung, die die allgemeine Börsenspekulation bestimmt, scheint es dazu ‚keine Alternative' zu geben. Es ist jedoch unübersehbar, dass dieses System Gefahr läuft, sich selbst zu verzehren. Seine Tektonik ist jeder Wertschöpfung und Dauerhaftigkeit entgegengesetzt. Die bürgerliche Gesellschaft als die Gesellschaft der Märkte und des umfassenden Handels, ist, wie schon Hegel zutreffend gesehen hat, in ihrer immanenten Logik auf Vereinzelung orientiert. Ein Zweck für das Allgemeine wird nicht verfolgt. Vielmehr greifen atomistische Vereinzelung und von vielen gleichermaßen praktizierte Verhaltensweisen, um sie zu erreichen, zusammen. Deshalb wird von ‚antagonistischen Kollektiven' gesprochen. Das gültige Beschreibungsmodell gibt immer noch Hobbes' Naturzustand. Dies muss man der Ökonomie der großen Märkte auch gar nicht zum Vorwurf machen. Sie sind ein System der Gesellschaft, das durch andere einen Gegenhalt finden muss. Die Gleichgewichte werden nur dann zerbrechen, wo diese Kontrapostik fehlt.

II. Wirtschaftliche Systemlogik und politische Norm

1. Was kann vor diesem Hintergrund ein normativer Blick auf die Wirtschaft leisten? Man tut dabei gut daran, zunächst einen objektivierenden Blick einzunehmen und sich nicht in erster Linie auf die fragilen Absichten des einzelnen Akteurs zu beziehen. So wird man zunächst systemisch zu fragen haben, wie die fluide Institution der Märkte auf einzelne Handlungsweisen reagiert. In diesem Sinn könnte man auch für die wirtschaftliche Interaktion mit Dieter Henrich von einer ‚entzentrierten' Form von Moral sprechen.

Wolfgang Kersting hat immer zu Recht darauf hingewiesen, dass die Entstehung und Kumulierung der Märkte nicht nur in das Feld der Ökonomie, sondern in jenes der politischen Ethik gehört. Denn nirgendwo zeigt sich die Prägung der modernen Welt stärker. Die Marktrealität ist die condicio sine qua non heutiger Politik. Ein Seitenzweig praktischer Philosophie war die Ökonomie auch in der alteuropäischen Tradition. Da sie dem häuslichen Bereich unterstand, war sie der öffentlichen Polis untergeordnet. Dies hat sich mittlerweile elementar verändert: Ökonomische Zusammenhänge haben im Zeitalter der entfesselten Märkte demgegenüber eine gänzlich veränderte Eigengesetzlichkeit gewonnen.

Warum die ökonomische Ethik ihr Augenmerk auf Institutionen lenken muss, zeigt sich daran, dass sich der Einzelne in seinem nutzenmaximierenden Handeln nicht ohne weiteres Begrenzungen auferlegen lassen kann – und dies nicht zuletzt wegen der umfassenden Konkurrenzsituation, aus der es im Weltmaßstab kaum einen Ausgang gibt. Dies würde bedeuten, dass er sich den Wettbewerbsgesetzen entzieht und damit seine Selbsterhaltung riskiert. Gerade deshalb bedarf es der Institutionenlogik, die gemeinsame Güter gegenüber dem Nutzen-maximierenden Handeln in Schutz nimmt. Peter Koslowski hat in seiner bemerkenswerten ‚Ethik der Banken', die angesichts der Krise abgefasst wurde und die sich ausschließlich auf die innere Sachlogik der Finanzmärkte bezieht, als Grundsatz, der den Horizont eines Unternehmens umgrenzt, formuliert: „Die Verpflichtung entsteht aus der Natur der Sache, aus dem Zweck und aus den Funktionsprinzipien des Handlungsbereiches, in dem wir tätig sind". Damit trägt Koslowski zu Recht dem alten, schon bei Adam Smith begegnenden Gedanken Rechnung, wonach jeder Interventionismus die ethischen Mechanismen des Marktes, seiner ‚invisible Hand' und ihrer Selbstregulierungskraft, zuwiderläuft. Kapitalmärkte folgen letztlich selbst der Logik von Wertpapieren, mit der Crux, dass Ersparnisse von Millionen Menschen so gelagert werden, dass sie anderen Millionen dienlich sind und ein Zugewinn für alle Seiten möglich ist. Deshalb argumentiert Koslowski im Sinne einer Teleologie, die den Märkten immanent ist. Dass diese Teleologie wirksam wird, setzt aber ein Vertrauen voraus, das seiner Natur nach nicht in Kontrollmechanismen übersetzt werden kann. Der Staat kommt nur als Rahmen setzende Rechtsinstanz ins Spiel. In dieser Rolle kommt ihm freilich eine entscheidende Bedeutung zu. Deshalb ist in der Sicht Koslowskis das Recht die eigentliche Regelungs- und Begrenzungsinstanz der Kapitalmärkte. Unmittelbar kann der Staat dagegen nicht am Marktgeschehen partizipieren, auch nicht als neutraler Schiedsrichter. Erst recht verbietet sich ein staatlicher Interventionismus, der Geld verbilligt, um, erst recht in der Krise, weitere Sozialprogramme auf Kosten künftiger Generationen aufzulegen. Ein wichtiges rechtliches Instrumentarium wäre dabei die ‚Mindestreservepflicht', auf die man im Zug der Deregulierung der Finanzmärkte leichtfertig verzichtet hat. Ihr zufolge müssen Banken, je nach dem Risiko, das sie eingehen, Äquivalente zur Sicherheit in ihrem eigenen Tresor vorrätig halten, um sich selbst nicht zu gefährden.

Die Frage muss gestellt werden, ob jene neuen ironischen Nihilisten unter den Spekulanten, Cagliostros, die wie der Teufel in Faust II. – ungedeckte – Welten entstehen und sogleich wieder in Nichts verschwinden ließen und sich selbst als ‚Lords of the Universe' feierten, deren manche, nachdem sie wie Götter verehrt worden waren und sich wohl auch so verstanden, bei den ersten größeren Turbulenzen ihrem Leben ein Ende machten, dem von Koslowski erinnerten behutsamen Begriff einer Sachgerechtigkeit überhaupt zugänglich wären.

2.Dennoch bleibt richtig, dass ein innerer Zielbegriff der Ökonomie zunächst unverzichtbar ist. Und noch entscheidender, im Sinn systemischer Arbeitsteiligung, ist es, dass die innere Logik der Ökonomie nicht auf Bereiche ausgeweitet wird, die nicht nach diesen Gesetzen operieren können. Jeder Ansatz, dem freien ökonomischen Floating eine Grenze zu setzen, galt seit den neunziger Jahren als antiquiert. In der Folge zeichnet sich jene umfassende Zerstörung von Traditionen und ‚bonum commune' ab, die nach dem Strudel der Krise zu wehmütig nostalgischen Reminiszenzen Anlass gab. Der Abschied von Alteuropa schien unabwendbar. Ein ‚ökonomischer Imperialismus', der der Auffassung ist, dass alle Lebensbereiche ökonomischer Rationalität gehorchen und diese für alle menschlichen Belange zuständig sei, ist das Credo einer der maßgeblichen wirtschaftsethischen Schulen. Er bezieht die selbsterklärte umfassende Zuständigkeit aus Ressourcenknappheit und daraus, dass alles Handeln unter dem Anfall von Kosten unter Knappheitsbedingungen von statten geht. Ethos, Sittlichkeit, die Einsicht, dass Wirtschaft Teil eines umfassenden Institutionengefüges mit rechts- und sozialstaatlichen Implikationen ist, darf im Sinne dieses äußersten Reduktionismus keine Rolle mehr spielen. Man kann deshalb mit Wolfgang Kersting von der Preisgabe „all unserer moralisch-kulturellen Hintergrundüberzeugungen" sprechen. Es ist offensichtlich, dass damit der Idealtypus des freischwebenden Liberalismus seine gegenwärtige Form gefunden hat. Die abstrakte Mathematisierung der Ökonomie steht damit in engem Zusammenhang. Verloren ging die Grundeinsicht, die mit besonderer Tiefe Max Weber vertreten hat und wonach die Wirtschaftswissenschaft eine Wissenschaft vom Menschen ist: nicht einem abstrakten Menschenideal, sondern dem handelnden Menschen in Sympathetik und Gewinnstreben. Zweifel liegen nahe, ob die durchökonomisierte Lebenswelt in ihrem ‚eisernen' stählernen Gehäuse im letzten lebbar wäre. Hier kann man mit Bruno Latour fragen, ob wir denn je modern gewesen sind. Jedenfalls ist dieses Szenario bislang nicht in seiner vollen Härte erprobt worden. Lebensqualitäten, die sich in Wachstumsraten nicht messen lassen, bestimmen menschliches Ethos und die Suche nach seinem Selbstseinkönnen wohl nach wie vor.

Zu Recht hat sich Wolfgang Kersting kritisch gegen den ‚Tunnelblick' der Mathematisierung der Ökonomie gewandt. Dieser Abstrahierung auf Zahlenverhältnisse eng benachbart ist die systemtheoretische Vorstellung, die vom Menschen abstrahiert. Verschiedene Systeme reproduzieren sich in sich selbst, sie sind füreinander Umwelt, und ‚kommunizieren' doch miteinander:

ein Kommunikationsbegriff, der von jeder personalen Ebene frei ist. Dabei können die Grenzen zwischen System und Umwelt durchlässig werden. Diese Beschreibung lässt offensichtlich eine besondere Affinität zur Selbstbeschreibung der Märkte erkennen. Sie ist jedoch letztlich fiktiv, weil sie mit menschlichem Handeln gar nicht rechnet.

Denk- und Wirtschaftsformen entsprechen einander, so hielten wir fest. Die Blasen entsprechen einer Denk- und Lebensform, die sich von den Ansprüchen unbedingter Wahrheit abgekoppelt hat. In den Geisteswissenschaften dominieren im Jahrzehnt des Börsenhypes in der Wissenschaft ebensolche nihilistische Modelle: Man spricht von Dekonstruktion, auch wenn kaum mehr Institutionen und Traditionen existieren, die noch weiter zu destruieren wären. Philosophie und Philologie fragen nach Semantik und Semiotik, ohne dass dahinter noch überhaupt nach der Realität gefragt würde. Bibelwissenschaften entmythologisieren weiter, ohne die Bindekraft des Wortes Gottes für die Christen zu bedenken. Einzelheiten werden berücksichtigt, nicht aber das Gesamtgefüge, dessen Teil sie sind und das auf den Absolutpunkt der Wahrheit verweist. Nur wenn man sich aus dem sowohl ungeschichtlichen wie undialektischen Denken löst, wird man diesem Dilemma entkommen.

Rekurs 1. Die katholische Soziallehre

In diesem Zusammenhang kommt – gerade in der heutigen Krisensituation der globalen Welt – einem Anschluss und Fortdenken der Tradition katholischer Soziallehre eigene Bedeutung zu:

Papst Benedikt XVI. hat in seiner Enzyklika ‚Caritas in veritate' in der Tradition der Sozialethik des katholischen Lehramtes eine grundsätzliche Auseinandersetzung mit der Globalisierung unternommen. Zu Recht verweist er darauf, dass ökonomische und weltgesellschaftliche Entwicklungen den Menschen im Ganzen erfassen und umprägen. Dies entspricht der Einsicht Max Webers, dass soziologische Gebilde und Herrschaftsformen ihrerseits einen Menschentypus hervorbringen. Der Papst macht mit vollem Recht deutlich, dass der Mensch sich nicht darin erschöpft, „homo oeconomicus" zu sein. Eine jede vollständige Anthropologie der Person kennt auch die Dimension der Kontemplation, der Ruhe, der Transzendenz auf Absolutes, auf Wahrheit. Es muss nicht wundernehmen, dass der Mensch eben so, als Produzent, Konsument und Kostenfaktor in der modernen Warengesellschaft vorkommt. Wenn dies nicht alles sein soll, so bedarf es offensichtlich eines Blickes auf eine Welt, die im Kreislauf der Ökonomie nicht aufgeht.

Die Traditionslinie katholischer Soziallehre, die mit Leo XIII. beginnt, ist eine der großartigsten Manifestationen wirtschaftsethischer Vernunft in der Moderne. Man muss sich allerdings bewusst sein, aus welchen Wurzeln sie hervorgeht. Sie steht im Horizont des Bewusstseins einer absoluten Wahrheit, die Politik lediglich als Vorletztes versteht.

Die sichtbare Kirche darf nach konstanter Überzeugung des katholischen Lehramtes „in keiner Weise hinsichtlich ihrer Aufgaben und Zuständigkeit mit der politischen Gemeinschaft verwechselt werden [...] noch an irgendein politisches System gebunden sein" (Caritas in veritate n. 76). Dies hat auch Folgen für die Sicht auf Demokratie. Auch wenn man sich den katholischen Blickpunkt nicht im Einzelnen zu eigen macht, wird man finden, dass hier der Demokratie ein Maß vorgeschrieben wird – und zwar in materialer, nicht nur formaler Hinsicht – wie es etwa die Habermas'sche Diskursethik tut. Dies ist von größter Bedeutung in einer Zeit, in der man Gefahr läuft, Demokratie eo ipso als Norm zu verstehen. Die Folgen sind allerdings eher kontraproduktiv. Denn je mehr dies geschieht, umso weniger entspricht die demokratische Realität offensichtlich dem Idealbild. Papst Johannes Paul II., der wie kaum ein zweiter Anteil am Niedergang des Ostblocks hat, hat die Demokratie als ‚Instrument' bezeichnet, dessen Wert „mit den Werten, die sie verkörpert und fördert", stehe oder falle. Dies bedeutet auch, dass sich eine Demokratie ohne Werte „leicht in einen offenen oder hinterhältigen Totalitarismus verwandelt" (Veritatis splendor n. 101). Gab es lange einen gewissen Vorbehalt gegenüber der Demokratie, eine Bevorzugung korporalistischer aristokratisch elitärer Elemente, so hat das katholische Lehramt längst die Legitimation der Demokratie anerkannt. Über die Struktur von Parteien verlautet im Sozialkatechismus, dass sie sich demokratischen Strukturen zu öffnen hätten. In seiner denk- und erinnerungswürdigen Weihnachtsbotschaft des Jahres 1944 hat Papst Pius XII. die Normen des parlamentarischen Systems benannt, ohne die Demokratie ein Blendwerk werde, das auf der einen Seite Opfer auf der anderen Seite „die mehr oder weniger zahlreichen Gewinner" kenne, die durch die Macht des Geldes oder der Organisation sich eine Vorzugstellung und Gewalt zu verschaffen wussten.

Vor diesem Hintergrund trägt die Soziallehre der Päpste Züge einer tiefreichenden Konsumismuskritik. Papst Johannes Paul II. hat in seiner Enzyklika ‚Centesimus Annus' dazu bemerkt: „Das Wirtschaftssystem besitzt in sich selbst keine Kriterien, die gestatten, die neuen und höheren Formen der Befriedigung der menschlichen Bedürfnisse eindeutig von den neuen, künstlich erzeugten Bedürfnissen zu unterscheiden, die die Herausbildung einer reifen Persönlichkeit verhindern!" (Cent. Ann. n. 64). Und er erinnert daran, dass das ökonomistische Paradigma an einer unbegrenzten Vita activa ausgerichtet sei, jener unbegrenzten Tätigkeit, die nach Goethe bankrott macht. Ein für Antike und Mittelalter unverlierbares Gleichgewichtsverhältnis zwischen Vita activa und Vita passiva, Tun und Leiden, scheint der Moderne immer weitergehend verloren gegangen zu sein. Die Passivität hat jedoch ontologisch für die antike und mittelalterliche Welt den Vorrang. Es steht zu befürchten, dass eine Ökonomie, die um diese Dimension nicht mehr weiß, in Barbarei abgleitet. Die Muse gibt allem menschlichen Tun eine immanente Begrenzung, die für Johannes Paul II. nicht zuletzt aus dem Erstaunen über das Sein der Welt entsteht und der gemäß wir uns der Pflicht zur Bewahrung des Seins bewusst werden müssen.

Auch im Bereich der Erkenntnis ist zwischen einem Erkennen um des Handelns und einem Erkennen um der reinen theoretischen Betrachtung willen unterschieden worden. Die ‚Artes liberales' waren auf ein Wissen im Spiel hingeordnet. Von ihnen wurden die technischen Künste unterschieden, die einem bestimmten, festgelegten Zweck dienlich sein sollen. Sie wurden dabei als ‚knechtische', unfreie Künste begriffen. John Henry Newman hat darauf brillant hingewiesen: „Ich weiß wohl, Wissen kann für die Praxis fruchtbar gemacht werden, es kann aber auch in die Vernunft zurückfließen, aus der es hervorging und Philosophie werden. In dem einen Falle heißt es nützliches, in dem anderen freies Wissen". Vor diesem Hintergrund würde die ausschließlich ökonomistisch verfasste bürgerliche Gesellschaft nur noch den banausischen Typus kennen.

Die Unterscheidung der ratio vom intellectus, des Verstandes von der Vernunft, wie sie das Mittelalter kennt und wie sie sich bei Kant und im deutschen Idealismus fortschreibt, gibt noch einen Rückstrahl auf die große Bedeutung, die der Muße (scholḗ, vita contemplativa) zukam. Das Spiel war keineswegs minder-, sondern höherwertig.

Der katholische Denker Josef Pieper, der den Zusammenhang von Muße und Kultus brillant wiedererinnert hat, begreift den Segen und die Gnade als Frucht der Muße. Pieper weiß auch, dass in der „totalen Arbeitswelt" der Moderne Mußelosigkeit geradezu programmatisch geworden ist. Scholastisches Denken wusste auch darum, dass die menschliche Gemeinschaft der reinen Schau in der Vita contemplativa bedarf, um selbst vollkommen zu werden. Entscheidend ist dabei der Gesichtspunkt der *Subsidiarität*: der auch ein wesentliches Merkmal der katholischen Soziallehre war und ist: dass die verschiedenen Glieder des sozialen Köpers ineinandergreifen und das, was auf einer kleineren Ebene geleistet werden kann, auch auf ihr verbleiben sollte. Dies gehörte zu den Selbstverpflichtungen des Maastricht-Vertrags. Man merkt dem heutigen EU-Europa an, dass dieser Grundsatz verletzt wurde und dass dies Folgen hat.

Muse und Arbeit bilden also einen Gegenhalt, in dem niemals die eine Seite die andere gänzlich überwiegen darf. Für die antike politische Philosophie war es eindeutig, die Oikonomia der Sphäre des Politischen zu unterstellen. Die Sphäre des Ökonomischen gehörte in Haus und Hof und damit ins Private, auch wenn sich die Eigenständigkeit der Privatsphäre erst in der verstärkten rechtlichen Kodifizierung der Neuzeit durchsetzt. Wer sich nur darum kümmerte, galt als Idiotos oder Banause.

In der Konsequenz gründete Papst Benedikt XVI. im Sinne seines Pontifikates Arbeit und Ökonomie insgesamt ontologisch auf das Fundament der Liebe. „Liebe in der Wahrheit" als Gesicht Christi ist die Mitte. Gerechtigkeit erhält von hier her ihr Licht: Sie ist gleichsam der erste Weg der Liebe und ihr Mindestmaß. Hinzu gehört auch die Achtung des Menschen in einer Weise, die nicht gänzlich der Technik überantwortet werden darf.

Es dürfte keinen Bereich der gegenwärtigen Gesellschaft geben, der vom Sog der Globalisierung ausgenommen ist. Jedenfalls gilt dies, insofern ein gesellschaftlicher Bereich eine gewisse Relevanz erreicht. Dies gilt auch für Sphären, die wir bislang mit der Globalisierung kaum in Verbindung bringen, wie der Sozial- und Bildungspolitik.

Dies nötigt zu einer Analyse der globalen Welt, die nichts mit ideologischer Verklärung und ebenso wenig mit nostalgischen Rückblicken in eine Welt von gestern zu tun hat, in die wir nicht zurückgelangen werden, auch wenn wir uns das wünschten. Offensichtlich ist auch, dass die globale Welt keineswegs Win-Win-Situationen hervorbringt, sondern dass sie Gewinner und Verlierer kennt, wobei es offensichtlich ist, dass die Teilhabe an Kapital und Wissen zum ersten disponiert, fehlende Teilhabe aber oftmals zum zweiten tendieren lässt.

Recht eindeutig sprechen die Fakten dafür, dass in den frühindustrialisierten Ländern ein Einkommenssog nach unten einsetzen wird. Verteilungskämpfe werden sich immens verstärken. Kann auch dann, wenn die überdehnten Sozialsysteme weiter erodieren und am Ende brechen sollten, in der westlichen Welt das Regelwerk der Demokratien Bestand haben? Diese Frage ist nicht beantwortet, sie ist in der öffentlichen Debatte noch nicht einmal explizit gestellt. Sie führt an das Grundlegungsproblem neuzeitlicher Rechtstaatlichkeit und die Überlebenskraft der Demokratie heran. Die Antwort, die sich faktisch zeigt, ist hingegen Zeichen einer großen Verdrängung. Meinhard Miegel wirft die Frage auf, ob die frühindustrialisierten Staaten nicht in ein Führungsvakuum eintreten; und längst schon nicht mehr eigentlich geführt, sondern nur mehr moderiert würden. Zumindest für Deutschland ist es zutreffend, wenn Miegel bemerkt: „Die frühindustrialisierten Staaten streben – von Ausnahmen abgesehen – keine Ziele mehr an, sondern sie werden wie Autoscooter durch den Zusammenstoß mit Bande und anderen Scootern wieder in irgendeine Richtung gedrängt".

Obwohl sich gegenläufige Anzeichen mehren, ist die Welt auch in ökonomischer Hinsicht noch immer auf Europa und Amerika zentriert. Eine schleichende, aber doch unverkennbare Verschiebung ist allerdings schon in vollem Gange. Dass China mit dem Jahr 2011 Deutschland definitiv als ‚Exportweltmeister' abgelöst hat, ist ein Indikator. Im Zuge der Wirtschaftskrise verstärkten sich wieder alte Debatten um eine bevorstehende Implosion Chinas. Sie würde gravierende tektonische Verschiebungen nach sich ziehen. Der zu erwartende weitergehende Aufstieg des nicht-regulierten chinesischen und pazifischen Raumes wird allerdings auch ohne ein solches Katastrophenszenario weitreichende Folgen haben.

Veränderte ökonomische Hegemonien lassen Folgen für die Rechtsverhältnisse, die Kultur- und das Menschenbild erwarten, und dies umso mehr, als die Globalisierung eine Vereinheitlichung und Unifizierung der Lebens- und Arbeitsverhältnisse rund um den blauen Planeten mit sich gebracht hat, für die es keine Präzedenzen in der Weltgeschichte gibt. Es gibt längst schon Anzeichen globaler Hysterie, eines Wahnes, der an Thomas Manns Diagnose der ‚großen Gereiztheit' und des großen Stumpfsinns am Ende des ‚Zauberberg' mit der Beschreibung der Lage am Vorabend des Ersten Weltkriegs erinnert.

Dies bringt eine große, so vorher nicht gekannte Verletzlichkeit der ONE-WORLD mit sich. Doch auch Fehlentwicklungen werden größte Folgen nach sich ziehen.

Eine tiefer liegende Identität, ein differenziertes Immunsystem der Gesellschaften und Einzelkulturen sind unerlässlich, um sich in dieser flutenden, Dämme brechenden Zeit nicht zu verlieren.

Rekurs 2: Ordoliberalismus

Angesichts der drängenden Zeitumstände dürfte es keineswegs ein Luxus sein, sich einige Grundzüge der klassisch neo-liberalen Wirtschafts- und Sozialordnung vor Augen zu führen. Sie ging davon aus, dass eine Rahmen setzende Ordnungspolitik des Staates unerlässlich ist, dass man aber nicht dem Irrtum erliegen dürfe, er sei der bessere Unternehmer. Dieser Grundsatz folgt der klassischen Lehre von Adam Smith, die gerade festhält, dass der Markt nicht die Lösung aller möglichen Probleme sein kann. Deshalb ist es staatliche Aufgabe, öffentliche Güter, Infrastruktur, Bildung, Rechtssicherheit u.ä. bereitzustellen.

Die Definition durch Müller-Armack zeigt diese Form von Gewaltentrennung in eindrucksvoller Weise: „Soziale Marktwirtschaft ist überall dort, wo man sich den Kräften des Marktes anvertraut und versucht, alle vom Staate, von den sozialen Gruppen anzustrebenden Ziele in dem Doppelaspekt einer freien Ordnung und einer sozialgerechten und gesellschaftlich-humanen Lebensordnung zu verwirklichen". Als in den letzten Jahren des Zweiten Weltkrieges, von dem Fokus des Bonhoeffer-Kreises in Freiburg im Breisgau, aber auch vom Kloster Walberberg aus die soziale Marktwirtschaft Gestalt gewann, gab es dabei durchaus unterschiedliche Akzente. Doch die Grundzüge waren klar. Sie nämlich begrenzen sich nicht auf den Bereich des ökonomisch Technischen, sondern der Ethik. Dazu gehört:

1. Freiheit des Marktes unter Beachtung von Leistungswettbewerb und der Souveränität der Konsumenten. Wettbewerb ist dabei nicht nur ein Instrument zur Einschränkung staatlicher Macht über die Märkte, sondern auch von explodierenden Marktmächten selbst.

2. Die Berücksichtigung sozialer Gerechtigkeit: Nicht durch Umverteilung, sondern zentral dadurch, dass Vollbeschäftigung anzustreben ist. In der globalen Welt scheint dieses Ziel in weite Ferne gerückt. Arbeit ohne Kapital, Kapital ohne Arbeit wird denkbar. Dennoch sollte man von der Zielsetzung einer weitgehend ökonomischen Partizipation nicht zu früh abweichen. Sie hat nicht nur sozialpolitische Bedeutung. Entscheidend ist sie auch für das freie Selbstverständnis des Bürgers, seine Unabhängigkeit von staatlicher Transferzahlung.

3. Die soziale Marktwirtschaft hält fest, dass ihre Erfolgsbedingungen auch in den Bereich jenseits von Angebot und Nachfrage verweisen, ganz im Sinne von Röpkes Formel. Röpke selbst wird das Bonmot zugeschrieben, er wolle lieber ein Handwerker in der Schweiz sein als ein Broker an der Wallstreet. Alexander Rüstow formulierte aus ähnlichem Geist: „Wir sind der Meinung, dass es unendlich viele Dinge gibt, die wichtiger sind als Wirtschaft: Familie, Gemeinwohl, Staat, alle sozialen Integrationsformen überhaupt bis hinauf zur Menschlichkeit, ferner das Religiöse, das Ethische, das Ästhetische, kurz gesagt: Das Menschliche und Kulturelle überhaupt... . Für sie muss die Wirtschaft den Boden bereiten: Wenn die Wirtschaft nicht dafür sorgt, dass die materiellen Grundlagen eines menschenwürdigen Lebens gegeben sind, können alle diese Dinge sich nicht entfalten“. Wettbewerbsordnung wird dabei als Gleichgewichtsordnung verstanden. Mittel und Zweck sind klar unterschieden.

Konstitutiv sind dabei Preisstabilität, Offenheit der Märkte, Vorhersehbarkeit und Stetigkeit der Wirtschaftspolitik. Hinsichtlich der staatlichen Rahmenbedingungen weisen es die klassischen Ordo-Liberalen dem Staat zu, die Einflüsse und Einflüsterungen von Macht- und Interessengruppen zu begrenzen. Der Staat nimmt also nur seine alte neuzeitliche Aufgabe des Schiedsrichters (arbiter) ein. Und vor allem hat er die Macht von Interessengruppen zu begrenzen. Dies bedeutet auch, dass in jedem Fall die Ordnungs- vor der Eingriffspolitik den Vorrang haben muss.

Diese Prinzipien dürften grundsätzlich noch immer relevant sein. Sie sind aber auf die globale Situation hin zu übersetzen. Daran, inwieweit dies gelingt, entscheidet sich auch, inwieweit diese Welt noch ein europäisches Gesicht hat.

Jene ordoliberale Konzeption gilt es als ein wesentliches Erbe Europas festzuhalten. Lord Acton, ein gläubiger Katholik, formuliert: „Die christliche Vorstellung vom Gewissen fordert zwingend ein entsprechendes Ausmaß an persönlicher Freiheit [...]. Die Kirche darf keine Regierungsform dulden, in welcher dies nicht beachtet wird. Sie ist der unversöhnliche Feind des Staatsdespotismus, welchen Namen oder welche Form dieser auch immer annehmen mag". Und dann: gegen den Erziehungsstaat, der uns immer wieder – auch familienpolitisch – heute nahegelegt wird: „Die Menschen können vom Staat nicht ‚gut' gemacht, aber sehr leicht ‚schlecht' gemacht werden. Moralität bedingt Freiheit".

Dies kann in concreto nur bedeuten, dass wir wirtschaftsethisch die Skylla des Staatsinterventionismus und auch eine latente Neigung zum Sozialismus hinter uns lassen müssen. Zutreffend hat Arnold Gehlen in seiner Schrift ‚Moral und Hypermoral' bemerkt: „Diese Religion wurde [...] immer ausschließlicher bloß humanitär, und die Säkularisation großen Stils verläuft heute nicht mehr über die Verführungen der Weltlichkeit, sondern über die Moral und das Soziale". Umgekehrt sehen wir aber auch eine Hypertrophie der Gier, die Charybdis, vor uns, die keineswegs der Haushalterschaft des Menschen entspricht.

Zum Ende: Meine Damen und Herren, Nicht das Marktversagen, sondern viel stärker ein Staatsversagen trägt die gegenwärtige Krise. Es kommt im Sinn des Ordoliberalismus darauf an, dass der Staat sich in seiner rahmensetzenden Kraft versteht, dass er ökonomisches Handeln nicht durch Steuerlasten unmöglich macht oder doch bis ins Unerträgliche erschwert, sondern ihm die besten möglichen Rahmenbedingungen schafft. Ein starker Staat wird sich in der Begrenzung auf seine Kernaufgaben definieren. Demgegenüber zeichnet sich ein schwacher Staat durch Hypertrophie und Grenzüberschreitungen aus.

Politik sollte sich die Fähigkeit zu sachgerechten Entscheidungen und die staatlichen Instanzen die Unabhängigkeit einer Rahmen setzenden Politik wieder erwerben. Kontinuum und nicht Bastardökonomie. Davon wird in dieser komplexen und schwierigen Weltlage viel abhängen.

Höher, schneller, weiter – die Erschöpfung eines Paradigmas

Meinhard Miegel

Dass Bäume nicht in den Himmel wachsen, dürfte zu den frühesten Erkenntnissen der Menschen gehören. Zugleich dürften sie auch erkannt haben, dass ein Baum, der aufgehört hat, höher und breiter zu werden, damit nicht tot ist. Vielmehr kann er noch lange Zeit am Leben teilnehmen. In gewisser Weise ist dies sogar der Normalzustand, während die Wachstumsphase so etwas wie eine Vorbereitungszeit ist. Und was für Bäume gilt, gilt für praktisch alles Leben. Anfangs expandiert es mit ungeheurer Geschwindigkeit, dann expandiert es immer langsamer und schließlich kommt die Expansion (nicht das Leben!) zum Stillstand.

Menschen früherer Epochen, die in und mit der Natur lebten, waren mit diesem Phänomen bestens vertraut. Es blieb unserer Zeit vorbehalten, ein Denk- und Handlungsmuster zu entwickeln, dessen Grundlage ein ständiges Höher, Schneller und Weiter ist, immerwährende Expansion. Dass ein solches Muster in einer endlichen Welt, besiedelt von endlichen Wesen, keinen Bestand haben kann, müsste sich eigentlich genauso unmittelbar erschließen wie die Einsicht, dass Bäume nicht in den Himmel wachsen. Aber viele namentlich in unserem Kulturkreis tun sich schwer, sich und anderen einzugestehen: Wachstum ist endlich, auch wenn das Leben weitergeht.

Höher, schneller, weiter – hiervon sind alle großen Sport- (und nicht nur Sport-) Wettkämpfe geprägt. Höher zu springen, schneller zu laufen und die Kugel weiter zu stoßen als die Wettbewerber und wenn irgend möglich als jemals ein Mensch zuvor – das ist noch immer das von allen angestrebte Ziel. Und bislang wurde dieses Ziel auch immer wieder erreicht. Im Großen und Ganzen erhöhte sich die Leistungskurve ständig. Doch kann/darf hieraus gefolgert werden, dass dies immer so weitergehen wird?

Klar denkende Menschen halten dies zusammen mit Sachverständigen für höchst zweifelhaft. Mehr noch, sie glauben, dass die Möglichkeiten, die Leistungsfähigkeit des menschlichen Körpers durch natürliche Mittel zu steigern, längst ausgereizt sind und bei Veranstaltungen wie diesen in Wahrheit nicht mehr Sportler, sondern Laboratorien unterschiedlicher Art und Güte gegeneinander antreten. Für eine Weile mag das große Publikum hieran Gefallen finden. Aber wie beispielsweise der Radsport zeigt, wendet es sich dann doch eines Tages mehr oder minder angewidert ab. Eine Droge zu bestaunen und ihr zu applaudieren, wird ihm auf Dauer langweilig. Und was dann?

Was soll diese Vorbemerkung? Sie soll verdeutlichen, dass sich alle Systeme, Einrichtungen und Entwicklungstrends irgendwann erschöpfen und in der Regel tritt diese Erschöpfung umso schneller ein, je erfolgreicher die jeweiligen Systeme, Einrichtungen und Entwicklungstrends sind. Überflieger sind nicht selten die Gefährdetsten.

Wer aber sind Überflieger? Zum Beispiel wir. Seit reichlich 200 Jahren leben wir in Gemeinwesen, deren Entwicklung immer nur eine Richtung kennt: aufwärts. Mehr Menschen, vor allem aber mehr Güter, mehr materieller Wohlstand und mehr Lebenszufriedenheit.

Bei Beginn der Industrialisierung um 1800 wurden in Deutschland pro Kopf der Bevölkerung über den Markt etwa fünf Prozent der heutigen Güter- und Dienstemenge erwirtschaftet. 100 Jahre später waren es etwa zehn Prozent und 1950 knapp zwanzig Prozent. Hinzu kamen jeweils die außerhalb des Marktes, z.B. in Hausarbeit erwirtschafteten Güter- und Dienstemengen. Um 1800 waren diese schätzungsweise ebenso groß wie die auf dem Markt erwirtschafteten; um 1900 lagen sie bei ungefähr 70 und heute bei 40 Prozent. Das aber heißt: seit 1800 hat sich die Güter- und Dienstemenge vervierzehnfacht, seit 1900 mehr als verachtfacht.

Etwas auch nur annähernd Ähnliches hatte es in der vorangegangenen Menschheitsgeschichte noch nie gegeben. Was Wunder, dass dies seit Anbruch der Moderne die unhinterfragte und beinahe sakrosankte Dreifaltigkeit war: Wirtschaftswachstum, das materiellen Wohlstand und materieller Wohlstand, der Lebenszufriedenheit, ja Lebensglück schafft. Nur ein paar Narren mochten dies in Zweifel ziehen. Für die übergroße Mehrheit stand fest: Wachstum, Wohlstand und Lebenszufriedenheit – diese drei. Das war eine der unerschütterlichen Gewissheiten und recht betrachtet war es sogar die Unerschütterlichste. Umso dramatischer ist es, wenn diese Gewissheit jetzt bröckelt und in Teilen bereits zerfallen ist.

Dieser Zerfall begann in den industrialisierten Ländern bereits in den frühen 1970er Jahren, als zum Beispiel in Deutschland mit einem Pro-Kopf-BIP von rund 15.000 € (im Geldwert von heute) etwa halb so viel erwirtschaftet wurde wie jetzt.

Bis dahin hatten sich BIP und Lebenszufriedenheit auffallend parallel entwickelt oder genauer: Das BIP zog die Lebenszufriedenheit hinter sich her. Doch von nun an wuchs das BIP immer weiter, während der Zufriedenheitspegel in Deutschland (und vielen anderen Ländern) sich kaum noch veränderte. Weder stieg der Grad der Zufriedenheit noch veränderte sich der Anteil der Zufriedenen. Er stagnierte bei 50 bis 60 Prozent. Das heißt nicht, dass Menschen nicht mehr empfänglich gewesen wären für materielle Güter oder z.B. Gehaltserhöhungen. Aber sie wurden und werden durch sie nicht dauerhaft zufriedener.

Seitdem ist das gleiche Phänomen in vielen Ländern beobachtet und wissenschaftlich untersucht worden. Bei einem bestimmten materiellen Wohlstandsniveau, das regions- und kulturabhängig ist, entkoppeln sich materieller Wohlstand und Lebenszufriedenheit.

Und fragt man die Unzufriedenen nach den Ursachen ihrer Unzufriedenheit, dann ist die Antwort zumeist nicht: Weil wir nicht genug haben, sondern weil andere mehr haben als wir. Wir wollen nicht mehr, wir wollen Gerechtigkeit. Damit ist aus der Zufriedenheitsquelle materiellen Wohlstands zumindest in den früh industrialisierten Ländern eine potentielle Unzufriedenheitsquelle geworden.

Viele sind klug genug, das zu sehen und den Konsequenzen vorzubeugen. Nur noch eine (schrumpfende) Minderheit sieht ihre Lebenszufriedenheit primär in Abhängigkeit von materiellem Wohlstand. Viel wichtiger sind für die meisten (abgesehen von Gesundheit) intakte Beziehungen, eine interessante (Lebens-)Aufgabe, gute Freunde – aber dann auch scheinbar ferner Liegendes wie Rücksichtnahme und Achtsamkeit. Durchgängig bedeutsam ist allerdings Sicherheit: lieber etwas weniger, das aber verlässlich.

Die meisten sind mit den irdischen Gütern, die sie haben, zufrieden. Größeren materiellen Besitz wollten – einer repräsentativen Untersuchung zufolge – von den 16- bis 29-Jährigen 64 Prozent, von den 30- bis 44-Jährigen 33 Prozent, von den 45- bis 59-Jährigen 21 Prozent und von den über 59-Jährigen vier Prozent.

Und die Armen? Die Frage nach den Armen ist regional und global ein Dauerbrenner, dessen Behandlung in einem Land wie Deutschland jedoch weitgehend unproduktiv ist. Was sind die Fakten? Seit 1950 hat sich in diesem Land die real erwirtschaftete Güter- und Dienstemenge pro Kopf der Bevölkerung versechsfacht, die der Armen ist auf das 5,3fache gestiegen. Das ist zwar keine identische Entwicklung, aber eine doch recht synchrone. Das Problem unserer Armutsdebatte besteht nicht zuletzt darin, dass Armut hierzulande ausschließlich relativ definiert wird. Wer nicht mindestens sechzig Prozent des Durchschnittseinkommens hat, gilt als arm. Modelltheoretisch heißt das: Würden die 100 reichsten Deutschen samt ihrer Habe das Land verlassen, würde sich der Anteil Armer schlagartig verringern. Anders gewendet: In wohlhabenden Ländern gibt es nur eine Form der Armutsbekämpfung und das ist größere materielle Gleichheit. Was erklärte doch eine Sozialgeldempfängerin dem Sozialdezernenten der Stadt München: „Ich habe alles, was ich brauche. Aber andere haben so viel mehr. Und das ist für mich schwierig“.

Aber nicht nur materielle Wohlstandsmehrung und Lebenszufriedenheit gingen seit den 1970er Jahren getrennte Wege, nämlich Anstieg des Bruttosozialprodukts bei stagnierender Lebenszufriedenheit. Auch die Verbindung zwischen Wirtschaftswachstum und materieller Wohlstandsmehrung lockerte sich und zerbrach schließlich ganz. Der Grund: Die durch das Wirtschaftswachstum verursachten Schäden waren unübersehbar geworden. 1975 überschritt das Wirtschaften der Weltbevölkerung erstmals die Biokapazität der Erde.

Zur Zeit zerfällt die Weltbevölkerung in recht genau zwei Hälften, die eine Hälfte produziert und konsumiert (weit) außerhalb der ökologischen Tragfähigkeitsgrenzen der Erde und untergräbt damit nicht nur die Grundlagen ihrer bisherigen wirtschaftlichen Erfolge, sondern die Lebensgrundlagen von Pflanzen, Tier und Mensch überhaupt, die andere Hälfte aber produziert und konsumiert innerhalb dieser Grenzen.

Diese Grenzen werden (im wesentlichen) markiert von

- der Substituierbarkeit nicht erneuerbarer Ressourcen
- der Reproduktionskapazität erneuerbarer Ressourcen
- der regionalen und globalen Absorptionsfähigkeit der Umwelt für Schadstoffe jedweder Art und
- der physischen, psychischen und sozialen Belastbarkeit von Individuen und Gesellschaften.

Zur ersten Hälfte zählen die wirtschaftlich Prosperierenden (1,2 Mrd.) sowie die wirtschaftlich Aufstrebenden (2,5 Mrd.)

Die zweite Hälfte besteht weitgehend aus den wirtschaftlich Schwachen, deren materielle Bedingungen sich zwar ebenfalls verbessert haben, deren Leben aber noch immer im Vergleich zu den wirtschaftlich Prosperierenden in den Worten von Thomas Hobbes „miserabel, brutish and short“ sind.

Ganz generell lässt sich sagen, dass Milliarden von Menschen zu größerer materieller Wohlhabenheit drängen. Das bedeutet allerdings beim gegenwärtigen Wissens- und Könnensstand, dass immer mehr die Tragfähigkeitsgrenzen der Erde durchbrechen. Verstärkt wird dieser Trend durch die starke Zunahme der Zahl der Menschen.

Die Folge: 1960 beanspruchte die damalige Weltbevölkerung erst knapp zwei Drittel der globalen Biokapazität. 1975 waren es bereits 100 Prozent, heute sind es reichlich 150 Prozent, 2030 werden es voraussichtlich 200 Prozent sein und 2050 280 Prozent. Das heißt, ein Drittel der derzeitigen Güter- und Dienstemenge beruht schon heute auf Raubbau. In wenigen Jahren – 2030 – wird es die Hälfte sein.

Aber nicht nur die Biokapazität wird überfordert. Weiter stark ansteigend ist auch – trotz allen technischen Fortschritts – der Pro-Kopf-Verbrauch an nicht erneuerbaren Ressourcen. Pro Kopf der Weltbevölkerung stieg der Pro-Kopf-Verbrauch bei fossilen Energieträgern um acht Prozent, bei Erzen um 30 Prozent, bei Mineralien für den Bau um 90 Prozent und insgesamt um 25 Prozent. Da sich in diesem Zeitraum zugleich die Weltbevölkerung annähernd verdoppelt hat, erhöhte sich der Mehrverbrauch an nicht erneuerbaren Ressourcen um knapp 150 Prozent. Zwar hat im gleichen Zeitraum der Ressourcenverbrauch dank technischen Fortschritts pro BIP-Einheit um etwa ein Drittel abgenommen. Aber dieser Rückgang wurde weit überkompensiert durch das Wachstum des Bruttoinlandsprodukts pro Kopf und der Bevölkerungszunahme insgesamt.

Unsere engere und fernere Verwandtschaft spiegelt diese Entwicklung wider. Während die Menschheit an Zahl wächst und ihren materiellen Wohlstand – scheinbar – mehrt, hat sich die Artenvielfalt seit 1970 um rund ein Drittel verringert. „The Winner", das sind in diesem Fall wir Menschen, „takes it all". Dabei sind die „Winner" höchst ungleich über den Globus verteilt. Wirtschaftete die Weltbevölkerung wie die Nordamerikaner, dann läge der globale Verbrauch nicht bei 1,5, sondern bei 4,4 Globen; wirtschaftete sie wie wir Europäer benötigte sie 2,6 Globen und wirtschaftete sie wie die Bevölkerung Asiens dann wäre es immer noch reichlich ein Globus.

Und was erwirtschaftet die Weltbevölkerung – wiederum regional höchst unterschiedlich – auf diese Weise? 2013 lag das Weltsozialprodukt bei 74 Billionen U$. Das entsprach 57 Billionen Euro. Zu dieser Wertschöpfung innerhalb des Marktes kommt die Wertschöpfung außerhalb des Marktes. Sie lag – regional wiederum höchst unterschiedlich – bei schätzungsweise noch einmal 57 Billionen Euro. Das ergibt eine Wertschöpfung von insgesamt 114 Billionen Euro. Zieht man von diesem Betrag 30 Prozent für Investitionen und Ähnliches ab, verbleiben rund 80 Billionen Euro, was bei einer Weltbevölkerung von 7,2 Milliarden Menschen einen Betrag von 11.111 Euro pro Kopf und Jahr entspricht oder 926 Euro pro Kopf und Monat. Das klingt zunächst nicht schlecht. Aber noch einmal: Um innerhalb und außerhalb des Marktes Güter und Dienste im Wert von 926 Euro pro Kopf und Monat zu erwirtschaften, wird die Biokapazität von 1,5 Globen beansprucht, was dauerhaft nicht möglich ist.

Hätte die Weltbevölkerung die Tragfähigkeitsgrenzen der Erde respektiert, würde sie bei ihrem derzeitigen Wissens- und Könnensstand nur reichlich 600 € pro Kopf und Monat (617 €) erwirtschaften – die einen mehr, die anderen weniger. Was darüber hinausgeht, ist das Ergebnis ungleicher Verteilung (möglicher- aber keineswegs notwendigerweise) bedingt durch unterschiedliche Produktivität und Raubbau an Natur und Mensch.

Dabei marschieren die Völker der früh industrialisierten Länder weit an der Spitze der Bewegung. Durch eine Vielzahl glücklicher Umstände haben sie es vermocht, sich die Früchte von Raubbau und globaler Verteilung weit überproportional zukommen zu lassen. Sie sind – wenn auch nicht mehr so unangefochten wie bislang – die einseitigen Nutznießer der Wirtschaftsentwicklung seit Beginn der Industrialisierung. Ein Indikator: In diesen Gesellschaften gibt es keine existentiell Armen mehr.

Wo stehen wir damit in den früh industrialisierten Ländern? Unser materieller Wohlstand – wie immer verteilt – steht auf dünnem Eis. Er gründet nicht (wie wir uns oft schmeicheln) in erster Linie auf unserem Einfalls- und Ideenreichtum, unserer Leistungsbereitschaft und unseren besonderen Qualifikationen sowie unserer Arbeitsamkeit, sondern auf einer historisch beispiellosen Überbeanspruchung von Natur, Umwelt und Mensch (hielten wir uns in Deutschland und Europa innerhalb der Tragfähigkeitsgrenzen der Erde, würden schätzungsweise 40 Prozent der heutigen Güter- und Dienstemenge erwirtschaftet werden) sowie einem uns noch immer extrem begünstigenden Verteilungsschlüssel.

Doch Natur, Umwelt und Mensch lassen sich nicht auf Dauer überbeanspruchen. Sie schlagen zurück oder klinken sich aus und der Verteilungsschlüssel wird korrigiert werden, korrigiert werden müssen. Denn eine deutsche Mindestlohnempfängerin ist nicht mehr wert als 30 hart arbeitende kenianische Teepflückerinnen.

Die Folge der anstehenden Korrekturen ist eine Stagnation des materiellen Wohlstands in den früh industrialisierten Ländern und auf mittlere Sicht sogar eine Schrumpfung. Dieser Prozess hat bereits begonnen und wird sich künftig aller Voraussicht nach weiter beschleunigen. So lagen die Wachstumsraten in der EU-15 in den fünfziger Jahren bei annähernd fünf Prozent, in den 1960er Jahren bei knapp vier Prozent, in den 1970er Jahren bei 2,6 Prozent, in den 1980er Jahren bei 2,2 Prozent, in den 1990er Jahren bei 1,6 Prozent und im ersten Jahrzehnt dieses Jahrhunderts bei 0,7 Prozent. Im laufenden Jahrzehnt wird das Wachstum in der EU-15 voraussichtlich bei nur noch 0,4 bis 0,5 Prozent liegen. Dabei sind nicht nur die relativen Wachstumsraten geschrumpft, auch absoluten Zuwächse sind fortlaufend zurückgegangen.

Versuche der Politik, diesen Trend zu stoppen oder gar zu wenden haben allenfalls Strohfeuer entfacht, sonst aber nur Schuldenberge erzeugt unter denen heute viele ächzen. Die Politik wollte gegen einen Trend „anregieren", der aus der Natur der Sache erwächst. Sie konnte damit nur scheitern und sie ist gescheitert.

Dabei gibt es nicht nur ein quantitatives, es gibt auch ein qualitatives Wachstumsproblem: Je länger, je mehr wird nämlich deutlich: wirtschaftliches Wachstum ist etwas höchst Ambivalentes. Es ist wie eine Arznei, deren primäre Wirkung das Befinden verbessert und unter Umständen sogar Leben rettet, die aber außerordentlich bedenkliche Neben- und Folgewirkungen hat, die sogar gesundheits- und lebenszerstörend sein können.

Jeder halbwegs verantwortungsvolle Arzt wird deshalb nur dann zu solchen Mitteln greifen, wenn es unbedingt erforderlich ist. Aber er wird davon Abstand nehmen, wenn der Patient nicht mehr unbedingt auf sie angewiesen ist. Milliarden von Menschen benötigen Wachstum für Nahrung, einem Dach über dem Kopf, Zugang zu medizinischen Einrichtungen oder Bildungsangeboten. Doch wer in den wohlhabendsten Ländern der Welt noch immer Wachstum, d.h. die Binnennachfrage und den Export anzukurbeln versucht, rennt nicht nur gegen sehr stabile Trends an. Zugleich läuft er Gefahr, Lebensgrundlagen nicht nur, aber auch des Menschen zu beeinträchtigen. Wie erklärte die Bundeskanzlerin in ihrer Regierungserklärung vom 10. November 2009? „Es entscheidet sich, ob wir insgesamt eine Art des Wirtschaftens finden, die nicht mit den Grundlagen ihres eigenen Erfolgs Raubbau treibt, oder ob wir es eben doch tun. Es entscheidet sich, welche Zukunft unser Planet und damit wir, die wir diesen Planeten bewohnen, haben."

Ist das also die Alternative, die die Menschheit hat: Elende, viehische und kurze Leben zu leben oder die Welt so lange auszubeuten, bis es nichts mehr auszubeuten gibt? Was ist der Befund?

Wie soeben festgestellt, vermag die Menschheit

- innerhalb der Tragfähigkeitsgrenzen der Erde
- bei ihrem derzeitigen Wissens- und Könnensstand
- bei völliger Gleichverteilung

innerhalb und außerhalb des Marktes pro Kopf der Weltbevölkerung monatlich Güter und Dienste im Werte von reichlich 600 € zu erwirtschaften.

Das ist im Vergleich zur vorindustriellen Periode für achtmal so viele Menschen pro Kopf die dreifache Güter- und Dienstemenge. Das ist spektakulär und historisch beispiellos. Aber: die Mehrheit der Weltbevölkerung hat nur an der Bevölkerungszunahme partizipiert, kaum an der Zunahme der Güter- und Dienstemenge. Umso stärker profitierten und profitieren wir, die Völker der früh industrialisierten Ländern. Uns steht reichlich das Vierfache des globalen Durchschnitts zur Verfügung.

Voraussetzungen hierfür sind:

- eine seit Jahrhunderten extreme Ungleichverteilung der globalen Ressourcen und Umweltpotentiale. Heute beansprucht ein Prozent der Weltbevölkerung 60 Prozent der auf dem Markt erwirtschafteten Güter und Dienste und zugleich verursacht dieses eine Prozent einen entsprechenden Anteil am Weltdreck. Dem wohlhabendsten Fünftel stehen 83 Prozent der globalen Güter- und Dienstemenge zur Verfügung, den dann folgenden drei Fünfteln 16 Prozent und dem wirtschaftlich schwächsten Fünftel nur noch reichlich ein Prozent. Eine derartige Ungleichheit ist in einer transparenten Welt dauerhaft nicht aufrecht zu erhalten.

- haben wir, die Völker der früh industrialisierten Länder, noch immer einen zumindest relativen Wissens-, Könnens- und Organisationsvorsprung. Aber diese Vorsprünge schmelzen. Immer mehr Völker schließen auf und für die Völker der früh industrialisierten Länder wird es schwierig, die Vorsprünge zu halten.

- die fortdauernde Überschreitung der Tragfähigkeitsgrenzen der Erde. Zwar bemühen sich die Völker der früh industrialisierten Länder durch Innovationen und veränderte Lebensstile diese Verletzungen zu vermindern. Doch hiermit sind sie nur bedingt erfolgreich. Noch tragen auch sie dazu bei, dass sich die Lebensgrundlagen der Menschen weiter verschlechtern. Und ihre Bereitschaft, hieran etwas Grundsätzliches zu ändern, hält sich in Grenzen. Spürbare Abstriche an dem Erreichten erscheinen den meisten weder hinnehm- noch zumutbar. Wie sagte doch der amerikanische Präsident Bush jun.: „Vergeudung gehört zur amerikanischen Lebensart, die wir uns von niemandem nehmen lassen“.

- waren und sind die Völker der früh industrialisierten Länder Nutznießer einer für sie sehr günstigen Bevölkerungsentwicklung. Bislang gab es viele, in der Regel hoch qualifizierte Produzenten bei vergleichsweise wenigen Konsumenten. Doch jetzt nimmt die Zahl von Produzenten in den früh industrialisierten Ländern ab, während sich die Zahl von „Nur-Konsumenten“, insbesondere im alten Bevölkerungsteil, zügig erhöht. An dieser Entwicklung können Zuwandererströme nichts Grundlegendes ändern. Und schließlich

- die höchst asymmetrische Bewertung von Gütern und Leistungen. Noch befinden sich Länder wie Deutschland in einer Art Schutzzone. Aber wie lange wird dies noch dauern? Die meisten anderen der einst Großen erfahren gerade leidvoll, dass sie von Dritten immer nüchterner eingeschätzt werden, was auf mittlere Sicht zu einer realistischeren Bewertung ihrer Güter und Dienste führen wird.

Das aber heißt, die Voraussetzungen für den weit überdurchschnittlichen Wohlstand in den früh industrialisierten Ländern schwinden.

Wie reagieren Menschen auf eine solche Herausforderung, auf das Ende des ihnen vertrauten und von ihnen tief verinnerlichten Systems? Wie die Geschichte lehrt, versuchen sie, derartige Veränderungen so lange es irgend geht, zu verdrängen. Das ist auch heute so. Im Großen und Ganzen lässt sich die heutige Gesellschaft in früh industrialisierten Ländern in sechs Gruppen unterteilen:

- Die ganze Ressourcen- und Umweltdebatte ist eine Gespensterschlacht, inszeniert von Hysterikern und Geschäftemachern, die hieran Geld verdienen (Wissenschaftler, Politiker, Unternehmer). Vertreter dieser Position befinden sich in allen Schichten der Gesellschaft.
- Zwar gibt es Probleme, aber sie werden maßlos übertrieben. Die dem Menschen inne wohnenden Anpassungsfähigkeiten genügen, um mit ihnen fertig zu werden. Schlussendlich kann und wird der Markt es richten.
- Die Tragekapazität der Erde ist noch längst nicht erschöpft. Noch ist „genug für alle da“.
- Die Tragfähigkeitsgrenzen der Erde sind in Sichtweite gerückt. Aber sie lassen sich mit Hilfe technischer Innovationen noch für geraume Zeit hinausschieben. Auf absehbare Zeit besteht kein Anlass zu wirklicher Besorgnis.
- Nur mit großen Anstrengungen kann es noch gelingen, auf einen nachhaltigen Pfad einzuschwenken: innovative Durchbrüche, Verhaltensänderungen, veränderte (globale und binnengesellschaftliche) Verteilungsschlüssel. Voraussetzung: Tief greifende physische und psychische Veränderungen.
- Die Menschheit hat es versäumt, aus dem Zug auszusteigen, der geradewegs auf einen Abgrund zurast. Doch bis es so weit ist (noch in diesem Jahrhundert) fährt es sich ganz bequem. Meadows: Vergesst Nachhaltigkeit, dafür ist es zu spät. Wir können nur noch unsere Anpassungs- und Widerstandskräfte (Recilence) verbessern, um das, was uns bevorsteht, etwas besser durchleiden zu können.

Der britische Wissenschaftler James Lovelock erklärt hierzu lapidar: Das Kind liegt bereits im Brunnen. Das ganze Problem wird sich von sich aus bereinigen. Denn am Ende dieses Jahrhunderts wird die Welt nicht von 10 Milliarden Menschen besiedelt sein, sondern vielleicht noch von einer Milliarde. Das 21. Jahrhundert wird das Jahrhundert des großen Sterbens.

Welche Strategiemöglichkeiten eröffnet das?
Wer sich nicht in das (schrumpfende) Lager der (Total-)Verdränger und auch nicht in das (wachsende) Lager der Fatalisten (es ist sowieso alles zu spät) schlagen will, kommt nicht umhin, unsere Lage nüchtern einzuschätzen und daraus einige folgenreiche Schlüsse zu ziehen:

Der westliche Lebensstil überfordert in seiner derzeitigen Erscheinungsform die natürlichen Versorgungs- und Entsorgungskapazitäten der Erde und darüber hinaus die Kapazitäten von Gesellschaft und Individuen. Denn er gründet auf finalem Verbrauch. Raubbau ist sein Wesenskern. Die Vorstellung, dieser Lebensstil gründe (weitestgehend) auf Innovationen, ist Selbstbetrug. Wirtschafteten alle Wohlhabenden innerhalb der Tragfähigkeitsgrenzen der Erde, würde deutlich, wie bescheiden ihr Fortschritt in den zurückliegenden 250 Jahren war. Ohne Raubbau könnten wir in einem Land wie Deutschland etwa 40 Prozent der heutigen Wertschöpfung erbringen. Das entspräche dem materiellen Wohlstandsniveau der 1960er Jahre.

Zwar können Innovationen zumindest theoretisch jegliche Übernutzung ausschließen und zugleich den natürlichen Wohlstand halten oder sogar steigern. Solche Innovationen gibt es und sie nehmen an Zahl zu. Aber niemand vermag zu sagen, ob sie künftig in der gebotenen Qualität, Quantität und Geschwindigkeit kommen werden. Bisher haben sie das nicht getan. Die großen Wachstumsschübe stammen auch heute noch oft aus archaischen Quellen, wie beispielsweise der Versechsfachung des Fleischverbrauchs in China. Soll sich hieran etwas ändern sind – ohne Erfolgsgarantie – tief greifende physische und psychische Veränderungen von Individuen und Gesellschaften erforderlich. Ihre über viele Generationen eingeübten Verhaltensmuster haben eine nicht-tragfähige (und damit nicht verallgemeinerungsfähige) Wirtschafts- und Sozialordnung hervorgebracht.

Die elementarste Schlussfolgerung ist: Soll uns unser Lebensstil nicht umbringen, müssen unser Wissen und Können sowie unsere materiellen Anforderungen wieder halbwegs zur Deckung gebracht werden. Davon sind wir heute weit entfernt. Realistischerweise heißt das: Für eine unbestimmte Zeit wird der materielle Lebensstandard der heute Wohlhabenden sinken. Im Grunde tut er das schon jetzt, nur wird dieser Befund bislang nach Kräften verdrängt. Oder umgekehrt: Seien wir uns darüber im Klaren, so gut wie heute wird es uns materiell so bald nicht wieder gehen.

Die Aufgabe von Politik, Wissenschaft und Medien ist es, diesen Erkenntnis- und Anpassungsprozess nicht immer wieder durch falsche Versprechungen und trügerische Hoffnungen zu konterkarieren. Die Bevölkerung hat einen Anspruch darauf, ehrlich gesagt zu bekommen, dass vorbehaltlich innovativer Durchbrüche nie dagewesener Größenordnung der materielle Wohlstand nicht länger durch Wirtschaftswachstum gemehrt oder auch nur erhalten werden wird.

Unter zwei Bedingungen wird sich die Bevölkerung schnell und weitgehend friktionsfrei an diese Veränderungen anpassen – der Abstieg erfolgt nicht zu schnell und betrifft alle. Eine zunehmende Spreizung von Vermögen und Einkommen ist bei einem wirtschaftlichen Abstieg sozial absolut unverträglich.

Der Rest ist Handwerk, Handreichungen und Vertrauen in die Natur des Menschen. Zum politischen Handwerk gehört die Aufrechterhaltung der Funktionsfähigkeit gesellschaftlicher Systeme wie dem Arbeitsmarkt, der sozialen Sicherungssysteme, den öffentlichen Haushalten und der Bildung.

Zu den Handreichungen gehört die Mobilisierung gesellschaftlicher Potentiale, die Förderung stärker immaterieller Lebensstile oder die Vermittlung von Kenntnissen und Fertigkeiten für immaterielle Lebensweisen.

Hinzu kommen muss eine Veränderung staatlicher Rahmenbedingungen, durch die der Verhaltenswandel beschleunigt wird, also Stärkung des bürgerschaftlichen Engagements, Abbau der staatlichen Förderung umweltschädlicher und materiell aufwändiger Wirtschafts- und Lebensweisen, Senkung des Ressourcenverbrauchs und nicht zuletzt eine Veränderung individuellen und kollektiven Bewusstseins.

Und schließlich Vertrauen in die Natur des Menschen. Bei einem Rückgang des materiellen Wohlstands werden die Menschen – gefördert durch einige Handreichungen – den Weg von der heutigen Konsum- zur künftigen Wohlstandskultur von ganz allein gehen. Sie werden Ballast abstoßen, Überflüssiges bei Seite lassen und ihre Bedürfnisse neu ordnen.

Was macht mich so optimistisch? Der bereits allenthalben zu beobachtende Bewusstseinswandel, der von der Konsum- zur Wohlstandskultur führt. Was ist mir wirklich wichtig? Was brauche ich wirklich? Eltern erkennen mitunter ihre Kinder kaum wieder.

Ich sehe ganz frohgemut in die Zukunft und empfinde die Umbrüche mit Erleichterung. Der lange gegangene Weg hat in eine Sackgasse geführt. Aber ich begegne immer mehr Menschen in allen Schichten, die das erkannt haben.

Höher, schneller, weiter? Wollen wir nicht existentiell verarmen, wird es gar nicht anders gehen. Nur wird die Frage nach dem Wohin anders beantwortet werden müssen als bislang: Weg vom fortwährend steigenden Einsatz natürlicher Ressourcen hin zu immateriellen Ressourcen. Oder: Ideen statt Geld.

In Krisen verändert sich unser Wirtschaftssystem. Wohin führt uns diese?

Bertram Schefold

A. Die Fragestellung

Das Wort „Krise" ist in Europa noch in aller Munde. Für manche Länder scheint sich die Lage noch fortwährend zu verschlimmern; es ist jedenfalls die Staatsschuldenkrise auch in Deutschland trotz der günstigeren Lage am Arbeitsmarkt nicht überwunden. Welche Reformansätze zu bleibenden Verbesserungen führen werden, können wir erst vermuten. Hat die Krise den Wohlstand fördernden Innovationen Raum verschafft – Ist die Energiewende ihr bestes Ergebnis? – werden neue Institutionen wie die Bankenunion Fuß fassen, hat sich unser Wirtschaftsverständnis vertieft, kann man gar von einem veränderten Denken sprechen, wenn viele eine wirtschaftsethische Wendung fordern? Unsere Antworten können nur vorläufige sein, aber dass die Fragen gestellt werden müssen, lehrt die Geschichte, wie wir zeigen wollen. Nach einer kurzen Rekapitulation der aktuellen Lage (B.) wenden wir uns historischen Präzedenzfällen zu (C.): Was waren die Eigenarten früherer Krisen und was hatten sie trotz ihrer Individualität gemeinsam? Im Hauptabschnitt rekapitulieren wir die Gründe der europäischen Krise (D.), die sich als Krise der europäischen Währung darstellt (E.). Zuletzt wollen wir einige Lehren für die Zukunft zu formulieren suchen (F.).

B. Die aktuelle Lage

Das Bruttoinlandsprodukt hat sich seit der Jahrtausendwende in den vier großen Regionen der Vereinigten Staaten, der Europäischen Union, Japans und Chinas parallel entwickelt. Etwas geringer waren die Wachstumsraten Japans, etwas höher diejenigen der Vereinigten Staaten und der Europäischen Union, deutlich höher diejenigen Chinas. Man erkennt bei näherer Betrachtung der Konjunkturzyklen einen mäßigen konjunkturellen Einbruch 2001 bis 2002 und die scharfe Krise 2007 bis 2009, während deren negative Wachstumsraten zu einer Schrumpfung um drei bis fünf Prozent führten; nur in China war die Folge lediglich die Abschwächung eines hohen Wachstums. Seither hat es eine Erholung um 2010 und dann wider Rückschläge gegeben.

Im Zuge der neuen Krise wurde ein Schuldenstand von über hundert Prozent erreicht. Ein ähnliches Muster ergab sich für Euroland und die Europäische Union (die auch in dieser Beziehung etwas besser dasteht als Euroland). Im

Falle Deutschlands finden wir ein Ansteigen des Schuldenstands, das für die gut zwei Jahrzehnte seit 1990 beinahe eine Verdoppelung bedeutete. Man kann in diesen Zahlen wieder die Einflüsse der Konjunkturentwicklung erkennen, aber man findet kaum Ergebnisse der von den Regierungen so deutlich artikulierten Ansprüche, den Schuldenanstieg zu begrenzen; man erkennt vielmehr insgesamt einen Wachstumstrend, der unabhängig von der Krise verläuft und das berühmte alte Wagenersche Diktum von der zwangsläufigen Vergrößerung der Staatsschuld und des Staatsanteils an der Wirtschaft zu bestätigen scheint.

Ich wage zu behaupten, dass die Dynamik in der hier betrachteten Entwicklungsphase am meisten von der demographischen Entwicklung getrieben wird, die Parlamente und Regierungen bestrebt sein lässt, der brüchigen Familie von der Wiege bis zur Bahre nachzuhelfen. Die Diskussion dieser Tendenz gehört nicht hierher, doch müssen wir fragen, ob es für die Entwicklung der Staatsschuld objektive Grenzen gibt. In der reinen Theorie scheint es immer möglich (jedenfalls in einer geschlossenen Wirtschaft), alte Schulden durch neue zu bezahlen, aber Reinhart und Rogoff haben in Vergleichen zahlreicher Länder, über Jahrhunderte hinweg, Hunderte von Staatsschuldenkrisen untersucht und festgestellt, dass hohe Schuldenquoten kaum zu bewältigen sind; für entwickelte Länder gilt die Größenordnung von achtzig Prozent bis neunzig Prozent als eine unsichtbare Grenze, jenseits derselben das Wachstum deutlich abnimmt.[4] Aber die Schwelle, bei der die Finanzmärkte ihr Vertrauen in die Rückzahlungsfähigkeit eines Staates verlieren, lässt sich kaum präzisieren. Bankrotte und die Vernichtung der Schulden durch Inflation sind nicht die einzigen Möglichkeiten, durch die sich ein hoher Schuldenstand vermindern lässt; das Beispiel Großbritanniens nach dem Zweiten Weltkrieg beweist, dass eine hohe Schuldenlast bei entsprechenden Einschränkungen tatsächlich abgetragen werden kann.

C. Präzedenzfälle in der Geschichte

Für Deutschland scheint die Wirtschaftskrise das vorläufige Ende einer Phase erst hohen, dann sich ständig abschwächenden Wachstums seit der Währungsreform zu bedeuten. Ich erinnere mich, wie manche Ende der siebziger Jahre den Wachstumstrend ermittelten, indem sie durch die bis dahin bekannten Wachstumsraten seit 1950 eine Gerade legten, die stracks in den negativen Bereich zeigte. Hatte man künftig Schrumpfung zu erwarten? So arg ist es nicht gekommen, aber der Trend abnehmenden Wachstums scheint sich fortzusetzen und bedarf einer Erklärung. Das hohe Wachstum zu Beginn ergab

---

[4] Reinhart/Rogoff: This Time is different. Eight Centuries of Financial Folly. Princeton 2009.

sich aus dem einmaligen Zusammenspiel der Aufgaben des Wiederaufbaus, des Zustroms der Bevölkerung aus dem Osten und der Welle der Automobilisierung und der Versorgung der Haushalte mit dauerhaften Konsumgütern wie Staubsauger, Kühlschrank usf. Mit den Autos kamen neue Straßen und neue Wohnverhältnisse, der Wegzug ins Grüne und der Umbau der Innenstädte. Keine der Innovationen der jüngeren Zeit, auch nicht im IT-Bereich oder im Energiesektor, hat diese verwandelnde Kraft gehabt. Ob wir nun mit der alternden Bevölkerung der Stagnation immer näher kommen, wird sich weisen; wahrscheinlicher werden wir in kommenden Jahrzehnten mit niedrigeren Wachstumsraten leben, wie sie auch im späten 19. und frühen 20. Jahrhundert im Durchschnitt vorherrschten.

Sehr regelmäßig gehen die Veränderungen des Bruttoinlandprodukts mit den Veränderungen des Arbeitsvolumens einher; man rechnet nach einer für alle industrialisierten Länder gut bestätigten Erfahrungsregel damit, dass das Wachstum des Bruttoinlandsprodukts um zwei bis drei Prozentpunkte gesteigert werden muss, wenn das Wachstum des Arbeitsvolumens um ein Prozent steigen soll (Okunsches Gesetz). Allerdings bildet die Rezession in Deutschland insofern eine Ausnahme, als die Arbeitslosigkeit bemerkenswert wenig zunahm, als das Bruttoinlandsprodukt fiel.

Wir gelangen zu einem Aspekt der Krisen, von dem wir in der gegenwärtigen bisher verschont geblieben sind: der Inflation. In der Geschichte haben sich die europäischen Währungen entwertet, obwohl die Münzen in Edelmetall ausgeprägt wurden, indem der Silbergehalt ständig vermindert wurde. Dante, der aus der Handelsstadt Florenz stammte, wo man den in Goldgehalt stabilen Fiorino prägte, versetzte stabilitätsbewusst König Philipp den Schönen von Frankreich, der 1314 nach der Jagd auf ein Wildschwein umgekommen war, wegen seiner Münzpolitik in die Gruppe der schlechten Herrscher Europas, die beim Jüngsten Gericht Christus noch ferner stehen werden als die Heiden:

Li si vedrà il duol che sovra Senna induce,
falseggiando la moneta,
nquel che morrà di colpo di cotenna.

Der sächsische König Philalethes übersetzte in rhythmischen Verse:
Hier wird den Trug man sehn, den an dem Strande
Der Seine jener treibt, die Münze fälschend,
Der durch der Borste Stoss den Tod wird finden.

Philipp der Schöne hatte im Hundertjährigen Krieg zu bestehen und setzte die Münzentwertung zur Finanzierung seiner Truppen ein. Dass ein solcher König von einem Eber umgebracht wurde, schien Dante offenbar passend.

Im 19. und 20. Jahrhundert waren Inflationen mit Wechseln der Geldversorgung verbunden. Während der napoleonischen Kriege hob beispielsweise Großbritannien die Golddeckung des Pfundes auf und konnte dabei eine mäßige Inflation nicht vermeiden. Hyperinflationen wie in Deutschland nach dem Ersten Weltkrieg (1923) entstanden, wenn das Geld schon entwertet war, bevor die Steuern zur Regierung gelangten, so dass diese genötigt wurde, ihre Ausgaben durch den Druck von noch mehr Geld zu finanzieren.

Nach dem Zweiten Weltkrieg spielte die Lohn-Preisspirale in Westeuropa eine große Rolle, und in den Entwicklungsländern ein Zyklus von Inflation und Abwertung, um Marktpositionen im Außenhandel zurück zu gewinnen.

Seit den achtziger Jahren des 20. Jahrhunderts sind die Inflationsraten zurückgegangen. Die Gefahr einer Inflation der Güterpreise scheint zurzeit gering, obwohl die wichtigen Zentralbanken der Welt alle eine großzügige Geldversorgung betreiben, weil mit der Globalisierung die Konkurrenz durch billig produzierende Schwellenländer gestiegen ist. Der Geldüberhang führt aber immer wieder zu einer Vermögenspreisinflation, d.h. zu so überhöhten Preisen von Immobilien und Wertpapieren, dass bei Rückschlägen infolge der verzweigten Verschuldungsstruktur Private, Betriebe und insbesondere Banken in Zahlungsschwierigkeiten geraten und eine Kettenreaktion ausgelöst wird.

Bedeutende Schuldner – gefährlicher, als man denkt – sind die Staaten selbst. Zwar scheinen ihre Schuldverschreibungen sicher; in meinem Wirtschaftsstudium spielten Staatsbankrotte keine Rolle. Aber man hätte wissen können, dass es in der europäischen Geschichte spektakuläre Fälle von Staatsbankrotten gab. In früheren Jahrhunderten hatte Spanien nicht weniger als sechs aufzuweisen (1557, 1575, 1596, 1607, 1627, 1647) und Frankreich sogar acht (1558, 1624, 1648, 1661, 1701, 1715, 1770, 1788).5 Häufig geraten Staaten in Zahlungsverzug inländischen oder ausländischen Schuldnern gegenüber.

Nicht überraschend sind diese Anteile in Kriegszeiten besonders hoch. In manchen Fällen ist der Zahlungsverzug endemisch, so in Griechenland vom Befreiungskrieg bis zum Ende des 19. Jahrhunderts. Zu den mannigfaltigsten Notmaßnahmen griffen Staaten schon in der Antike, wie besonders die pseudoaristotelische Schrift Oeconomica II berichtet. Da gab es Zwangsanleihen, Geldumwandlungen, erpresste Spenden durch reiche Bürger. Humanisten, die diesen Text in der frühen Neuzeit mitlasen, wurden an die Praktiken ihrer eigenen Fürsten erinnert. Staatsschulden gibt es im modernen Staat nicht nur auf der Ebene des Zentralstaats, sondern auch auf der Ebene der Gliedstaaten wie der deutschen Länder und der Kommunen. Die Finanzverfassung des modernen Staats, ja sein politischer Charakter, hängt wesentlich von den gesetzlichen Regelungen ab, welche die Freiheit der Verschuldung beschränken und die Aufbringung neuen Geldes regeln. Ein echter Föderalismus wie in den Vereinigten Staaten oder der Schweiz setzt eine gewisse Steuerhoheit der Gliedstaaten voraus, wodurch sie in einen gegenseitigen Wettbewerb treten. Nicht die Gleichheit der Lebensverhältnisse in allen Landesteilen wie in der Bundesrepublik ist das Ziel, sondern dass die Gliedstaaten nach dem Willen ihrer Bürger selbst die Ziele bestimmen können, für die sie arbeiten, ob sie ländlich bleiben wollen oder die Verstädterung fördern, ob sie der Selbständigkeit Raum geben oder alle einem einheitlichen Bildungssystem unterwerfen, ob und in welchen Bereichen sie sich dem Neuen öffnen und in welchen sie eher die Traditionen pflegen. Föderalismus ist dann nicht nur ein Mittel zur Dezentralisierung der Verwaltung, sondern zur freien Ausgestaltung der Kultur. In der Selbstverantwortung kann man auch scheitern. In den Vereinigten Staaten haben im 19. Jahrhundert wiederholt Gliedstaaten einen Bankrott erlitten, und in der Schweiz hat es den Bankrott einer Kommune (Leukerbad) gegeben; sie wurde zur Restrukturierung ihrer Finanzen 1998-2004 unter eine Zwangsverwaltung gestellt. In einem zentralistischen Staat werden die Finanzen untergeordneter Stellen durch die Zentrale beaufsichtigt.

Die Sanktion für Misswirtschaft besteht in der Maßregelung untergeordneter Beamter. Die deutsche Finanzverfassung stellt ein eigentümliches Mittelding dar. Die Gliedstaaten sind verhältnismäßig groß (man denke an die Zusammenlegung von Baden und Württemberg), und sie sind durch ein Transfersystem verbunden, das zum Missbrauch der Umverteilungsmechanismen einlädt. Konrad und Zschäpitz haben die Probleme des bundesdeutschen Finanzausgleichs beschrieben. Die Solidarhilfe bei Haushaltsnotlagen verführe dazu, eine zunehmende Verschuldung hinzunehmen, um dann die Folgen auf die Gemeinschaft der Bundesländer abzuwälzen. Wie wir sehen werden, stellt sich auf der höheren europapolitischen Ebene das Problem, ob sich Deutschland solcher Umverteilung in erweitertem Maß von Norden nach Süden wird entziehen können. Mit einem gewissen Recht fragt man in Italien, wenn der deutsche Westen den deutschen Osten, der deutsche Süden den deutschen Norden unterstützten, warum dann nicht eine entsprechende Unterstützung Italiens durch Deutschland gefordert werden dürfe. Auch darauf kommen wir zurück. Finanzkrisen verbreiten sich über die Schuldenstruktur des Bankensystems. Banken sind durch Kreditbeziehungen untereinander verschränkt. Sie halten Staatsschuldpapiere, deren Entwertung sie selbst in Schwierigkeiten bringt, und umgekehrt erzeugt eine angespannte Lage bei den Banken höhere Kosten der Staatsverschuldung. Große Banken gelten als systemrelevant, wenn ihr Niedergang eine nicht kontrollierbare Kettenreaktion nach sich zu ziehen droht, so dass der Staat sich gezwungen sieht, sie zu retten, obwohl ihre unvorsichtige Politik einen Konkurs rechtfertigen würde. Es ist die Kehrseite der freien Kapitalmärkte, die für große Aufschwünge eine Voraussetzung bilden, dass sich solche Kettenreaktionen weiter und schneller verbreiten.

In Bezug auf die Bankenkrisen heißt das: Je freier der Kapitalverkehr, desto globaler die jeweilige Bankenkrise. Dass die gegenwärtige Krise durch ein Überschießen der Preise auf dem amerikanischen Häusermarkt ausgelöst wurde, dürfte allgemein bekannt sein. Die amerikanischen Gesetze erlaubten eine hohe Beleihung von Immobilien entsprechend ihrem Marktwert, also die Vergabe zusätzlicher Kredite, wenn die Häuserpreise stiegen, so dass schon ein leichtes Sinken der Häuserpreise die hoch verschuldeten Hausbesitzer in Schwierigkeiten bringen musste.

Die Häuserpreise haben sich in dreißig Jahren nahezu vervierfacht und sind dann erst schwach, später, mit den Rückkoppelungen der Krise, stark abgefallen. Es lässt sich zeigen, dass dieses Muster in fünf Bankenkrisen (Finnland 1991, Japan 1992, Norwegen 1987, Spanien 1977, Schweden 1991) zu beobachten war: mäßiger Einbruch der Immobilienpreise, Einsetzen einer Bankenkrise, wechselseitige Verstärkung des Verfalls der Immobilienpreise und der Bankenkrise. Dieses Muster wurde aber keineswegs bei jedem Konjunkturverlauf beobachtet, sondern es scheint charakteristisch für das aktuelle Finanzsystem. Bis in die jüngste Zeit waren die Ökonomen mehrheitlich überzeugt, Krisen würden durch realwirtschaftliche Phänomene ausgelöst. Als in der Mitte des 19. Jahrhunderts die Industrie so weit entwickelt war, dass die Schwankungen ihrer Produktion nicht mehr von den vorher dominanten, vom Wetter verursachten agrarischen Krisen überdeckt wurden, deutete sich das Muster zehnjähriger industrieller Krisen mit einiger Regelmäßigkeit an: der Aufschwung der industriellen Produktion erreichte etwa alle zehn Jahre einen temporären Höhepunkt, weil jedes Mal in Überschätzung des Aufschwungs die prinzipiell ungewisse künftige Nachfrage überschätzt wurde. Um ihr zu genügen, um für Erweiterungen des Marktes gerüstet zu sein, steigerten die Unternehmen ihre Investitionen und nahmen dabei eine zunehmende Verschuldung in Kauf. Wenn sie nun in Absatzschwierigkeiten gerieten, verbreiteten sich erste Einbrüche der Nachfrage, weil andere Unternehmen, vorsichtiger geworden, ihre Bestellungen reduzierten und mit beginnenden Entlassungen auch die Konjunkturgüternachfrage zurückging. Das sichtbarste Krisenphänomen war jedoch mit dem verbunden, was man damals die „Kreditpanik" nannte: von Zahlungsunfähigkeit bedrohte Unternehmen bedrängten andere, denen gegenüber sie Gläubiger waren, ihre Schulden zu begleichen, und dasselbe Phänomen zeigte sich verstärkt bei den Banken untereinander. Die Krise breitete sich auch international aus, etwa von England nach Frankreich oder Hamburg übergreifend. In dem Maß, in dem nun auch die Kaufkraft der Währungen bedroht schien, verlangte man Zahlung in Gold, aber die Goldbestände waren im Verhältnis zu den sonstigen umlaufenden Geldmitteln und den Geldsubstituten viel zu gering; die Zinsen stiegen und steigerten die Kosten der Finanzierung der Produktion. Sie sank, es fielen die Preise, doch sank die Nachfrage nicht auf Null, denn es gab Nachfrage von Beziehern fester Einkommen. Vermögensbesitzer konnten bei gesunkenen Preisen ihre Nachfrage sogar steigern, man verbrauchte Ersparnisse, um zu überleben, und wenn nach einigen Jahren ein Ersatzbedarf für verschlissene und veraltete industrielle Ausrüstungen entstanden war, belebte sich der Gang der Wirtschaft wieder und mündete in einen neuen Aufschwung. Schon in der Weltwirtschaftskrise von 1929 war weniger deutlich, welche realwirtschaftlichen Ursachen eigentlich den Anlass gebildet hatten; unmittelbar sichtbar war die Verkettung von Börsenkrach in New York, Bankenkrise, internationaler Verbreitung derselben und dem Rückgang der Nachfrage, weil besonders die amerikanische Zentralbank das geschwächte Bankensystem nicht stützte. Die Wachstumszyklen nach dem Zweiten Weltkrieg glichen zunächst Verkürzungen des Wachstumszyklus, den man aus dem 19. Jahrhundert kannte, aber es gab mit den beiden Ölpreisschocks auch exogene Ereignisse, die zu Konjunktureinbrüchen führten, und die in ihrer Bedeutung zunehmende Staatsintervention war durchaus nicht immer antizyklisch, sondern manchmal prozyklisch. Wenn der Ölpreis stieg, war die Frage, wer die damit verbundene realwirtschaftliche Einbuße tragen sollte. Wenn die Gewerkschaften Lohneinbußen nicht nur nicht hinnehmen, sondern, entsprechend den Erfahrungen der vorangegangenen Wachstumsperiode, Lohnsteigerungen daraus machen wollten, musste Inflation die Folge sein, während sich das Wachstum infolge der Ölpreissteigerung doch abgeschwächt hatte. In der nun folgenden, historisch neuen sog. Stagflation, einer Verbindung von realwirtschaftlichem Produktionsrückgang mit Inflation, konnte der Staat es nur noch falsch machen: entweder zur Bekämpfung der Inflation die Nachfrage dämpfen und die Wirtschaftskrise vergrößern oder zur Bekämpfung der Wirtschaftskrise die Nachfrage steigern und die Inflation anheizen.

Ein neues, sich seit der Überwindung dieser unglücklichen Lage in den neunziger Jahren abzeichnendes Phänomen ist die zunehmende Bedeutung des Finanzsektors. Dies hängt unter anderem mit der demographischen Entwicklung zusammen. Es wurde bei sich verschiebenden Größenverhältnissen der Alterskohorten zunehmend schwieriger, die Rentenansprüche der älteren Generation aus den Einzahlungen der Jüngeren zu finanzieren. Da der politische Mut und die Kraft fehlten, entweder die Einzahlungen genügend zu steigern oder die Renten zu senken, stellte man zunehmend auf ein kapitalbasiertes System der Altersversorgung um, wodurch wachsende Vermögen dem Finanzsektor zuflossen, der durch geeignete Anlagen der Ersparnisse künftige Einkommen zur Alterssicherung generieren sollte. Auch mit der Globalisierung wuchs die Bedeutung des Finanzsystems relativ zu den industriellen und den übrigen dienstleistenden Sektoren. Der vergrößerte Finanzsektor trug nun seinerseits zur Instabilität bei, weil er, indem er die Finanzierung von Projekten erleichterte, auch in die Versuchung führte, sie weniger seriös zu finanzieren, wenn die Rückzahlung nicht aus den laufenden Erträgen des Projekts, sondern durch künftige Ertragshoffnungen und die Aufnahme immer neuer Schulden gedeckt werden sollte. Es konnten nun spontane Finanzkrisen auftreten, wenn sich Blasen an den Märkten für Immobilien und Finanztitel entwickelt hatten, die sich umso schneller verbreiteten, als die Finanzierungsstruktur weniger solide geworden war.

Bedeutende Autoren, welche die wechselnden Formen des Wirtschaftswachstums und der Kapitalakkumulation beschrieben haben: Adam Smith, der in seiner Theorie erfasste, wie mit verfeinerter Arbeitsteilung eine verbilligte Produktion, damit ein größerer Absatz und, mit dem größeren Absatz, auch wieder eine Steigerung der Arbeitsteilung möglich, d.h. lohnend wurde, wie also das Wachstum auf den sich gegenseitig steigernden (kumulierenden) Effekten von Verfeinerung der Arbeitsteilung und Markterweiterung, von verbilligter Produktion und gestiegenem Absatz, beruhte. Ricardo beschrieb, wie sich das Einkommen der großen Klassen mit dem Kapitalwachstum verschob. Mit dem Bevölkerungswachstum mussten auch schlechtere Böden bebaut werden, wodurch die Renten der Besitzer besserer Böden stiegen und die Gewinne der Unternehmer sanken – eine Tendenz, die nur durch die Gewinnung neuer besserer Böden in der Neuen Welt und durch technischen Fortschritt kompensiert werden konnte. Marx, was immer man über seine Wert- und Ausbeutungstheorie sagen mag, war ein ausgezeichneter Beobachter des Wachstums- und Konjunkturprozesses im 19. Jahrhundert und analysierte den von periodischer und Kreditpanik markierten Konjunkturzyklus. Schumpeter hat einer ähnlichen Vorstellung von Aufschwung und Krise wie der Marxschen eine liberale Deutung gegeben. Die Initiative der Unternehmer treibt den Aufschwung durch das Aufgreifen von Erfindungen und die Realisierung industrieller Neuerungen (Innovationen) voran; sie finanzieren sich dazu bei den Banken. Die technischen Innovationen sind in Wellen wie bei der Einführung der Dampfmaschine der frühen Industrialisierung, dem Eisenbahnbau, der Entstehung der chemischen Industrie und der Elektrifizierung, heute der Informations- und Kommunikationstechniken miteinander verbunden, aber jeder Aufschwung erschöpft sich irgendwann, wenn die besten Chancen technischer Erneuerungen wahrgenommen worden sind, und mündet in Zahlungsschwierigkeiten und erst steigende Zinsen, dann in deren Sinken und in Phasen des Niedergangs oder schwächeren Wachstums, bis sich wieder neue Ideen und Innovationen bündeln. Der Markt würde diesen notwendig zyklischen Prozess des Wachstums am besten steuern. Das Neue an Keynes war nicht so sehr der Gedanke, man könne gelegentlich wirtschaftlichen Einbrüchen und Arbeitslosigkeit durch konjunkturelle Gegenmaßnahmen, also Staatsausgaben und verbilligte Kredite, entgegenwirken – das gab es schon in Antike und Mittelalter – sondern dass er die Unvermeidlichkeit der Krisen leugnete und hoffte, den Wirtschaftsgang überhaupt zu verstetigen; er behauptete, es könne der Marktprozess gesteuert werden. Dazu musste er – das war die entscheidende, heftig umstrittene Leistung – nachweisen, weshalb Unterbeschäftigung möglich war – sogar auf Dauer – und sich nicht, wie damals die Mehrheit der Ökonomen glaubte, durch einen unvermeidlichen, zeitlich begrenzten Reinigungsprozess in der Krise von selbst korrigierte. Es haben aber erst Postkeynesianer wie Hyman Minsky darauf hingewiesen, dass eine Instabilität im Finanzsystem selbst angelegt ist. Dazu eine Anekdote: Ich erinnere mich, wie Minsky in den achtziger Jahren an einer Sommerschule in Triest uns, einer internationalen Gruppe von Professoren und promovierten jüngeren Forschern, die Verbriefung erklärte, also die Idee, dass Banken oder andere Intermediäre Schulden wie etwa Hypothekarschulden zu Paketen bündeln und verkaufen können, so dass die Käufer die Erträge, also im Beispiel die Hypothekarzinsen, einziehen können und die Bank mit dem Geld, das sie durch den Verkauf der Verbriefung eingenommen hat, neue Kredite vergeben kann, womit sich ihr Umsatz beschleunigt. „Hyman", riefen wir nun, „ist das nicht eines der Instrumente, durch die Finanzmärkte instabiler werden können, wie Du das in Deinen Büchern analysiert und beschrieben hast?" „Gewiss, aber es ist ein herrliches Instrument, um die Finanzmärkte zu beleben!", versetzte er leuchtenden Auges – nur einer, der die Finanzmärkte kannte, konnte ihre neuen Möglichkeiten und Gefahren begreifen. Den Überschwang, mit dem die Finanzmärkte seither wiederholt die Welt in die Krisen ritten, konnten die Träger einer so ambivalenten Haltung nicht verhindern.

Obwohl man übereinstimmend Schwankungen der Industrieproduktion für die Zehnjahreskrisen in Großbritannien im 19. Jahrhundert verantwortlich machte, waren die praktischen und theoretischen Folgen nicht, wie man von heute aus gesehen vielleicht erwarten könnte, auf eine Steuerung der Produktion und insbesondere der Investitionen ausgerichtet, wie Keynes dies 1936 fordern sollte, sondern kreisten um Reformen des Geldwesens, da man nicht die Vermeidung, sondern die Verbreitung der Krise durch die Kreditpanik im Auge hatte. Die Bank of England sollte Bankkrisen mildern, indem sie exponierte Kreditinstitute mit neuem Geld versorgte, also, wie man es heute nennt, als „Lender of last resort" fungierte. Man versuchte auch, exzessiver Kreditvergabe der Bank von England vorzubeugen, indem man ihr vorschrieb, dass das von ihr geschaffene Geld ein bestimmtes Vielfaches des Goldbestands nicht überschreiten sollte; dazu trennte man die Geldschöpfung von der Kreditgewährung der Bank (Peel's Bank Act), aber sobald sich die Lage am Geldmarkt anspannte, mussten diese Bestimmungen aufgehoben werden. Die Erfahrungen der Praxis wurden in Theorien umgesetzt, und alle wichtigen Grundgedanken der modernen Geldtheorie waren schon in der Diskussion, die sich damals viel lebendiger entwickelte als heute in den Lehrbüchern, die allzu oft in didaktischen Vereinfachungen erstarren. Auch in der Krise der 1870er Jahre folgte nicht – oder nicht sogleich – dass man sich der primären Ursache angenommen und die Börse besser reguliert hätte, sondern es intensivierten sich zunächst die Bemühungen der Historischen Schule der Nationalökonomie, das Los der Arbeiter zu heben, indem Versicherungen zu ihrem Schutz (Unfälle, Krankheit, Arbeitslosigkeit) eingeführt und gefördert wurden. Die Historische Schule suchte über eine rein materielle Besserstellung hinauszugelangen, betonte die Bedeutung des Bildungswesens und hoffte auf eine Hebung der Sittlichkeit durch Erziehung.

Die gängigen Vorstellungen von Krisenbekämpfung und Linderung ihrer Symptome stimmen mit den historischen Tatsachen am ehesten im Fall der Weltwirtschaftskrise nach 1929 überein. Zur Verbesserung der Infrastruktur wurden in den Vereinigten Staaten Investitionsprogramme aufgelegt. Autobahnbau und Rüstung spielten eine große Rolle bei der Bekämpfung der Arbeitslosigkeit durch die Nationalsozialisten in Deutschland. Roosevelt führte zur Vermeidung von Inflation bei Nachfragesteigerung Lohn- und Einkommenskontrollen ein – eine zwangsläufig temporäre Maßnahme. Die bis in den Krieg anhaltenden wirtschaftlichen Erfolge der autoritären Regierungen in Europa hingen mit den Kontrollmöglichkeiten zusammen, die Diktaturen bei der Disziplinierung der Arbeiter zur Verfügung stehen. Langsamer entwickelte sich die gesetzliche Fixierung der Arbeitslosenversicherung; sie und verwandte Instrumente des Wohlfahrtsstaats sollten in der Demokratie helfen, die Konjunktur zu stabilisieren, indem sie einen starken Abfall der Nachfrage vonseiten der arbeitslos Gewordenen verhindern. In der Theorie wurde gefordert, aber in der Praxis kaum durchgesetzt, dass die Staatsausgaben strikt antizyklisch variiert werden sollten, mit Defiziten in der Krise und Überschüssen im Aufschwung.

Wenn die Ausführung misslingt, liegt ein Staatsversagen vor, das nicht nur mit unverständigem Handeln der Politiker erklärt werden kann, sondern auch aus der Schwierigkeit folgt, die konjunkturelle Lage überhaupt rechtzeitig zu erkennen, also die Ausgaben schon zu steigern, bevor die Krise wirklich ausgebrochen ist, und mit dem Sparen unverzüglich zu beginnen, wenn sich ein Aufschwung ankündigt. Unter Keynes' Einfluss veränderte sich die volkswirtschaftliche Theorie grundlegend auch für diejenigen, die letzten Endes die Staatsintervention ablehnten. Einige Elemente seiner Krisenerklärung wie die Liquiditätsfalle werden heute überall anerkannt; vor allem aber trug sein Werk wesentlich zur Schaffung und Verbreitung der volkswirtschaftlichen Gesamtrechnung bei. Auch wenn wir uns zu Recht gegen die Auffassung des Bruttoinlandsprodukts als alleinigen Wohlfahrtsmaßes verwahren, können wir uns heute eine Charakterisierung der wirtschaftlichen Lage ohne seine Verwendung kaum mehr vorstellen.

Vor dem Hintergrund dieser historischen Erfahrungen fällt es nun auf, dass die keynesianischen Stabilisatoren, von der Öffentlichkeit weitgehend unbemerkt, in der jüngsten Krise wesentlich dazu beigetragen haben, den Gang der Nachfrage (besonders in Deutschland) zu stützen und einen katastrophalen Einbruch zu vermeiden; geholfen hat dabei gewiss auch die waghalsige Geldpolitik (oft eine verbrämte Fiskalpolitik), während Investitionsprogramme kaum eingesetzt wurden, obwohl man immer wieder fragte, wie gegen die Arbeitslosigkeit in den Südländern vorgegangen werden könne. Die bemerkenswerteste Ausnahme stellt in meinen Augen die Energiewende in Deutschland dar. Ich halte sie, gemessen an meinen Vorstellungen einer sorgsamen Bewahrung der Umwelt, für fragwürdig, weil der prekäre Übergang zum Großeinsatz regenerativer Energien einen erheblichen Konsum fossiler Energie nach sich zieht, insoweit das Klimaproblem verschärfend, und weil ein rücksichtsloser Zugriff auf die Landschaft erfolgt, um Windräder und Hochspannungsmasten aufzustellen. Man will sogar ganze Berggipfel kappen, um Pumpspeicherkraftwerke einzurichten. Aber als Investitionsprogramm zur Beschäftigung in vielen direkt oder indirekt engagierten Industrien ist die Energiewende angesichts ihrer Popularität in der Bevölkerung gewiss geeignet. Dass eine Finanz- und Bankenkrise eine neue Finanzordnung erfordert, liegt auf der Hand, aber schwer ist zu entscheiden, welche Maßnahmen primär ergriffen werden sollen und im internationalen Maßstab ohne Verzerrungen des Wettbewerbs durchgesetzt werden können. Im Übrigen bedeuten die Erfahrungen der gegenwärtigen Krise eine Herausforderung für die ökonomische Theorie, und zwar meines Erachtens ganz besonders in Deutschland. Man kann kaum bestreiten, dass keynesianische Maßnahmen – einerseits die Stabilisatoren, andererseits die Politik des leichten Geldes – die Weltwirtschaft vor einem noch tieferen Absturz bewahrt haben. Dadurch wurden aber alle wirtschaftspolitisch bewussten und verantwortlichen Menschen beunruhigt, weil es immer schwieriger wird zu erkennen, bis wohin die staatlichen Interventionen gehen dürfen. Schon vor dreißig Jahren habe ich gemahnt, der Ordoliberalismus müsse die theoretischen Errungenschaften, die sich aus dem Keynesianismus ableiten, in sich aufnehmen, um sinnvolle Regeln für die Wirtschaftspolitik zu bestimmen. Diese große Aufgabe ist einer Lösung nicht wirklich näher gebracht worden.

D. Die Krise Eurolands und der Europäischen Union: Historisches

Es kann nicht verwundern, dass man bei den vielen Improvisationen, die bei der Bewältigung der Krise nötig werden, leicht die Ziele der Einigung aus dem Auge verliert und die Vision eines Vereinigten Europa verschwimmt. Dante hat in seiner Schrift De Monarchia eine kaiserliche Herrschaft über Europa gefordert und berief sich damit auf eine Tradition, die über 1300 Jahre bis zu Kaiser Augustus zurückging, dessen Herrschaft er als schlechthin vorbildlich bezeichnete. Er stand damit aufseiten der Ghibellinen, die für den Frieden der oberitalienischen Städte die Herrschaft des Kaisers der des Papstes vorzogen, für die dagegen die Guelfen sich einsetzten. In gewissem Sinn ist es diese ghibellinische Vision eines europäischen Universalreichs gewesen, die über alle Jahrhunderte seither in Abwandlungen das Bild eines friedlich einigen Europa von Deutschland her bestimmt hat. Varianten gab es freilich schon zu Dantes Zeiten. Pierre Dubois, ein französischer Anwalt, schrieb im ersten Jahrzehnt des 14. Jahrhunderts ein Buch über einen neuen Kreuzzug („De recuperatione terre sancte"), der infolge einer näheren Verbindung zwischen dem französischen König und dem Papst zustande kommen sollte. Für Dubois war Frankreich das von Gott geliebte Land Europas, und den Frieden dachte er durch eine Erstreckung des französischen Einflusses zu sichern, indem französische Prinzen europäische Throne und der jüngere Bruder des Königs den Platz des Kaisers einnehmen sollten. In den deutschen Landen aber wünschte man sich einen Kaiser deutschen Stammes. Auf Otto den Großen führte sich das Heilige Römische Reich Deutscher Nation zurück. Ihm war dessen Einigung gelungen, einschließlich der norditalienischen Provinzen, und er hatte sein Reich durch Bündnisse und Lehensverhältnisse bis in die Nachbarländer erstreckt, nicht im Sinne einer zentralisierten Herrschaft, sondern in lockerem Verbund, wie er dem Feudalwesen des Mittelalters entsprach. Das Verhältnis Frankreichs zum Kaisertum blieb schwierig. Karl V. gewann die Kaiserwahl gegen Franz I., Ludwig XIV. erklärte seine Eroberung des Elsass zu einer Wiederinbesitznahme. Als schließlich unter Napoleon eine französische Herrschaft über große Teile Europas tatsächlich errichtet wurde, spaltete sie die Geister in Deutschland. Nietzsche schrieb darüber im Rückblick: „Die Deutschen haben endlich, als auf der Brücke zwischen zwei Décadence-Jahrhunderten eine force majeure von Genie und Wille sichtbar wurde, stark genug, aus Europa eine Einheit, eine politische und wirtschaftliche Einheit zum Zweck der Erdregierung zu schaffen, mit ihrem ‚Freiheits-Kriegen' Europa um den Sinn, um das Wunder von Sinn in der Existenz Napoleons gebracht, – sie haben damit alles, was kam, was heute da ist, auf dem Gewissen, diese kulturwidrigste Krankheit und Unvernunft, die es gibt, den Nationalismus, diese névrose nationale, an der Europa krank ist, diese Verewigung der Kleinstaaterei Europas, der kleinen Politik: sie haben Europa selbst um seinen Sinn, um seine Vernunft – sie haben es in eine Sackgasse gebracht." In der Tat scheint Napoleon auf der Höhe seiner Macht begriffen zu haben, dass er das ganze Europa nicht einer so zentralisierten Herrschaft unterwerfen könne, wie er sie in Frankreich aufgebaut hatte. Nach dem Untergang des Alten Reichs studierte er dessen Institutionen und begann, sie nachzuahmen. Vielleicht war es seine Absicht, ein Lehensherr der europäischen Könige und Fürsten zu werden. Aber während er dazu mit dem preußischen Königshaus verhandelte, schliffen die jungen preußischen Offiziere ihre Säbel an den steinernen Stufen der französischen Gesandtschaft in Berlin. Es kam zum vierten Koalitionskrieg gegen Napoleon, der mit der Niederlage Preußens endete. Die Franzosen wurden zu Besatzern, und als Napoleon sich im Konflikt mit England und Russland überhoben hatte, brach schließlich die

Empörung der europäischen Völker über ihm zusammen. Dennoch erschien nicht nur Nietzsche retrospektiv die napoleonische Herrschaft auf ihrer Höhe als ein „Wunder von Sinn“, sondern auch Goethe als Zeitgenosse bewunderte Napoleons Genie und scheint sich mit seiner Herrschaft abgefunden zu haben, wenn sie nur seiner mitteleuropäischen Welt den Frieden schuf und der Entfaltung der Kultur Raum gab. Der Nationalismus des 19. Jahrhunderts hat dann tatsächlich die alten europäischen universalen Werte vollends in nationale Schemata gespalten.

Nachdem die Reformation die Einheit der Kirche aufgelöst hatte, war wenigstens der Humanismus im Europa der aufsteigenden Territorialstaaten ein einigendes Band geblieben. Der Adel und das gehobene Bürgertum hingen an ihren europäischen Bezügen. National dagegen war die von Akademien regulierte Sprache (Dialekte überließ man Dienstboten), national wurden Kirche und Recht, Militär und Polizei, selbst Bildung und Wissenschaft, wenn auch in verschiedenem Grad, und schließlich steigerte sich der Nationalismus zum Kampf um die kolonialen Imperien. Niemand kann die großen Leistungen der nationalen Bewegungen bei der Herstellung internen Friedens und der Zusammenfassung der Kräfte zu Wachstum und Wohlstand bestreiten, aber wenn die europäische Idee überhaupt etwas bedeutet, so die Überschreitung des nationalen Standpunkts, wie er sich im nachnapoleonischen Jahrhundert gegen unten, gegen lokale Selbstbestimmung, und gegen oben, gegen die europäischen Universalien, mit Leidenschaft und mit Gewalt nach innen und außen durchsetzte. Die moderne Europabewegung geht auf Vereinigungen wie die Paneuropa-Bewegung (Graf Coudenhove-Kalergi) zurück. 1929 schlug Briand als französischer Außenminister eine europäische Union mit föderalistischer Struktur vor. Die Widerstandsbewegung während des Zweiten Weltkriegs (auch die deutsche) verlangten eine europäische Zusammenarbeit.

Churchills Zürcher Rede 1946 förderte die Konkretisierung der Pläne. Es folgten 1950 der Schumann-Plan und die Montanunion, bis 1957 die Römer Verträge zur Gründung der Europäischen Wirtschaftsgemeinschaft und von EURATOM unterzeichnet wurden: Man hatte sich entschieden, die politische Integration Europas auf dem Weg über eine wirtschaftliche zustande zu bringen; Kerneuropa bestand aus den Benelux-Ländern, Deutschland, Frankreich und Italien. Die Gründer verfolgten eine pragmatische Politik, wollten aber ideell nicht nur nationalistische Feindseligkeit überwinden, sondern handelten auch aus einem gemeinsamen europäischen Bildungs- und Geschichtsbewusstseins heraus.

Die vielleicht interessanteste Phase des Integrationsprozesses ergab sich durch die 1959 erfolgte Gründung eines zweiten Kreises in anderem Sinne integrationswilliger europäischer Staaten (Dänemark, Großbritannien, Norwegen, Portugal, Schweden, Österreich, Schweiz). Die beiden Konzepte waren wesentlich verschieden. Die Europäische Freihandelsassoziation (EFTA) wollte wenigstens innerhalb ihres Kreises die Ziele des alten Liberalismus verwirklichen; diesen Staaten war der Nationalismus nicht so zum Problem geworden wie insbesondere dem besiegten Deutschland. Die EWG strebte über die Nationen hinaus. Die Agrarpolitik sollte die Grundlagen für einen einheitlichen Wirtschaftsraum fassen und dazu geographische und historische Vor- und Nachteile in der landwirtschaftlichen Produktion ausgleichen. Mit Konzentrationsprozessen über die Ländergrenzen hinweg wollte man Skalenvorteile der Produktion nutzen. Für die Märkte waren gemeinschaftliche Institutionen zu errichten. Im Rückblick erscheint die Dualität dieser beiden Europakonzeptionen durchaus begründet. Nicht nur in England, sondern auch in Skandinavien und der Schweiz war der angelsächsische Liberalismus mit seinem Prinzip des freien Handels befreundeter Nationen traditionell stärker als der Wille, sich in ein transnationales Gebilde politisch, wirtschaftlich und kulturell zu integrieren. Auch wusste man, dass Großbritannien zwischen dem Engagement auf dem Kontinent und dem Commonwealth schwankte. De Gaulle stellte sich deshalb einem frühen Beitritt Englands zur EWG entgegen, aber 1973 kam es durch die Beitritte Dänemarks, Großbritanniens, Irlands zur Norderweiterung der Europäischen Gemeinschaft und damit zu einer Verwässerung der alten Integrationsziele Kerneuropas. Die EFTA besteht bis heute weiter, freilich als kleiner, nahezu bedeutungsloser Apparat. Angesichts der gegenwärtigen Debatten zwischen Großbritannien und den meisten Mitgliedern der Europäischen Union, die nach wie vor eine politische Einigung grundsätzlich anstreben oder anzustreben behaupten, wie sie Großbritannien nach wie vor vermeiden möchte, erinnert man sich des alten Dissenses, und fragt sich, ob es nicht für beide Teile besser gewesen wäre, wenn sie an dem friedlich rivalisierenden Nebeneinander zweier verschiedener Europakonzepte festgehalten hätten.

1979 entstanden das Europäische Währungssystem und die Europäische Währungseinheit (ECU), und das Europäische Parlament in Straßburg wurde erstmals direkt gewählt. Es erfolgten weitere Beitritte: Griechenland 1981; Spanien und Portugal 1986; Österreich, Finnland, Schweden 1995 und nachfolgend die Osterweiterung. Euro und Euroland gehen auf die Gründung der Europäischen Union durch Maastricht, verbunden mit der Währungsunion, 1993 zurück. 2009 ersetzte die Europäische Union die Europäische Gemeinschaft. Das für die gegenwärtige Lage entscheidende Moment war zweifellos die Einführung einer Währungsunion. Alle früheren und die nachfolgenden Integrationsschritte hatten gemeinsam, dass man auf dem jeweils erreichten Stand der Integration stillstehen konnte, ohne dringend genötigt zu sein, entweder Integrationsschritte zurückzunehmen oder, um stabil zu bleiben, die Integration weiter voranzutreiben. Die Währungsunion hat sich dagegen als instabil erwiesen. Um die von ihr ausgehenden Störungen zu bemeistern, sind schon zahlreiche zusätzliche Integrationsschritte notwendig geworden, ohne dass

Stabilität bereits erreicht wäre, und ich behaupte mit vielen anderen, dass sie auch nicht erreicht werden wird, wenn Euroland nicht eine eigene Staatlichkeit erreicht. Andernfalls wird Europa zurückfallen durch Wiedereinführung nationaler Währungen. Nach Edgar Salin hätte die Europäische Gemeinschaft besser nur eine Münzunion anstreben sollen, in der es eine Sache der Ehre ist, die Parität zwischen den eigenen Noten und den gemeinsamen Münzen aufrechtzuerhalten, aus der man sich jedoch relativ leicht wieder zurückziehen kann, wenn sich die zur Aufrechterhaltung der Parität notwendige Disziplin nicht durchsetzen lässt. Euroland hat den weit ehrgeizigeren Plan gefasst, mit einer Währungsunion, also einem gemeinsamen System der Zentralbanken zu leben, das die gesamte Geldemission und das Kreditwesen zu lenken hat. Der Weg führte vom Wernerplan 1970 (Idee einer europäischen Währung), der am Zusammenbruch des Bretton-Woods-Systems und den Ölpreisschocks scheiterte, zur Einführung des Europäischen Wechselkursverbands 1972 als einem bilateralen Interventionssystem gegenüber dem US-Dollar mit den Mitgliedern Deutschland, Niederlande, Belgien, Luxemburg und Dänemark und dann zur Währungsschlange, weil sich die Wechselkurse nicht stabilisieren ließen. 1979 wurde ein europäisches Währungssystem (EWS) gegründet, das den Wechsel kursverband ersetzte. Eine imaginäre Währung, der ECU, wurde durch ein Paritätengitter festgelegt. Die Wechselkurse durften erst um 2,25 Prozent, ab 1993 um bis zu 15 Prozent um die Referenzwerte schwanken, und wenn auch dies nicht ausreichte, sah man ein Realignment der Währungen vor. Insgesamt ergaben sich erhebliche Aufwertungen der deutschen Mark gegenüber anderen EWS-Währungen, gemessen an den bilateralen Leitkursen. Beispielsweise wertete die D-Mark gegenüber der italienischen Lira zwischen 1979 und 1990 kumulativ um 63,6 Prozent auf. Sich in der Währungspolitik nach dem stärksten Land, der Bundesrepublik Deutschland, richten zu müssen, war anderen Ländern, insbesondere Frankreich, ärgerlich, und im Zuge der Wiedervereinigung kam es zu den Absprachen, die zu dem erwähnten Vertrag von Maastricht von 1992 führten.

Daraus folgte die Gründung des Europäischen Währungsinstituts 1994, das 1999 in der neu gegründeten Europäischen Zentralbank aufging, unter gleichzeitiger Festlegung der Eurowechselkurse. Es war ein paradoxes Vorgehen. Die Erfahrungen mit den vorangegangenen Systemen hatten die Geldpolitik zur Einsicht geführt, dass fixe Wechselkurse nicht haltbar waren. Aber warum sollte dann eine Währungsunion funktionieren?

E. Die Krise Eurolands und der Europäischen Union: Das Dilemma

Unter Ökonomen gab es die Einsicht in ein sog. „unbequemes Dreieck“. Von den drei Zielen Preisstabilität, Wechselkursstabilität und freier Kapitalverkehr lassen sich immer nur zwei sinnvoll nebeneinander verfolgen; das dritte wird dann normalerweise verfehlt. Hat man beispielsweise Wechselkursstabilität und freien Kapitalverkehr zwischen mehreren Staaten, werden sich die Preise im allgemeinen unterschiedlich in ihnen entwickeln. Will man zugleich Preisstabilität und Wechselkursstabilität aufrecht erhalten, wird man den Kapitalverkehr einschränken müssen (das könnte in der Europäischen Union, wenn der Euro erhalten bleibt, notwendig werden). Nach Bretton-Woods konnte Deutschland Preisstabilität und freien Kapitalverkehr aufrechterhalten, aber nur um den Preis von Aufwertungen. Die Einführung des Euro, in Verbindung mit den liberalen Prinzipien der Marktintegration, bedeutete im Grunde, alle drei Ziele des Dreiecks simultan verfolgen zu wollen; an die Stelle der Wechselkursstabilität war der unwiderrufliche Währungszusammenschluss getreten, die Inflation wollte man unbedingt in Grenzen halten, und der freie Kapitalverkehr war nach all den Beschränkungen, die es in der Zeit nach dem Zweiten Weltkrieg gegeben hatte, endlich selbstverständlich geworden. Um unter diesen Bedingungen gemeinsam wirtschaften zu können, hätte es eigentlich eines gemeinsamen Staates bedurft. Wäre die Henne (der gemeinsame Staat) schon da gewesen, hätte sie das Ei (die gemeinsame Währung) in aller Ruhe ausbrüten können. Aber nun lag nur das Ei herum, und wer übernahm das Brüten? Selbstverständlich war auch in der Währungsunion ein Auseinanderlaufen von Preis-, Lohn-, und Produktivitätsentwicklungen der einzelnen Staaten nicht nur möglich, sondern sogar wahrscheinlich. Die Geldpolitiker, die dies eigentlich wussten, sprachen nun von einer Krönungstheorie: Es sollte die Integration durch eine Staatsgründung gekrönt werden. Und damit es inzwischen nicht schief ging, sah der 1993 ratifizierte Vertrag von Maastricht vor, dass nur Länder mit niedriger Inflationsrate und soliden öffentlichen Finanzen nach Bewährung einer Übergangszeit mit festen Wechselkursen am Eurosystem teilnehmen sollten. Die Fiskalpolitik wollte man abkoppeln, indem man den Einzelstaaten Grenzen der Verschuldung (jährlich 3 Prozent, Schuldenstand 60 Prozent, je gemessen am Bruttoinlandsprodukt) vorschrieb. Tatsächlich ging es eine Weile (ungefähr ein Jahrzehnt lang) recht gut. Issing schrieb 2008: „Alles in allem haben die Konvergenzkriterien ihre Aufgabe erfüllt". Er fügte allerdings hinzu: „Der Vertrag (Maastricht-BS) weicht [...] der Frage aus, inwieweit aus dem Aufholprozess der ärmeren Länder [...] Probleme für die einheitliche Geldpolitik entstehen könnten".

Sobald der Ehrgeiz der Regierungen geweckt war, an einem gemeinsamen Währungssystem teilzunehmen, gelang es ihnen auch, die Inflationsraten auf niedrigem Niveau zur Konvergenz zu bringen. Unter den Teilnehmern am Finanzmarkt setzte sich die Vorstellung durch (und im Ganzen haben sie damit recht behalten), dass die Länder der Europäischen Union für ihre Schulden gegenseitig einstehen würden, obwohl der Vertrag von Maastricht dies ausdrücklich mit der so genannten No-bailout-Klausel ausgeschlossen hatte. Deswegen konvergierten auch die langfristigen Renditen auf Staatsanleihen.

Die Rendite griechischer Staatsanleihen fiel von beinahe 27 Prozent auf nur 5 Prozent, und auch Spanien, Italien und Portugal konnten sich nun zu ganz erheblich niedrigeren Kosten verschulden als zuvor. Hätte Italien den Zinsvorteil seither dazu genutzt, seine Schulden zurückzubezahlen, stünde der italienische Staat heute ohne Schulden da. Aber es wurden andere Entwicklungspfade gewählt.

Die Politiker hatten eben keinen weisen Gebrauch von der Möglichkeit gemacht, sich nun billiger zu verschulden. Ein Land wie Griechenland, das vorher seine Defizite durch Abwertungen, neue Schulden und Geldschöpfung überbrückt hatte, hätte bei der Einführung des Euro sein Finanzsystem grundlegend reformieren und insbesondere ein effizientes System der Beibringung der Steuereinnahmen einführen müssen, da ihm in der Währungsunion künftig Abwertung und eigene Geldschöpfung verwehrt waren. Stattdessen hat Griechenland seine Auslandsschulden in den zehn Jahren zwischen 2000 und 2010 verzehnfacht.

Wir wollen es uns ersparen, im Einzelnen zu rekapitulieren, wie die Staaten Europas um die Aufrechterhaltung der Zahlungsfähigkeit der Banken und der Staaten kämpften. Die Banken, welche die Staatsanleihen hielten, mussten, wenn die Staatsanleihen an Wert verloren, durch staatliche Hilfen gerettet werden, was wiederum die Staatsschuld vergrößerte. Zusammenbrüche wurden vermieden, Zeit wurde gekauft, indem die Europäische Zentralbank mit verschiedenen Maßnahmen über Geldpolitik im engeren Sinn hinausgriff und durch den Kauf von Staatsanleihen die Märkte beruhigte. Als Bollwerk gegen den Bankrott wurde erst der Eurorettungsschirm, dann der Europäische Stabilitätsmechanismus geschaffen, die notleidenden Staaten Kredite gewähren können aufgrund von Einzahlungen, vor allem aber von Bürgschaften der reicheren Staaten.

So sehr nun die Bedeutung der Verknüpfung von Staatsschuldenkrisen und Bankenkrisen, wie sie gestern in Irland oder Griechenland und heute, beim Niederschreiben dieses Textes, in Zypern sich zeigt, das wirtschaftliche Leben des jeweiligen Landes und, über mögliche Kettenreaktionen, das europäische und das der Weltwirtschaft gefährdet, liegt das eigentliche Problem der Währungsunion woanders. Hinter den Nachwirkungen der Wirtschaftskrise und der Verschuldung der Staaten Eurolands lauert als das Problem mit der größten Sprengkraft: das Auseinanderlaufen der Inflationsraten, der Geldlöhne und der Produktivitäten. Man fasst diese Größen durch den Begriff der Lohnstückkosten zusammen. Die Lohnstückkosten auf Stundenbasis (unit costs) setzen das nominale Arbeitnehmerentgelt, gemessen am Arbeitsvolumen der abhängig Beschäftigten, und reale Bruttowertschöpfung, gemessen am Arbeitsvolumen der Erwerbstätigen, zueinander in Beziehung; so erhält man im Wesentlichen Löhne geteilt durch Produktivität nach der folgenden Formel:

- nominales Arbeitsentgelt
- Arbeitsvolumen der abhängig Beschäftigten
- reale Bruttowertschöpfung
- Arbeitsvolumen der Erwerbstätigen

Es ist in Deutschland mittlerweile recht bekannt, wird aber in anderen Ländern gern verdrängt, dass sich die Lohnstückkosten im Euroraum zwischen 2000 und 2010 sehr verschieden entwickelten.

In den Kernländern der EU fand in dieser Dekade ein Anstieg der Lohnstückkosten von etwa 20 Prozent statt, wobei Deutschland eine Sonderentwicklung durchlebte; hier blieben die Lohnstückkosten nahezu konstant. Demgegenüber stiegen die Lohnstückkosten in Italien, Griechenland, Spanien, Portugal, Irland um 35 Prozent. Die Schwierigkeiten, in denen die verschiedenen Euroländer stecken, entsprechen ungefähr den Divergenzen in dieser Entwicklung. Seit 2010 hat es eine gewisse Konvergenz bei den Lohnstückkosten gegeben. Sie sind in Griechenland infolge der radikalen und wohlstandssenkenden, wirtschaftspolitischen Maßnahmen deutlich gefallen, auch für Irland und Portugal ist ein solcher Rückgang gegenwärtig absehbar. Umgekehrt beginnen die Lohnstückkosten in Deutschland stärker zu steigen; in Italien ist die künftige Tendenz einstweilen unbestimmt.

Stellen wir paradigmatisch die Lagen in Deutschland und in Italien einander gegenüber. Hier sind die Lohnkosten in den privaten Sektoren zwischen 2000 und 2010 nominal jährlich durchschnittlich im Falle Deutschlands um 1,1 Prozent, im Falle Italiens aber um 1,9 Prozent gestiegen. Die größere Lohnkostensteigerung wird in Italien aber nicht etwa durch eine höhere Produktivitätsentwicklung gerechtfertigt, sondern umgekehrt: Es ist die Produktivität der Gesamtwirtschaft 2000 bis 2010 real mit der durchschnittlichen Wachstumsrate in Deutschland um 0,6 Prozent gestiegen, in Italien aber während des ganzen Jahrzehnts jährlich um 0,2 Prozent gefallen. Nimmt man in Italien an Debatten über die Ursachen und Folgen teil, glaubt man, das Gespräch zwischen Fuchs und Igel nach der antiken Fabel von Äsop zu hören: Der Fuchs kennt hundert Listen, der Igel eine große. Groß wäre hier eine sog. interne Abwertung, also eine Deflation von Löhnen und Preisen. Werden beide zugleich gesenkt, bleibt der inländische Reallohn konstant, aber man kann mit den, in Euro gerechnet, gefallenen Löhnen im Ausland, wo die Preise in Euro konstant geblieben sind, weniger kaufen; dafür steigt die Wettbewerbsfähigkeit, also der Export. Seit der Reformen der Weltwirtschaftskrise und der zugehörigen Schriften von Keynes weiß allerdings jeder Ökonom von den Schrecken, die eine Deflation mit sich bringt. Wenn die Preise fallen, werden die Investoren entmutigt. Wenn sie am Anfang des Jahres Produktionsmittel zu bestimmten

Preisen gekauft haben, werden sie am Ende dieses Jahres feststellen müssen, dass die Preise, zu denen sie die Produkte nun verkaufen können, unterdessen gefallen sind, so dass sie jedenfalls einen erwarteten Gewinn nicht erzielen werden und vielleicht Verluste machen. Die Folge sind Rückgang der Produktion, weiterer Rückgang der Preise und weitere Entmutigung. Gäbe es die Währungsunion nicht, könnte Italien oder jedes in ähnlicher Situation befindliche Land zur Kompensation des vorangegangenen Inflationsprozesses die Währung extrem abwerten, wie es vor Einführung der Währungsunion oft genug geschah, statt intern abzuwerten, d.h. zu deflationieren. Diese externen Abwertungen wurden jeweils kurzfristig eingeführt; überraschte Exporteure konnten den Vorteil der Verbilligung ihrer Waren schnell realisieren; Importeure hatten plötzlich die inländische Konkurrenz zu fürchten: so stieg die Nachfrage. Um bei der internen Abwertung dieselben Vorteile zu erreichen, müsste sie rasch, entschlossen, und mit Zuversicht verbreitender Klarheit der Ziele durchgesetzt und durchgeführt werden. Soweit der Igel. Aber der Fuchs, der solche Entschiedenheit nicht aufzubringen vermag und weiß, dass Deflationen in der Regel mit einem Rückgang der Nachfrage einhergingen, hat nun andere Listen. Mit Recht will man in Italien das wirtschaftliche Wachstum durch politische Reformen im Zentralstaat und in den Regionen erleichtern und den Kampf gegen Korruption intensivieren. Das hätte freilich noch leichter vor der Krise geschehen können und wirkt jedenfalls nicht schnell gegen dieselbe. Man spricht von Förderung des Wachstums durch Kreditvergabe, durch Verbesserung der Infrastruktur, durch Stärkung der Banken, aber der Staat, der dies finanzieren müsste, steckt selbst in der Klemme. So sind Zwangsanleihen zur Investitionsförderung vorgeschlagen worden: auch eine Notmaßnahme, die vielleicht nützt, wenn Investitionsprojekte gut geplant werden, aber sicher die Schulden erhöht. Dann wird versucht, die wirtschaftlichen Schwierigkeiten anders zu erklären. Deutschland habe seine Nachfrage nach Gütern aller Art vom europäischen Süden nach Osteuropa und nach China verlegt. Aber was hilft es festzustellen, dass die Deutschen tatsächlich vermehrt chinesische Hemden und weniger italienische kaufen? Von deutschem Merkantilismus ist daraufhin die Rede und von rücksichtsloser deutscher Exportsteigerung. Empfohlen wird, es sollten die deutschen Löhne steigen, aber wird Deutschland die so mühsam gewonnene Wettbewerbsposition gegenüber dem Rest der Welt angesichts der Globalisierung aufs Spiel setzen, um Italien die Schmerzen interner Abwertung zu ersparen? Soll insgesamt lieber der Euro abgewertet werden? Dadurch verbessert sich die relative Wettbewerbsposition Italiens nicht, und es könnte ein Inflationsprozess im Euroland ausgelöst werden. Sind keynesianische Maßnahmen zur Wirtschaftsbelebung angezeigt? Wenn Kredite zur Verfügung stehen, vielleicht, aber werden die direkten und indirekten Effekte solcher Nachfragesteigerung (die sog. Multiplikatoreffekte) nicht wieder vor allem den Ländern zu Gute kommen, die zu günstigen Lohnstückkosten produzieren können? Es wird ein technisches Argument der Außenhandelstheorie herangezogen. Im internationalen Handel können Länder, die teurer produzieren als andere (also Länder, die bei den sog. absoluten Kosten einen Nachteil haben) gleichwohl in den Austausch treten, indem sie verkaufen, was sie relativ billiger herstellen können (komparative Kostenvorteile nutzend). Aber infolge der einheitlichen Währung gelten in Euroland die absoluten Kostenvorteile. In der Fabel des Äsop endet das Gespräch zwischen Fuchs und Igel mit der Ankunft der Jäger und ihrer Hunde. Der Igel rollt sich zusammen, die Hunde lassen ihn unberührt und beißen den Fuchs. Wir wollen nicht hoffen, dass die Eurokrise in handgreifliche Auseinandersetzungen führt, aber wir beobachten mit Sorge, dass die scheinbare Unlösbarkeit der Eurokrise in Italien zu chauvinistischen Reaktionen, zu populistischer Politik und zur Emigration tüchtiger Arbeitskräfte führt. Nun mag man einwenden, dass viele Staaten mit starken regionalen Divergenzen leben müssen. Gerade Italien selbst bietet ein Beispiel. In der Lombardei und im Piemont ist der Wohlstand, gemessen im Bruttoinlandsprodukt pro Kopf beinahe doppelt so hoch wie in Kalabrien und Sizilien. Wie weit solche Unterschiede auf die Zeit vor der Einigung Italiens zurückgehen, wie weit sie sich durch die Einigung verstärkt oder gemindert haben, ist umstritten. Fest steht, dass Italien zusammengehalten werden konnte. Eine gemeinsame Kultur und Sprache haben dabei geholfen, wobei die Nation freilich nicht nur mit sanften Mitteln an der Vereinheitlichung arbeiten musste. Das Gewaltmonopol des Staates musste besonders in den ersten Jahrzehnten der Einigung gegen partikularistische Strömungen im Süden eingesetzt werden. Eine einheitliche Gesetzgebung schuf ein verhältnismäßig zentralistisches Staatswesen, das nun durch Besteuerung, Finanzausgleich und die Staatsausgaben zur Homogenisierung beitragen konnte, in weit höherem Maße, als dies der europäischen Union möglich ist, weil sie über so viel geringere Einnahmen, pro Kopf gerechnet, verfügt. Grundsätzlich kann der Staat bei jeder Infrastrukturinvestition, bei der Einrichtung militärischer Anlagen, bei der Errichtung der Bildungsanstalten stets suchen, Wohlstandsdifferenzen zu kompensieren, über den Finanzausgleich zwischen den Regionen hinaus. Dabei wurden, wie Italiener gern zugestehen, in ihrem Fall auch Fehler gemacht; es entstanden Investitionsruinen im Süden, aber nicht alles lief schief, und wo die Umverteilung gelang, wurde sie gerne angenommen. Der Partikularismus des Südens wurde in den letzten Jahren von einem Partikularismus des Nordens (der Lega) abgelöst. Auch er hat sich nicht durchgesetzt; die nationalstaatliche Idee hat noch einmal gesiegt.

F. Wie weiter?

Wir kommen zur entscheidenden Frage: Steht Europa vor der Wahl zwischen der Preisgabe der Währungsunion und der Einführung einer Transferunion?

Die Preisgabe des Euro wäre teuer. Sie verbände sich mit einem gewaltigen Prestigeverlust, sie hätte aber auch monetäre Kosten. Deutschland müsste mit einer starken Aufwertung fertig werden, und der Katzenjammer könnte auch funktionierende europäische Institutionen gefährden. Andererseits sind Auflösungen sogar von Staaten ohne Krieg und zum wirtschaftlichen Vorteil der Gliedstaaten vorgekommen, wie die Spaltung der Tschechoslowakei, das Auseinandergehen von Tschechien und der Slowakei beweist. Die Auflösung Eurolands wäre weniger als die Auflösung eines Staats. Die Transferunion andererseits ist für Deutschland keine erfreuliche Option, weil sie eine Staatlichkeit anderer Natur als die bundesrepublikanische bedeuten würde und weil der Gedanke, immer wieder durch die Mehrheitsbildung in Europa zu neuen Zahlungen gezwungen zu werden, Bürger und Politiker gleichermaßen erschreckt. Dabei ist die deutsche Position keineswegs konsequent und von Widersprüchen frei. Die Maastricht-Kriterien hat man selbst nicht eingehalten, trotz der Friedensdividende, die Deutschland durch die Beendigung des Kalten Krieges genoss. Die Bürgschaftsverpflichtungen durch den europäischen Stabilitätsmechanismus wurden hingenommen, obwohl man sich dadurch an der Grenze des vom Grundgesetz Gestatteten bewegte. Den Deutschen war und ist die Politik der Europäische Zentralbank überwiegend unheimlich (Target-Salden, ELA, OMT), obwohl auch die deutschen Exporte durch diese Politik gefördert wurden. An ordoliberalen Grundsätzen wird bekenntnishaft festgehalten, aber man kennt auch die Abhängigkeit von keynesianischen Stabilisatoren. De facto ist Euroland einer Transferunion schon recht nahe. An Eurolands Spitze steht allerdings nicht eine demokratisch gewählte Regierung – Europäische Kommission und Europäisches Parlament sind für die EU, nicht für Euroland zuständig – sondern die an einen Club gemahnende Vereinigung der Staats- und Regierungschefs Eurolands. Der Club verhandelt in unregelmäßigen Abständen nächtelang mit je nach den Wahlen wechselnder Zusammensetzung bei entsprechender Schwankung der persönlichen Harmonien mit immer neuen Improvisationen (Fiskalpakt); so ersetzt er die in Euroland fehlende echte Regierung – teilweise. Warum wird dieser höchst unbefriedigende und allseits als unbefriedigend empfundene Zustand nicht überwunden? Eine nicht unwesentliche Schwierigkeit sehe ich nach wie vor in der schwankenden Haltung der Briten. Sie können die Europäische Union nicht leichten Herzens verlassen, da große wirtschaftliche Interessen sie an diese binden. Stellen wir uns gleichwohl vor, sie wären nicht dabei. Infolgedessen würden EU und Euroland weitgehend übereinstimmen. Die seit sechzig Jahren geschaffenen Institutionen der europäischen Einigung würden dann nach der Logik der Dinge nicht völlig automatisch, gewiss nicht ohne Reibungen, aber doch leichter und schneller als jetzt zur Übertragung von Souveränitätsrechten an eine zur Regierung weiter zu entwickelnde Kommission in Brüssel unter Kontrolle durch das Europäische Parlament führen. Aber wer kann gegenwärtig wagen, wesentliche Schritte zur Preisgabe der nationalen Souveränität vorzuschlagen, solange es sicher ist, dass sich die Engländer dem entgegenstellen werden? Und hier darf man tatsächlich „Engländer“ sagen, denn die Schotten denken etwas anders. Wir befänden uns in einer anderen Lage, wäre Großbritannien bei der EFTA verblieben und wäre nur durch spezielle bilaterale Verträge, ähnlich wie die Schweiz, mit der EU verbunden. Einen weiteren Grund, weshalb die europäische Einigung nicht vorankommt, sehe ich in der für mich evidenten Forderung, dass die Nationalstaaten ihre Souveränität nicht nur an eine europäische Zentrale, sondern auch nach unten an die Regionen abgeben müssten, schließlich bis an den Punkt, wo zumindest die großen europäischen Nationalstaaten ganz verschwänden.

Das „Europe des patries“, das Charles de Gaulle einst verfocht, wäre niemals zum Staat geworden. Für eine echte Dezentralisierung, unter Aufwertung der Regionen und Gewährung ihrer besonderen fiskalischen Rechte und Pflichten, spricht viel: alte regionale Traditionen, die wieder aufleben könnten, auch in Absprachen zwischen Regionen über bestehende nationalstaatliche Grenzen hinweg, die Belebung des Bürgersinns durch größere Nähe der Verwaltung und größere Selbstverantwortung, das negative Bild eines Europa als zentralistischen Molochs, das es durch ein positives zu ersetzen gilt, und schließlich das Bestreben, eine Transferunion ohne demokratische Kontrolle zu vermeiden. Wir fragen uns, wer zum Vorkämpfer einer solchen vorwärts gerichteten Europapolitik werden könnte. Die Gründerväter Europas in den fünfziger Jahren konnten solche Ziele mit größerer Überzeugung in sich tragen und vertreten, weil sie dem alten europäischen Humanismus noch näher standen als eine gegenwärtige Generation, die von den europäischen Werten infolge einer anderen Erziehung weniger geprägt wurde und die durch die von der Globalisierung mitgerissenen Medien in andere Richtungen davongetragen wird. Gerade angesichts der Globalisierung wäre es wichtig, das Projekt einer europäischen Staatlichkeit schon um des Einflusses Europas in der Welt willen nicht aufzugeben, aber ohne ein europäisches Bewusstsein wird man die den Einigungsprozess entgegenstehenden Kräfte nicht überwinden. So läuft es schließlich darauf hinaus zu erkennen, dass das Schicksal Europas sich jetzt entscheidet – oder jedenfalls recht bald – denn selbst wenn es gelingen sollte, die Krise der Währungsunion diesmal noch ohne Staatenbildung zu überwinden, werden ähnliche Krisen aus ökonomischen Gründen doch sicher wiederkehren, wodurch die eigentlich jetzt zu lösende Frage erneut gestellt würde. Für die Entwicklung eines europäischen Bewusstseins aber kenne ich keine andere Grundlage als das Bewusstsein der europäischen geschichtlichen Entwicklung.

Gibt es eine mythenfreie Politik?

Jost Bauch

Mit dem Mythos fing der Mensch an, sich über sich selbst und die Welt Gedanken zu machen. Dabei dachte er nicht analytisch, er dachte in inneren Bildern, metaphorisch, plastisch, allegorisch. Am Anfang der Menschheitsgeschichte stand bei den großen Erzählungen neben Homer, so könnte man sarkastisch anfügen Walt Disney. Die Welt als Comic. Vielleicht sind wir heute bei der uns umgebenden Bilderflut wieder auf dem Weg zurück zu den Anfängen des menschlichen Denkens. Die Zeichen der Entschriftlichung unserer Gesellschaft sind eindeutig, in oralen Gesellschaften haben Mythen wieder ihre Chance.

Jedenfalls stand der frühe Mensch den Wirkkräften der Wirklichkeit hilflos und ohnmächtig gegenüber. Er war als bipedes Fluchttier im „Absolutismus der Wirklichkeit", wie das Hans Blumenberg formulierte, gefangen. Er war gezwungen, sich von dem Unvertrauten ein Bild zu machen, wollte er nicht diesem Absolutismus auf immer ausgeliefert sein. Er musste sich von dem Unzugänglichen und Unvertrauten ein Bild machen. Diese Paradoxie löst der Mythos auf, er hat ganz wesentlich eine Entparadoxierungsfunktion. Mit dem Mythos holt der Mensch das Unvertraute ins Vertraute, mit ihm wird das Reden über das Unvertraute im Vertrauten möglich. Man benutzt dabei einen Trick, der heute bei jeder Form von Systembildung angewandt wird und als moderne Technik gilt. George Spencer Braun nannte diesen Trick „re-entry". Die Unterscheidung vertraut/unvertraut wird auf der vertrauten Seite der Unterscheidung wieder eingeführt und wiederholt, die Grenzziehung wird intern auf der einen Seite der Unterscheidung als Grenzziehung dupliziert. So kann man im Vertrauten über das Unvertraute reden. Unzugängliches wird erklärbar und kann durch entsprechende rituelle Handlungen und Tabus zumindest in der Sicht der Akteure beeinflusst werden: Die Götter können besänftigt werden und damit Einfluss auf die Naturgewalten ausgeübt werden. Der Regen kommt zur rechten Zeit und rettet die Ernte und die Jagd wird erfolgreich und die Frauen sind fruchtbar. Auch Hochreligionen arbeiten mit dieser Technik des Re-entry. Durch die Offenbarung bekommt man Einblick in die Transzendenz, mit Gott kann man im Gebet sprechen, wir machen uns ein innerweltliches, immanentes Bild von der Transzendenz, die doch in Wirklichkeit jenseits unseres Vorstellungsvermögens steht.

Ja und dann kommt die Moderne in Form der Aufklärung, die alle mythologischen und religiösen Vorstellungen zerschlagen will. Vernunft versus Mythos. Veritas non auctoritas facit legem. Man will die Gesellschaft more geometrico erklären, muss dabei aber immer wieder auf mythologische Vorstellungen zurückgreifen. Da ist beispielsweise die Vorstellung vom „Naturzustand" aus dem heraus die Prinzipien einer aufgeklärten Zivilgesellschaft abgeleitet werden sollen. Vorstellungen vom „bösen Wilden" (Hobbes) oder vom „guten Wilden" (Rousseau) stehen am Anfang der Staats- und Gesellschaftskonstruktionen. Doch gibt es einen Menschen im Naturzustand? Ist der Mensch nicht von Anfang an ein soziales und durch Kultur geprägtes Wesen? David Hume war wohl der einzige in der damaligen Zeit, der den Unsinn vom Naturzustand durchschaut hat. Selbst die Bibel war da weiter. Gott hat Adam geschaffen, der Mensch im status naturalis. Dann stellte er Adam Eva zur Seite, die Gesellschaft war geboren in Form der Gemeinschaft von Mann und Frau. Jetzt nahm die Gesellschaft ihren unheilvollen Lauf. Eva verführte Adam. Der Startpunkt der Gesellschaft war die Vertreibung aus dem Paradies. Der Mensch in dieser Welt ist so von Anfang an ein Sozialwesen. Genauso abstrus ist die Vorstellung der Aufklärer vom „Gesellschaftsvertrag". Als ob irgendwo in der Welt eine Gesellschaft über einen Vertrag aller inkludierten Individuen geschlossen worden wäre. Das ist ein Ursprungsmythos ins Soziale gewendet. Man suchte einen archimedischen Punkt für den Start einer vernunftgeprägten Geschichte. Mit realer Geschichtsschreibung hat dies nichts zu tun. Kant, so Günter Rohrmoser, schließlich war der Vollender und gleichzeitig der Überwinder der Aufklärung. Er erkannte, dass der Vernunftgebrauch keinesfalls Gott, Glaube, Religion ersetzen kann, weil die Vernunft sich nicht selbst erzeugen kann, es muss einen Grund geben, der der zu gebrauchenden Vernunft vorausgeht. Ohne die regulative Idee Gottes ist das letztlich nicht vorstellbar. So genial Kant in der Erkenntnistheorie und praktischen Philosophie war, in der Geschichtsphilosophie hat er sich vom aufklärerischen Impetus nicht befreien können, er replizierte den Fortschrittsmythos der Aufklärung. Er glaubte an eine providentielle Vernunft in der Geschichte. In Anlehnung an Adam Smith glaubte er an eine „invisible hand", eine unsichtbare Hand, die trotz der Boshaftigkeit der Menschen diese geradezu in den Status der Legalität treiben würde, weil, selbst, wenn die Welt voll Teufel wäre, diese, wenn sie bei Verstand wären, den Status der Legalität wegen eigener Vorteile anstreben würden. Es grüßt die berühmte „Bienenfabel" von Bernard Mandeville: „private vices" mutieren zu „public benefits". Wie der Titel schon sagt, das ist eine Fabel. Und was ist eine unsichtbare Hand, die in das Weltgeschehen eingreift, nichts anderes als ein mythologisches Bild, vergleichbar mit der mythologischen Vorstellung von der Einflußnahme der Götter und Halbgötter auf die diesseitige Welt.

Also ist die Aufklärungsliteratur nicht mythenfrei, wie überhaupt die Moderne ihre eigenen Mythen produziert. Claude Levi-Strauss kommt zu dem Schluss, dass das moderne wissenschaftliche Denken dem gleichen Muster folgt wie das „wilde Denken", der „pensée sauvage". Die Wissenschaft übernimmt in der Moderne die Funktion des Mythos. Sie dient wie der Mythos der Unsicherheitsabsorption, Unkontrollierbares soll in für den Menschen in Kontrollierbares transformiert werden. Sie ist Teil eines großen Machbarkeitsmythos. Wenn genug geforscht wird, kann der Mensch die Probleme der Gegenwart zur Bewältigung der Zukunft lösen. Allerdings müssen Unterschiede konstatiert werden: Die alten Mythen waren weitgehend rückwärtsgewandt, sie dienten der Bewältigung von Mächten, die aus der Vergangenheit in die Gegenwart intervenierten und es waren naturhafte Gefahren von alten, ewig wirkenden Mächten. Die neuen Mythen dagegen sind vorwärts- und zukunftszugewandt, sie dienen der Bewältigung des Unvertrauten, das in der Zukunft liegt. Gefahren werden dabei zu Risiken. Nicht mehr die archaischen Naturkräfte bedrohen heute den Menschen, er bedroht sich selbst. Es entsteht eine neue Risikosemantik, der Mensch schreibt die Bedrohung seiner Existenz sich selber zu, es sind die Folgewirkungen seines Entscheidens und Handelns, die den Menschen zukünftig bedrohen. Selbst Naturkatastrophen schreibt der Mensch sich heute selbst zu, schließlich ist er es, der die Klimaerwärmung initiiert hat. Selbst Tsunamis und Vulkanausbrüche werden nicht als Gefahren sondern als Risiken (eben mit Selbstzuschreibung) wahrgenommen, weil man nicht genug in Frühwarnsysteme und Risikomanagement investiert hat. Das Unvertraute liegt heute in der Zukunft und nicht mehr in der Vergangenheit. Wissenschaft macht Kontingenzbewältigung möglich, die Komplexität möglicher Entwicklungen wird auf gewünschte Szenarien reduziert. Insgesamt ist dies eine Verlängerung mythologischen Denkens, das sich dann auch in mythologischen Beschwörungsformeln Ausdruck verleiht. Eine Beschwörungsformel lautet: „Nachhaltigkeit“. Man will nur das bewirken, was man bewirken will (möglichst ohne Nebenwirkungen) und das möglichst „zukunftsfest“. Kollateralschäden des augenblicklichen Entscheidens des Menschen erscheinen als die neuen Mächte der Finsternis und müssen durch Verwissenschaflichung vermieden werden. Eine andere Beschwörungsformel lautet: „Prävention“. Prävention ist gleichsam ein Fenster in die Zukunft. Ich kann schon heute Probleme lösen, die ich erst in der Zukunft haben werde. Prävention, so wollen es die wissenschaftsgläubigen Sozialplaner mit Festanstellung uns weisemachen, ist Unsicherheitsabsorption mit Garantiesiegel. Es lebe der Mythos von der Beherrschbarkeit von Welt.

Erst recht ist die Politik ohne mythologische Basierung undenkbar. Diese Einsicht verdanken wir George Sorel, diesem französischen Denker, der nie die Aufmerksamkeit bekam, die er eigentlich verdient hätte. Politik ist nach Sorel nicht mythenfrei, weil es in der Politik immer um „Wollungen“ und nicht um Wahrheit geht. Wollungen sind mit Kampf verbunden. Politik ist ein Feld des immerwährenden Kampfes zwischen Ideologien, Interessen und Einflusssphären. Dazu müssen Massen bewegt und motiviert werden. Und das geht nicht ohne Mythos. Denn ein Mythos ist die „phantasierte Vorwegnahme des Kommenden“, er hält wie ein Schwungrad die Massen in Bewegung, er versorgt die

Massen mit Bildern, die es lohnenswert erscheinen lassen, sich für die mythologisch unterlegte soziale Bewegung bis zur Selbstaufgabe zu engagieren. Mythische Bilder erzeugen Begeisterung für eine gerechte und erstrebenswerte Sache (was Missbrauch nicht ausschließt!), egoistische Motive treten in den Hintergrund, es stellt sich „Erhabenheit" ein, der Mensch wird erst jetzt zu einem moralischen Wesen. Sorel exemplifiziert dies anhand der syndikalistischen Bewegung innerhalb der Arbeiterbewegung. Er stellt sich damit gegen den staatsbejahenden Reformsozialismus, den er als Imagination einer Funktionärskaste identifiziert. Die mythologisch unterlegte Erhabenheit findet er in vielen sozialen Bewegungen: Er findet sie in der frühhellenistischen Geschichte, er findet sie bei den katholischen Mönchen, er findet sie bei den napoleonischen Armeen und er findet sie in den deutschen Befreiungskriegen, wo die mit Quiriten-Tugenden ausgestatteten Deutschen den französischen „Hasenfüßen" eine Lektion nach der anderen erteilten. Entscheidend für Sorel ist, dass die mythologisch unterlegten sozialen Bewegungen die Geschichte verflüssigen. Alte, petrifizierte Verhältnisse werden umgestoßen. Denken wir nur an die deutsche Wiedervereinigung. Plötzlich hatten die Massen des Volkes die Entwicklung in der Hand, die Berufspolitiker konnten nur reagieren. Mythologisch wurden die Großdemonstrationen in Plauen und Leipzig von dem alten Traum von „Einigkeit und Recht und Freiheit" angetrieben und damit war das Volk und nicht die behäbige Politikerkaste, die alles am liebsten verhindert hätte, geschichtsbildend. Mythen bilden so soziale Bewegungen aus, die verhindern, dass Politik alleine zum Geschäft einer polit-bürokratischen Klasse wird. Ein Mythos mobilisiert den Volkswillen und verflüssigt Politikformen. Das routinisierte Alltagsgeschäft der Politik wird aufgebrochen und neue Horizonte entstehen. Im Sorel'schen Sinne ist der Mythos ein Evolutionsbeschleuniger. Eine mythenfreie Politik wäre das Ende der Geschichte, wir wären dann im Orwell`schen Superstaat angekommen, der nur noch die Verordnung kennt. Ein Schelm, wer da an Brüssel denkt.

Wir Deutschen sind im Übrigen besonders von Mythen umstellt. Als verspätete Nation (Plessner) ist es uns erst sehr spät gelungen, einen rational organisierten Nationalstaat auf die Beine zu stellen. Wie Heine schrieb, lugt in Deutschland das Mittelalter immer wieder in die Gegenwart, die Romantik war vorherrschend, nicht der Rationalismus. Der deutsche Zentralmythos ist das „Nibelungenlied". Hier wird ein Fest der germanischen Tugenden gefeiert, es geht um Treue, Opferbereitschaft, Ehre, Ehrlichkeit, also um Interaktionsmoral. Diese Interaktionsmoral aus den Wäldern Germaniens beherrscht bis heute das deutsche Politikverständnis. Politik ist wie bei anderen Völkern kein Geschäft, keine Seins-Sphäre eigenen Rechts, wo Kompromisse ausgehandelt und Interessen durchgesetzt werden. Politik ist in Deutschland von Anfang an moralisch, es geht nicht um das gerade noch Machbare, es geht um das Gute und Richtige. Politik ist im Übermaß moralisch aufgeladen. Cora Stephan spricht von einer „Betroffenheitssemantik" im deutschen Politikverständnis, womit das Wesen des Politischen eigentlich verfehlt wird. Der Deutsche ist eigentlich unpolitisch oder besser apolitisch, er politisiert mit unpolitischen Mitteln nicht erkennend, dass makropolitische Prozesse, wo es um Interessenformulierung und Abwägung von sozialen Großverbänden geht, schlecht mit der familiären Hausmoral und dem interaktionsnahen Sippenethos zu gestalten sind. So ist es nicht verwunderlich, dass bis heute mit der Moralkeule in der Politik bevorzugt gearbeitet wird. Da passt besonders der Antifaschismus als bundesrepublikanische Staatsraison gut ins Repertoire der Politikinszenierung. Allerdings muss man dabei den ideologischen Wandel des Antifaschismus im Auge haben. In der DDR-Lesart war der Faschismus Teil des Imperialismus und dieser war ein historisch notwendiges Übergangsstadium zum Sozialismus. Der Faschismus war gleichsam die letzte Front, die der Kapitalismus gegen den Sozialismus aufbauen konnte, er war mehr oder weniger eine notwendige Geschichtsepoche im Übergang zum Sozialismus (die sog. Dimitroff-These). Mit der Wiedervereinigung wurde aber diese geschichtsdeterministische These des historischen Materialismus zu Grabe getragen und machte einer „bürgerlichen" Vorstellung von Faschismus Platz. Dabei geht es einmal wieder – das Nibelungenlied lässt grüßen – um Moral. Es geht um Attitüden, um Einstellungen, um faschismusaffine Charaktereigenschaften, die nur mit psychologischen Mitteln wie Bloßstellen, Denunziation und Rufmord-Kampagnen bekämpft werden können. Adornos Studien zum „autoritären Charakter", den er den Deutschen zurechnete, standen dabei Pate. Der Deutsche hat sich einer andauernden „psychologischen Reeducation" zu unterziehen. Das vom Soziologen und Systemtheoretiker Talcott Parsons empfohlene Gegenmodell des Aufbaus demokratischer Institutionen, die dann die demokratische Umerziehung von alleine leisten, wurde nach dem Kriege von den Befürwortern der psychologischen Umerziehung verworfen. So befinden wir uns in der paradoxen Situation, dass die selbsternannten Antifaschisten, die alles bekämpfen, was ansatzweise deutsch ist, politisch im Grunde „urdeutsch" argumentieren, der Germanen-Mythos lebt in Ihnen weiter. Die Politik in Deutschland hat sich in den letzten Jahren zunehmend antifaschistisch ausgerichtet. Es gilt, diese politische Einseitigkeit zu beenden, sonst ist die Demokratie in Gefahr. Nach zwei Diktaturen, 12 Jahren Faschismus und über 40 Jahren Kommunismus brauchen wir einen „antitotalitären Konsens", der auch die linke Seite des politischen Spektrums in den Blick nimmt. Wir brauchen einen Rückgriff auf den „Freiheitsmythos", einen politisch symmetrischen Freiheitsbegriff, der die politischen Ränder rechts und links gleichermaßen verwirft. Vorbilder für einen solchen Freiheitsmythos gibt es in der deutschen Geschichte genug: Denken wir an die Varus-Schlacht, das Hambacher Fest, die Befreiungskriege, die Paulskirche, die Bauernkriege, Luthers Kampf gegen Rom und schließlich der Glücksfall der friedlichen Wiedervereinigung.

Buchpräsentation
Jost Bauch: „Mythos und Entzauberung: Politische Mythen der Moderne“ 24. 5. 2014

Harald Seubert

Jost Bauch, Vizepräsident des Studienzentrums Weikersheim seit 2011, ist unter Konservativen als Soziologe und unter Soziologen als Konservativer gleich in doppelter Hinsicht ein Weißer Rabe. Fast vergessen ist durch die Prägung des Soziologiebegriffs von der Phalanx der Achtundsechziger, dass es einmal eine andere Soziologie gegeben hat: die realistische Soziologie der Leipziger Schule im 20. Jahrhundert ist dafür exemplarisch. Ihre Namen sind zu den Loci classici des Konservatismus zu zählen: Hans Freyer, Arnold Gehlen, Helmut Schelsky, der für Bauch noch eine sehr wichtige Funktion hat. Dies reicht noch weiter zurück: zu Hegel, zu Platon und damit zu der Frage, in welcher Welt der Mensch leben kann und leben will.

In transformierter Gestalt wurde diese Konzeption in die soziologische Theorie von Niklas Luhmann aufgenommen: Ein imponierendes Gebäude. Was Luhmann, den Schelsky entdeckte und in einem Jahr 1968 – ausgerechnet – promovierte und habilitierte, in einem DFG-Antrag, der alle heutige BIG SCIENCE, die es vielleicht in der Bürokratie ist aber kaum in den Leistungen, schrieb, löste er auch ein: Eine umfassende Theorie der Gesellschaft. Laufzeit: dreißig Jahre (fast genau bis zu Luhmanns Tod berechnet!): Mittel, die benötigt werden: Keine. Er ist für Jost Bauch zum wichtigsten Mentor geworden.

Luhmann war der eigentliche Kritiker und Gegner der Frankfurter Schule der Diskursphilosophie Jürgen Habermas. Er analysierte die Konflikte, die Verlagerungen der ungelösten Fragen, die Kommunikation der verschiedenen Subsysteme der Gesellschaft: Recht, Politik, Wirtschaft, Kunst – und entlarvte mit der ihm eigenen Leichtigkeit und Eleganz die gefährliche Fiktion einer unendlichen Diskursgemeinschaft. Sie war für Luhmann die „Diktatur des Sitzfleisches“. Es gibt Ungerechtigkeiten wie die, dass die Luhmannschüler das Klima der Republik bei weitem nicht so prägten wie die Habermasianer und dass dieser ingeniöse Denker des Sozialen, den Robert Spaemann den Hegel des 20. Jahrhunderts nannte (dessen Systemtheorie an Anspruch und Explikationksraft es nur mit der Hegelschen ‚Logik‘ aufnehmen kann) nun schon seit vielen Jahren, seit 1998, tot ist. Bei Luhmann promovierte Jost Bauch 1981 mit einer brillanten Untersuchung über Handlung und Motiv, die in den Kern des preußischen und Kantischen Pflichtbegriffs hineinführt.

Die gemeinsame Lektion der realistischen Soziologie ist: Nur wenn man die Wirklichkeiten der Gesellschaft kennt, ist man in der Lage politisch klug und verantwortlich zu agieren.

Habilitiert wurde Bauch bei dem renommierten Soziologen Horst Baier Jahre später mit einer grundlegenden Soziologie des Gesundheitssystems: Damit ging er auch in der elementaren Theoriebildung über seinen Lehrer Luhmann hinaus, und ich meine, er hatte Recht, wenn er festhielt, dass es alle Systeme durchdringen, – also auch paralysieren könne. Eine außeruniversitäre Berufstätigkeit führte Bauch in maßgeblicher Funktion zu den Verbänden der Zahnärzteschaft. Er ist einer der wenigen Intellektuellen, die wirklich wissen, wovon sie reden, wenn sie über Wirtschaft sprechen. Er war als Berater der Zahnärztlichen Vereinigung auch in die politischen und faktischen Operationen verstrickt und wesentlich an der Etablierung der Prophylaxe beteiligt. Die Habilitationsschrift ist auch deshalb so überzeugend, weil sie Theorie aus der Praxis und für diese Praxis ist. Es schließen sich die außerplanmäßige Professur in Konstanz, eine Vertretungsprofessur In Neubrandenburg und vielfältige Lehr- und Vortragstätigkeiten in der Weiterbildung an. Ständige Lehraufträge an der Universität zu Köln und der HSA Luzern kamen hinzu. Sie wissen, meine Damen und Herren, dass Bauch wegen fundierter bevölkerungswissenschaftlicher und demographische Publikationen, u.a. in der JUNGEN FREIHEIT von der Konstanzer Antifa mit allen Verdummungs- und Diffamierungsmechanismen, die diesen Kreisen eigen sind, angegriffen wurde. Die Professur konnte man ihm nicht nehmen, weil er in Konstanz habilitiert war. Gewollt hätte man es durchaus. Kein Kollege stellte sich profiliert hinter ihn. Dieser Rückgratschwund, den er durchaus bitter am eigenen Leib erfahren hat, hat ihn nicht gebrochen. Auch seiner Lebensfreude und Lebensart hat er nichts anhaben können.

Mehr als je zuvor, ist Bauch in den letzten Jahren als profilierter Publizist hervorgetreten – daraus gingen seine „Schriften wider den Zeitgeist“ hervor, die in dem Sammelband "Der Niedergang. Deutschland in der globalisierten Welt" von 2010 gebündelt sind. Stichhaltige und pointierte Analysen zum Wandel der Gesellschaft, die es unter anderem wagen, auf Erosionen wie die „taktlose Gesellschaft“ hinzuweisen, die die Hedonismus- und Materialismusfalle der modernen Gesellschaft namhaft machen und die Familie als Urform des Sozialen begreifen. Eine illusionsfreie Diagnose der Zeit, die man nicht missen möchte.

Zu seinem 65. Geburtstag am 1. Mai dieses Jahres hat Jost Bauch nun ein neues Buch vorgelegt: Es ist der Grund dafür, dass wir heute Nachmittag hier zusammengekommen sind. Es greift sehr tief in die Ideengeschichte und die Fundamente des Politischen hinein. Thematisch widmet es sich den ‚Mythen der Moderne‘, die die Entzauberung der Welt (Max Weber) überdauert haben. Mythen haben eine hohe Faszinationskraft. Sie benennen ein Geheimnis und machen damit das Inkommensurable begreifbarer. Ein Restdunkel bleibt gleichwohl. Hier greift Bauch auf Hans Blumenbergs Worte zurück: „Alles Weltvertrauen fängt an mit den Namen, zu denen sich Geschichten erzählen lassen". So formen sich die Schöpfungsmythen aus, die schon im antiken Dichter (Hesiod 6. Jhdt v. Christus) zeigen, wie sich die Urmächte Unterwelt, Liebe, auseinander entwickeln und wie das Verhältnis von Mythos und Logos gelagert ist.

Doch die moderne Welt steht vor einer anderen Situation. Es geht nicht mehr darum, die Gefahren der Naturmächte zu bannen. Sie haben sich, wie Bauch zeigt, in Risiken transformiert. Es ist das Phänomen des Zauberlehrlings, der die Geister, die er gerufen hat, nun nicht mehr bannen kann. Bauch zeigt, dass sich der Mythos unter diesen veränderten Umständen keineswegs überlebt habe; hier widerspricht er auch dem Meister Luhmann.

Wir stoßen buchstäblich ständig auf solche Mythen, wenn wir unsere Welt betrachten: ‚Nachhaltigkeit' ‚Nachhaltige Entwicklung', oder auch auf eine eigene Mythologie der Gesundheit.

Natürlich, auch das analysiert Bauch differenziert, verfährt die europäische Aufklärung als Mythenjäger. Sie kreiert dabei aber selbst einen Mythos: Dass nämlich Mythen dafür verantwortlich seien, wenn die Rationalität sich noch nicht vollständig durchgesetzt habe. Der Mythos der reinen und kalten Rationalität soll jener Mythos sein, der alle anderen Mythen überflüssig macht. Es verhält sich dabei ähnlich wie mit dem allerletzten Krieg, der alle Kriege überflüssig machen soll. René Descartes wollte metaphysisch und erkenntnistheoretisch den Mythen den Garaus machen. Und ebenso versuchte es Auguste Comte, der Begründer der linearen Soziologie, die Erste Wissenschaft der Planung werden sollte. An die Stelle von Religion und Metaphysik treten Wissenschaft und Gesellschaft. Die Erwartung hat schon Leibniz in dem bei Bauch zitierten Grundsatz formuliert: „Wenn ein Streit entstünde, würde unter Philosophen eben so wenig Notwendigkeit für eine Auseinandersetzung bestehen als zwischen Buchhaltern. Es würde ausreichen, dass sie sich mit ihren Tabellen und Bleistiften niedersetzen und zueinander sagten: lasst uns kalkulieren!" Und Bacon, der Begründer der experimentellen Naturforschung, gab die Maxime aus: „Von uns selbst aber schweigen wir!" Der Funktionalismus, der nicht mehr nach dem Wesen fragt, die Entteleologisierung der Welt (der Verlust jener Weltauffassung, die Rémi Brague „La sagesse du monde" nannte), die Preisgabe der Frage Wozu (R. Spaemann) etablieren auch eine kalt rationalistische Rechts- und Staatstheorie. Thomas Hobbes war im 16. Jahrhundert nach den großen konfessionellen Bürgerkriegen deren Vordenker. Doch der Leviathan, der das ‚Bellum omnium contra omnes' auf Zeit einhegt, hat selbst Züge eines magischen Aktes, eines FIAT! Er ist selbst ein Mythos, ein künstlicher wie Carl Schmitt sagte – und damit ein wesentlicher Mythos der Moderne.

Ein Mythos der Fiktion, ja des Phantastischen, ist dann auch Rousseaus volonté génerale. Sie soll den fiktiven Naturzustand des homme solidaire-solitaire in eine Gesellschaftsordnung hinein aufheben. Die ‚Volonté génerale' Rousseaus liest Bauch als Mythos: der allgemeine Wille, der ja eben nicht Wille der Einzelnen sein oder auch nur enthalten soll. Es konstituiert sich ein Collectivum, in dem das Einzelne buchstäblich aufgelöst ist. Eine Folge daraus ist es, dass die Freiheit zwar empathisch genannt wird, durch die mythologische Operation aber verschwindet. Rousseau erhebt so den Protest gegen die Tyrannen der feudalen Welt, der aber die neue Tyrannis des „allgemeinen Willens" inthronisiert. Rousseau ist für Bauch der Begründer einer „totalitären Demokratie" (Jakov Talmon), keineswegs der Vordenker Kants. Dies ist eine – profilierte – Deutung, damit nicht frei von Einseitigkeit. Und ebenso inspirierend.

Auch John Locke, für Bauch ein inkonsistenter Denker („loose thinker", was zumindest im Feld der politischen Theorie zutrifft), hat seinen Mythos der Staatswerdung gegen jedes Gottesgnadentum (Robert Filmer) begründet. Der liberalistische Mythos ist schwach: schon der Naturzustand lässt Freiheit zu; Nur das Geld trübt die edlen Absichten des Menschen und daher bedarf es des Staates, der kein anderes Ziel hat, als das Eigentum zu schützen.

Hier fehlt eine politische Anthropologie. Der Schutz von Life, Liberty und Property bindet den Bürgerstatus an den Besitz. Deshalb ist für das Staatsdenken der Liberalismus eine allzu schmale, ja eigentlich eine unbrauchbare Grundlage. Bauch zitiert E. Voegelins bitterböses aber wohl gar nicht so unzutreffendes Diktum: Lockes Gründungsmythos der civil society zeige vor allem „den unschönen Niederschlag der Eigentumsbesessenheit". Dies wäre Indiz für eine substantielle Schwäche, ein fehlendes normatives Fundament des Liberalismus, wenn es bei ihm allein sein Bewenden hätte. Kants Freiheits-und Rechtsbegriff konnte deshalb eben gerade nicht liberalistisch sein.

Sie erinnern sich wohl an die Diskussion zwischen den beiden Vizepräsidenten Jost Bauch und K. A. Schachtschneider über Kant und Hegel auf dem Podium der Jahrestagung 2012: Eine Sternstunde der Grundlagendebatte, der sittliche Kantianer Schachtschneider und der auf Institution und objektive Ordnungsmächte insistierende, zwar nicht Hegelianer aber doch die Notwendigkeit des Schrittes von Kant zu Hegel registrierende Bauch. Kant scheint der antimythologische Denker schlechthin zu sein. Doch, wie Bauch mit Günter Rohrmoser formuliert und damit sogleich die ganze Tektonik der Kantischen Kritik in den Blick nimmt: „Der Glaube (Postulate) wird zu einer Bedingung der Vernunft, insofern die Vernunft in sich selbst durch evidente Prinzipien nicht begründet werden kann, da zu dieser Begründung die Vernunft immer schon vorausgesetzt werden muss". Der Kantische Gott ist freilich nicht mehr eine wirklich transzendente Lebensmacht. Er ist Gott der Vernunft. Bauch würde aber mit Luhmannn sagen, mehr gehe gar nicht und weiter könne man in der Erkenntnis legitimerweise gar nicht kommen. Transzendente Rede sei nur immanent zu haben. Dies ist aus der Globalperspektive einer Gesellschaftstheorie wohl auch vom Theologen und Metaphysiker zuzugeben. Doch es gibt sehr wohl ein immanentes Denken, das selbst in seinen Grund transzendiert, das wenn es Gott denkt, gleichsam in das Unvordenkliche zurückgeht. Was die immanente Rede trägt, entzieht sich der Beobachtung. Es mag auch richtig sein, dass Moral immer an subjektive Einschätzungen zurückgebunden ist, wie Bauch sagt. Dennoch gibt es einen Typos des Guten, der Sittlichkeit, den wir einander ansinnen und so dieser Subjektivität verbindlich machen. Bauchs Kant-Kapitel ist im Plädoyer klar, in der Argumentation aber subtil. Kant habe nicht sehen können, dass sowohl seine Vernunft- wie auch seine Sittlichkeitskonzeption nicht selbsttragend sind, sondern des Mythos der allgemeinen Vernunftreligion bedürften, den er kreiert. Und dennoch ist die Moralität des Kategorischen Imperativs die tiefste und verpflichtendste Begründung des Humanum, die denkbar ist und kann daher auch als Norma Normans der Rechtslehre firmieren. Die Rechtlichkeit als Manifestation von Freiheit ist fundamental für die Konstitution von Ordnung. Freiheit ist gebunden an Pflicht. Damit ist eine singuläre Höhe des Rechts- und Sittlichkeitsdenkens erreicht! Doch dies ist zu wenig, um die realen Bewegungsmächte von Politik fassen zu können; die bis auf weiteres die Sittlichkeit überlagern. Die Komponente ‚panem et circenses' fehlt. Vorläufiges Fazit: Die Grundpfeiler moderner Gesellschafts- und Sozialordnung, von Rechtsstaat, Freiheit und Republik hängen wesentlich an mythologischen Konzeptionen.

Nun wird es gefährlich. Ein ausgiebiges Kapitel gilt Georges Sorel, der seine Faszinationsmacht auf Linke und Rechte ausstrahlte und von ihnen als ‚notre maître' tituliert wurde. Der Generalstreik ist bei Sorel der Grundmythos der Moderne, in ihn gehen Nietzschescher Wille zur Macht und Bergsons ‚elan vital' ein; dem Reformsozialismus misstraute er. Es gebe eine eigene Moralität der Gewalt, die eben nicht primär hedonistisch und auf den eigenen Selbsterhalt fokussiert sei. Sorel ist kein Systematiker, sondern ein fulminanter Rhetoriker des Paradoxen, das verbindet ihn mit Kierkegaard oder Nietzsche. Das Paradoxon schließt sich nicht mehr zur Summe, zur großen Synthese. So polemisiert er einerseits gegen die Sozialpolitik als Ausdruck der Angst, gegen die Soziologie als ‚Kleinwissenschaft', zugleich gegen die „Plutokratie amerikanischen Stils" als hassenswerteste Phase der Dekadenz. Bei Sorel kann man solche Sätze lesen wie: „Wer lebt, der widersteht, wer nicht widersteht, lässt sich bissenweise zerstückeln". Durch Kampf und Auseinandersetzung erst, so Sorels Grundthese, werden die Widerstandskräfte geweckt. Ohne solche Erhabenheit, die gewiss auch in Widerstandsakten wie dem 20. Juli kulminieren kann, ist auch keine Moral. Aber ist es zufällig, dass Sorel sowohl die Linke wie die Rechte faszinierte? Ich glaube nicht, es ist vielleicht doch vielmehr doch Indiz einer Entschlossenheit und wir wissen nicht wozu (Heidegger-Schüler gegen den Meister 1933). Einem Sorel ohne orientierende Urteilskraft misstraue ich. Den Marxismus entschlüsselte er als ‚Mythos'. Marx' Anspruch auf Wissenschaftlichkeit dekretierte Sorel als nicht haltbar. Das ist eine große Einsicht. Aber vom Mythos des Klassenkampfes zeigte er sich doch fasziniert. Was macht Jost Bauch mit der Frage Sorel heute? Gut ist schon einmal, dass er ihr nicht ausweicht. Der von Huntington prognostizierte, bzw. diagnostizierte Clash of Civilizations: bei Sorel wurde er schon Ereignis. Diagnostisch geht Bauch noch weiter, und auch darin würde ich ihn unterstützen. Die Attitüde der postheroischen Gesellschaft lasse sich gar nicht durchhalten; denn an sie würden Konflikte herangetragen, die eben keineswegs so harmlos sind, wie es die Rede vom ‚Postheroischen' nahelegt. Und: Die One-World-Phantasien seien selbst keineswegs harmlos, sondern angriffig; und eben große Mythen eines Fortschreitens der Geschichte zu einem vermeintlich innerweltlichen Frieden, dem Kant bekanntlich misstraute, weil er nicht als Föderation freier Staaten und Nationen verfasst ist. Bauch misstraut dem, wie jeder Konservative, welcher Provenienz auch immer, es tun muss. Und dies heißt auch: die „leisure society" mit ihrer „geliehenen Not", die Müdigkeit der nach merkwürdigen Kriterien so genannten „Eliten", sind der Agenda von Tag und Stunde nicht gewachsen. Sorel ist ein Denker aus der Riege der Donoso Cortès, Carl Schmitt, Gomez d'Avila, die deshalb Lehrmeister sein können, weil sie Fragen zu Ende denken. Aber noch einmal: Es bedarf der Urteilskraft und des Skeptizismus auch gegenüber ihrer totalen Mobilmachung, sonst verführen sie in Neuauflagen einer ‚Konservativen Revolution', denen zu misstrauen ist, weil sie sich mit dem anderen Extrem allzu nah berühren.

Nun aber wird es munter: Das vierte und letzte Hauptkapitel widmet sich Deutschen Mythen – buchstäblich vom Nibelungenlied zum Antifaschismus. Gerade diese beiden Extreme der Skala haben, so Bauchs überraschende Pointe, viel miteinander zu tun. Das Nibelungenlied schreibt ein verhängtes Schicksal fest, dem der Mensch nicht entgehen kann. Diese Untergangstreue, in deren Schacht kein Räsonnement eindringen kann, haftet umgekehrt der Bindung an den Holocaust als dem negativen und weithin einzigen Gründungsmythos des Nachkriegsdeutschland an, so die Etablierung durch Joschka Fischer. Faschismus wird zu einem Universale, der jederzeit ausbrechen könne. Dies soll in umgekehrter Nibelungenbindung an diesen schändlichen Ausgangsmythos 7 Teilstrategien begründen, die Bauch hervorragend analysiert: Den anonymen Angriff, das Wo Prinzip, die Dekuvrierungstaktik (Verschleierung, Scharnierfunktion), die Moralisierung jedweder Aussage, die Analysen und ein klares Zu-Ende-Denken unmöglich macht, die Umwandlung von Sachurteilen in Werturteilen,so auch gegenüber Huntington geübt, die Inkriminierung gewisser Autoren: Gehlen, Carl Schmitt und die Identifizierung des Autors eines Textes mit diesen Referenzgrößen, die Anfertigung von Dossiers, also die „Stasiierung".

Hier sind kleine geistesohnmächtige Jakobiner mit infamem Instrumentarium am Werk. Die modernen Kommunikationsinstrumente sekundieren dem politischen Nonsense. Sie haben die Leitideologie der DDR, den „Antifaschismus", zum neuen Mythos erhoben. Und was tat das hochmögende Bürgertum, die Professorenschaft, die Intellektuellen: Sie übernahmen den Mythos stillschweigend oder duckten sich doch weg. Die Verheerungen moralisch und intellektuell, die Denkverbote werden nicht enden, wenn wir nicht zu einem nüchtern antitotalitären Grundkonsens zurückkommen, wie er die frühe Bundesrepublik getragen hat. Bauch zitiert hier K. R. Röhl, und wo der Recht hat, hat er Recht: „Aufstand der Anständigen mit ehemaligen Stasi-Helfern? Gegen rechtsextreme Gewaltbereite mit Sarah Wagenknecht und den Schlägern der Antifa? Nein". Erzeugt wurde eine Denkverweigerung, ein „Mittismus", „der heute weit links von Positionen steht, die man früher als Mitte bezeichnet hat", so Bauch. So ist es.

Das heißt aber auch, dass man, wenn man meint, eine transzendentalpolitische Standortfreiheit ausrufen zu können, nur in die Falle der so besetzten Begriffe tappen kann. Links und rechts: sind, so weiß der Systemtheoretiker, im politischen Diskurs nicht preiszugebende Kern- und Leitunterscheidungen, die natürlich beobachterabhängig sind. Die Freund-Feind-Unterscheidung C. Schmitts wird darin fruchtbar, dass sie an Souveränität hängt. So gesehen, haben die Konservativen, die es nicht mehr sein wollen, ihre eigene Deutungshoheit längst abgegeben. Bauch plädiert indes am Ende seines Buches nicht nur für den „antitotalitären Konsens", sondern für einen Freiheitsmythos, der ihm zugrunde liegt. Er widerspricht damit dem Thomas Mann'schen Diktum, die Deutschen verstünden sich auf die Freiheit nicht. Es gibt sehr wohl Vorbilder für jenen Freiheitssinn, bis hin zum Herbst 1989, der in seiner befreienden Wirkung kaum je voll zur Wirkung gebracht wurde.

Hier greift die Unterscheidung zwischen „guten" und „schlechten" Mythen. Bauch trifft sie vor dem Hintergrund der Überlegung, dass mythenfreie Politik schlechterdings nicht möglich sei. Wenn Mythen Schicksal sind, so muss man dies Schicksal ergreifen. Da ist der Soziologe nicht mehr an die Werturteilsfreiheit gebunden, die ihm der große Max Weber ins Stammbuch geschrieben hat. Die „guten" Mythen sichern einen kreativen Frieden, die schlechten aber legitimieren staatstragend eine Herrschaft, die anders nicht zu legitimieren ist. Die Aufgabe des SZW als Forum der Freiheit besteht auch darin, zur Änderung des Zustandes dieser Paralyse beizutragen.

Lieber Jost, Du hast ein inspirierendes Buch geschrieben, gleichermaßen Analyse und politisches Plädoyer, hochgelehrt, brillant streckenweise und doch für die Gegenwart und die politische Auseinandersetzung aktuell, akut und wichtig! Du hast Dir damit selbst ein bemerkenswertes Geburtstagsgeschenk gemacht. Ich danke Dir aber auch für den Esprit, Witz, die Verlässlichkeit und –

das muss man auch einmal sagen dürfen – die ganz und gar unprätentiöse Art, in der Du als Vizepräsident zur Verfügung stehst, mit Deinem Rat und Deiner Freundschaft, die mir viel bedeutet.

Nach den 65: wirst Du uns in noch weiterem Ausmaß Deine Begabungen widmen. Darüber soll nicht die Wissenschaft, aber auch nicht die Trinität von Wein, Weib und Gesang zu kurz kommen (Karl Valentin: „Mit dem Gsang hab i scho aufghört") – ergänzt durch die positive Dialektik von Zigarre und Kabriolet, der Sinn für das Schöne und das Leben, der nicht nur ein hochintellektueller Sinn, sondern ein ebenso gelebter ist.

Autoren

Prof. Dr. Jost Bauch, geboren 1949, Promotion in allgemeiner und theoretischer Soziologie bei Niklas Luhmann, Habilitation in Gesundheitssoziologie bei Horst Baier (Konstanz). 1996-2014 Außerplanmäßiger Professor an der Universität Konstanz. Vizepräsident des Studienzentrums Weikersheim seit 2011. Jüngste Buchpublikation: Mythos und Entzauberung. Politische Mythen der Moderne. Bad Schussenried 2014: Gerhard Hess.

Prof. Dr. Meinhard Miegel, geboren 1939, 1992-1998 Professor an der Universität Leipzig, langjähriger enger Mitarbeiter von Kurt H. Biedenkopf und in den neunziger Jahren Vorsitzender der Zukunftskommission Sachsen; seit 2007 Vorstandsvorsitzender der Stiftung Denkwerk Zukunft. Zahlreiche nationale und internationale Mitgliedschaften und Auszeichnungen. Jüngste Buchpublikation: Hybris. Die überforderte Gesellschaft. Berlin 2014: Propyläen.

Barbara Rosenkranz, geboren 1958, ist nach zahlreichen hochrangigen Stationen in der Politik, u.a. als FPÖ-Kandidatin für das Amt des Bundespräsidenten 2010, heute Abgeordnete zum österreichischen Nationalrat. Jüngste Buchpublikation: Wie das Projekt EU Europa zerstört. Eine überzeugte Europäerin rechnet ab. Graz 2014: Ares.

Prof. Dr. Karl-Albrecht Schachtschneider, geboren 1940, Rechtslehrer im Geist des Kantianismus, war 1969-1980 als Rechtsanwalt tätig, 1972 bis 1978 war er zusätzlich Professor für Wirtschaft an der Fachhochschule für Wirtschaft in Berlin (Abendstudium) und von 1978 bis 1989 Professor für Wirtschaftsrecht an der Universität Hamburg. 1989 bis zu seiner Emeritierung 2005 Inhaber des renommierten Lehrstuhls für Öffentliches Recht an der Universität Erlangen-Nürnberg. Durch zahlreiche Verfassungsbeschwerden im Zusammenhang der Entwicklung der EU erlangte er große Bekanntheit. Seit 2011 Vizepräsident des Studienzentrums Weikersheim. Jüngste Buchpublikation: Die Souveränität Deutschlands. Souverän ist, wer frei ist. Rottenburg 2012: Kopp-Verlag.

Prof. Dr. Bertram Schefold, geboren 1943, seit 1974 Ordentlicher Professor, heute Senior Professor für Wirtschaftstheorie und -geschichte an der Johann Wolfgang von Goethe-Universität Frankfurt/Main, daneben zahlreiche Gastprofessuren in den USA und Frankreich. 1995-2009 Vorsitzender der Stefan-George-Gesellschaft. Jüngste Buchpublikation: mit V. Caspari (Hg.): Wohin steuert die ökonomische Wissenschaft? Ein Methodenstreit in der Volkswirtschaftslehre Frankfurt am Main 2011: Campus.

Prof. Dr. Harald Seubert, geboren 1967, Promotion 1997 über Heidegger und Nietzsche an der Friedrich-Alexander-Universität Erlangen-Nürnberg bei Manfred Riedel, Habilitation 2003 über Platons Rechtslehre an der Martin-Luther-Universität Halle-Wittenberg, ist nach Stationen u.a. in Bamberg, Poznan (Posen)/Polen, München seit 2012 Professor für Philosophie und Religionswissenschaften und Fachbereichsleiter an der Staatsunabhängigen Theologischen Hochschule Basel und seit 2010 nebenamtlicher Dozent an der Hochschule für Politik in München. Seit 2011 Präsident des Studienzentrums Weikersheim. Jüngste Buchpublikationen: Ästhetik oder die Frage nach dem Schönen. Freiburg/Br. München 2015: Alber; Was Philosophie ist und was sie sein kann. Basel 2015: Schwabe; Gesicherte Freiheiten. Politische Philosophie im 21. Jahrhundert. Baden-Baden 2015: Nomos.